Hermann von Helmholtz

Schriften zur Erkenntnistheorie

Kommentiert von
Moritz Schlick und Paul Hertz

Herausgegeben von
Ecke Bonk

Kleine Bibliothek für das 21. Jahrhundert
Band 2

SpringerWienNewYork

Zu dieser Ausgabe

Hermann von Helmholtz,
Schriften zur Erkenntnistheorie
Herausgegeben und erläutert von
Paul Hertz (Göttingen) und Moritz Schlick (Rostock)
Berlin. Julius Springer 1921
Zum Andenken an Hermann von Helmholtz
und zur Hundertjahrfeier seines Geburtstages

Für Unterstützung danken wir
Dr. Wolfgang Kerber,
Zentralbibliothek für Physik, Wien

Satz: Büro Dempf & Turek, Wien
Druck: DELO tiskarna d.d., Ljubljana, Slowenien
Graphisches Konzept: Rainer Dempf
in Zusammenarbeit mit dem Herausgeber

Gedruckt auf säurefreiem,
chlorfrei gebleichtem Papier - TCF

Die Deutsche Bibliothek - CIP-Einheitsaufnahme

Helmholtz, Hermann von:
Schriften zur Erkenntnistheorie /
Hermann von Helmholtz. Kommentiert
von Moritz Schlick und Paul Hertz. –
Wien ; New York : Springer, 1998
  (Kleine Bibliothek für das 21. Jahrhundert ; Bd. 2)
  ISBN 3-211-82770-6

ISSN   0948-8677
ISBN   3-211-82770-6 Springer-Verlag Wien New York

Inhaltsverzeichnis

Vorrede

Es ist eine oft ausgesprochene Wahrheit, daß das schönste Denkmal eines großen Mannes seine eigenen Werke sind. Nicht besser und würdiger können wir das Andenken eines Genius feiern, als indem wir uns seiner Schöpfungen erfreuen und für ihre Wirkung unter der Mitwelt Sorge tragen. So lag es nahe, *Helmholtz'* hundertsten Geburtstag dadurch zu begehen, daß die Erinnerung an diesen Geistesriesen (einen „intellectual giant" nannte ihn *Maxwell)* durch Veranstaltung einer Neuausgabe seiner fortwirkenden Schriften wachgehalten werde.

Sein Gesamtwerk kam für diesen Zweck nicht in Betracht. Die beiden großen klassischen Bücher über die Physiologische Optik und Akustik werden auch fürder als ragende Denkmäler seines Schaffens einzeln für sich stehen müssen; und seine zahlreichen kleineren Schriften behandeln zum größten Teil Fragen der Physik und Physiologie, die zu den modernen Problemen dieser Gebiete in keinem sehr engen Verhältnis mehr stehen, weil in beiden Wissenschaften, vor allem in der Physik, die letzten Jahrzehnte so mächtige Fortschritte zu verzeichnen haben, daß viele Fragen der Helmholtzschen Epoche zur Zeit hinter dem Horizont des veränderten Gesichtskreises versunken sind. Gerade auf dem Gebiete der Physik, wo seine reichste Begabung, seine glühendsten Interessen und seine glänzendsten Leistungen lagen, zeigt sich unverkennbar, daß dieser außerordentliche Mann noch mehr ein Vollender gewesen ist als ein Anreger und Pfadweiser. Seine klassischen physikalischen Arbeiten – man denke etwa an das Energieprinzip oder die Arbeit über die Wirbelbewegungen – stehen am *Ende* von Entwicklungsreihen. So geben sie wohl ein sicheres Fundament für neue Entwicklungsmöglichkeiten, aber die moderne Physik, welche die in der „klassischen" Zeit geschaffenen Grundlegungen dankbar hinnimmt, doch vor allem nach Lösung ihrer neuen brennenden Fragen suchen muß, blickt auf diese Schriften als auf etwas außerhalb ihres eigenen Problemkreises Stehendes. Natürlich könnte es sein, daß die Physik einst auf Helmholtz' Anschauungen zurückgreifen und darin verborgene Keime zur Entfaltung bringen müßte; im gegenwärtigen Stadium der

Wissenschaft aber erscheint sein Werk für sie als etwas abgeschlossen Zurückliegendes.

Nur in einem Punkt trifft das nicht zu, und zwar in einem von höchster Wichtigkeit: es gilt nicht für *Helmholtz'* erkenntnistheoretische Arbeiten. Die Probleme, die Helmholtz als Erkenntnistheoretiker behandelt hat, ragen nicht nur aus seiner Zeit in die unsrige hinein, sondern sind heute zum Teil zu einem neuen Leben erwacht, zu einem intensiveren Leben, weil sie eine Bedeutung erlangt haben, die damals noch nicht vorausgesehen wurde. Es handelt sich um die Probleme der letzten Begründung mathematischer Erkenntnis, von denen bereits *Kant* fühlte, daß sie den Schlüssel zum Problem der Erkenntnis überhaupt enthalten, und die heute in viel höherem Maße im Mittelpunkt des Interesses stehen als zu Helmholtz' Zeit. Er stieß auf diese Fragen von der sinnesphysiologischen Seite her, *Riemann* von der mathematischen, die moderne Forschung von der physikalischen aus. Ihre hohe philosophische Bedeutung ist auf diesem letzten Wege in der Gegenwart am deutlichsten hervorgetreten und hat allgemeine Aufmerksamkeit erregt, aber Helmholtz war sich ihrer bereits voll bewußt und hat demgemäß Gewicht darauf gelegt, die Ergebnisse jener „metamathematischen" Untersuchungen durch populäre Vorträge in weitere Kreise zu tragen. Auch heute noch ist seine Darstellung trefflich geeignet, in die Dinge einzuführen und den Fragenkreis der nichteuklidischen Geometrie zu erschließen, der in der modernen Relativitätstheorie eine so unmittelbare Bedeutung für das Verständnis des physischen Weltzusammenhanges gewonnen hat. Die allgemeine Relativitätstheorie hat eine großartige Bestätigung der realen Bedeutung der Riemannschen und Helmholtzschen Gedankengänge erbracht, die früher so mancher Anfeindung ausgesetzt waren und bis in die Gegenwart oft genug als leeres Spiel mit Begriffen ohne Möglichkeit der Anwendung auf die wirkliche Welt hingestellt worden sind.

So sind es vor allem Helmholtz' Schriften zur Theorie der geometrischen Erkenntnis, durch welche die Ideen dieses hervorragenden Geistes im Denken der Gegenwart lebendig werden können; sie mußten einen großen Teil dieses Bandes einnehmen. Helmholtz hat jene Probleme in engem Zusammenhang mit anderen erkenntnistheoretischen Fragen behandelt, die eins der wichtigsten Eingangstore zur Philosophie bilden: es sind die Fragen der Theorie der Wahrnehmung; und seine Ausführungen über dies Thema gelten in ihrer Klarheit und Eindringlichkeit nicht mit Unrecht als klassische Darstellungen, auf die man auch in Zukunft immer wieder zurückgreifen wird. Auch diese Seite des Helmholtzschen Schaffens mußte in unserer Ausgabe möglichst vollständig berücksichtigt werden, wenn sie ihren Zweck erfüllen und etwas Abgeschlossenes bieten sollte.

Selbst wenn der hundertste Geburtstag nicht eine äußere Veranlassung dazu gäbe, wäre es aus inneren Gründen an der Zeit, *Helmholtz'* erkenntnistheoretische Arbeiten zusammengefaßt herauszugeben. Sieht sich die moderne Naturwissenschaft durch die logische Allgemeinheit ihrer Prinzipien genötigt, wieder innigste Fühlung mit der Philosophie zu nehmen, so ist ihr Helmholtz in einer unphilosophischen Zeit darin vorausgegangen: sein Name ist das Sinnbild einer fruchtbaren Vereinigung der Wissenschaft mit einer erkenntnistheoretisch orientierten Philosophie, von der er an einer berühmten Stelle (Vorträge und Reden I, S. 88) sagt, sie beabsichtige nur, „die Quellen unseres Wissens und den Grad seiner Berechtigung zu untersuchen, ein Geschäft, welches immer der Philosophie verbleiben wird und dem sich kein Zeitalter ungestraft wird entziehen können". So haben sich die Herausgeber auf eine dankenswerte Anregung des Schriftleiters der „Naturwissenschaften", Herrn Dr. *Berliner,* gern der Aufgabe unterzogen, deren Ergebnis nunmehr in diesem Band vorliegt.

Der oberste Gesichtspunkt, der uns bei der Auswahl und Erläuterung der Schriften geleitet hat, war die Rücksicht auf die Sache, auf die zur Sprache kommenden Probleme. Es ist uns nicht um historische oder philologische Fragen zu tun, also nicht um die Verfolgung der zeitlichen Entwicklung von Helmholtz' Ansichten, oder eine kritische Sichtung der Helmholtz-Literatur, auch nicht um eine ausführliche Wiedergabe oder Aufzählung aller Stellen, an denen Helmholtz sich zu irgendeiner erkenntnistheoretischen Frage geäußert hat, sondern seine Schriften werden hier von neuem dargeboten um der Wahrheit willen, die in ihnen enthalten ist, oder sich aus ihnen gewinnen läßt. Helmholtz hat häufig ein und dasselbe Thema mehrfach behandelt, zuweilen in so weitgehender Übereinstimmung, daß er längere Ausführungen aus einer Darstellung wörtlich in die andere übernahm; schon aus diesem Grund hätte ein wahlloser Abdruck aller erkenntnistheoretischen Stellen aus seinen Werken dem Zwecke des Bandes nicht entsprochen. Nach Prüfung des gesamten Materials wurden die nunmehr hier vereinigten Abhandlungen ausgewählt, weil sie die vollständigste und zugleich abgeklärteste, geschlossenste Darstellung der Helmholtzschen Gedanken zur Erkenntnistheorie enthalten. Nur an verhältnismäßig wenigen Punkten war es nötig, Stellen aus anderen Schriften von Helmholtz heranzuziehen, um ein lückenloses Bild seiner Erkenntnistheorie zu geben; solche Stellen sind in unseren Erläuterungen abgedruckt und verwertet.

Auch für unseren Kommentar war der rein sachliche Gesichtspunkt entscheidend: Die möglichst vollständige und getreue Wiedergabe und Erläuterung der Helmholtzschen Ansichten wurde nicht um ihrer selbst willen angestrebt, sondern dient durchaus allein dem Zweck der Erkenntnis und

Wahrheit; deswegen mußten zu den bloßen Anmerkungen auch Weiter-
führungen und selbst gelegentliche Berichtigungen hinzutreten. Vor allem
galt es, *Helmholtz'* Gedanken zu dem gegenwärtigen Stand der Forschung
in Beziehung zu setzen; manche Bemerkung gab Anlaß, einen Blick auf
moderne Probleme zu werfen, und es entsprach gerade dem Zweck des
Buches, solchen Berührungspunkten mit Gegenwartsfragen nicht aus dem
Wege zu gehen. Wir hoffen aber, man wird nicht finden, daß die Erläuterungen im Verhältnis zum Text einen zu großen Raum einnehmen, sondern daß sie die Wirkung der Worte des Meisters eher unterstützen als
abschwächen.

Es ist unser Bestreben gewesen, den Band in der Hauptsache *gemeinver-
ständlich* zu gestalten, d. h. er wendet sich im wesentlichen an einen Leser-
kreis gleicher Art, wie ihn Helmholtz' populäre Reden und Vorträge voraussetzen. Es wäre aber nicht gerechtfertigt gewesen, alles nur für den Fach-
mann Verständliche fortzulassen, nur um das Prinzip der Popularität nicht
zu durchbrechen; der Zweck der Ausgabe erforderte vielmehr, auch auf die
von Helmholtz gegebene streng wissenschaftliche Begründung einzugehen.
Deshalb wurde z. B. die kurze mathematische Abhandlung „Über die Tatsachen, die der Geometrie zugrunde liegen" mit aufgenommen. Ihre Veröffentlichung in diesem Zusammenhange erschien umso mehr geboten, als
die das gleiche Thema behandelnde Schrift von *Riemann* in einer kürzlich
von *H. Weyl* besorgten Neuausgabe so außerordentlichem Interesse begeg-
nete. Auch in den Anmerkungen war es nötig, an manchen Punkten über
das Bedürfnis des Nichtfachmannes hinauszugehen, und so sind unter den
Erläuterungen (auch zu den populären Schriften) solche, die sich mehr an
den Kenner wenden. Es war aber unnötig, die nichtpopulären Teile des
Bandes irgendwie besonders kenntlich zu machen, da der für Einzelfragen
nicht interessierte Leser sie natürlich ohnehin sofort herausfindet und
unberücksichtigt lassen kann.

Jeder der beiden Herausgeber hat unter diejenigen Teile des Kommen-
tars, für welche er die Verantwortung übernimmt, seine Initialen gesetzt*;
damit soll aber keine strikte Arbeitsteilung angedeutet sein, sondern wir
haben, soweit es auf brieflichem Wege möglich war, gemeinsam gearbeitet
und uns über Einzelfragen verständigt. Aber äußere Verhältnisse – vor
allem die Kürze der verfügbaren Zeit – und innere – aus gelegentlichen
Abweichungen unserer erkenntnistheoretischen Ansichten fließende –
Gründe ließen es angezeigt erscheinen, die Verantwortung in der angegebenen Weise zu teilen. Daß diesergestalt die eine oder andere Frage dop-
pelt angeschnitten wurde, wird dem Zweck des Bandes nicht schaden,

---

* Hier im Kolumnentitel der Erläuterungen angemerkt

sondern eher von Vorteil sein, da es stets zur Klärung beiträgt, wenn die gleiche Sache von verschiedenen Gesichtspunkten aus beleuchtet wird.

Die Numerierung der Erläuterungen beginnt bei jeder Abhandlung von vorn; bei Zitieren einer Anmerkung zu einer anderen Abhandlung wird diese daher stets durch eine auf die betreffende Abhandlung hinweisende römische Ziffer näher bezeichnet (z. B. Anm. II, 25).

Durch gelegentliche freundliche Ratschläge in Einzelfragen haben uns unterstützt die Herren Geheimrat *F. Klein,* Dr. *Bernays* und Dr. *Behmann* in Göttingen, Prof. *Engel* in Gießen und Prof. *Katz* in Rostock; ihnen sei hier herzlich gedankt, ebenso Herrn Geheimrat *C. Stumpf* in Berlin, durch dessen gütige Vermittlung die in den Abhandlungen der preußischen Akademie der Wissenschaften erscheinende posthume Schrift *B. Erdmanns* „Die philosophischen Grundlagen von *Helmholtz'* Wahrnehmungstheorie" vor ihrer Veröffentlichung für die vorliegende Ausgabe nutzbar gemacht werden konnte.

Wir hoffen, daß sich beim Gebrauche des Buches – sei es in stiller Lektüre oder in philosophischen Seminarübungen – die Zweckmäßigkeit der bei der Herausgabe befolgten Richtlinien erweisen wird. Möge sich immer wieder herausstellen, daß Forschende wie Lernende in der Beschäftigung mit dem Erkenntnistheoretiker Helmholtz eine reiche Quelle geistigen Gewinnes und Genusses finden können!

Moritz Schlick
Paul Hertz

I. Über den Ursprung und die Bedeutung der geometrischen Axiome

Die Tatsache, daß eine Wissenschaft von der Art bestehen und in der Weise aufgebaut werden kann, wie es bei der Geometrie der Fall ist, hat von jeher die Aufmerksamkeit aller derer, welche für die prinzipiellen Fragen der Erkenntnistheorie Interesse fühlten, im höchsten Grade in Anspruch nehmen müssen. Unter allen Zweigen menschlicher Wissenschaft gibt es keine zweite, die gleich ihr fertig, wie eine erzgerüstete Minerva aus dem Haupte des Zeus, hervorgesprungen erscheint, keine, vor deren vernichtende Ägis Widerspruch und Zweifel so wenig ihre Augen aufzuschlagen wagten. Dabei fällt ihr in keiner Weise die mühsame und langwierige Aufgabe zu, Erfahrungstatsachen sammeln zu müssen, wie es die Naturwissenschaften im engeren Sinne zu tun haben, sondern die ausschließliche Form ihres wissenschaftlichen Verfahrens ist die Deduktion[1]. Schluß wird aus Schluß entwickelt, und doch zweifelt schließlich niemand von gesundem Sinne daran, daß diese geometrischen Sätze ihre sehr praktische Anwendung auf die uns umgebende Wirklichkeit finden müssen. Die Feldmeßkunst wie die Architektur, die Maschinenbaukunst wie die mathematische Physik, sie berechnen fortdauernd Raumverhältnisse der verschiedensten Art nach geometrischen Sätzen; sie erwarten, daß der Erfolg ihrer Konstruktionen und Versuche sich diesen Rechnungen füge, und noch ist kein Fall bekannt geworden, wo sie sich in dieser Erwartung getäuscht hätten, vorausgesetzt, daß sie richtig und mit ausreichenden Daten gerechnet hatten.

So ist denn auch die Tatsache, daß Geometrie besteht und solches leistet, in dem Streite über diejenige Frage, welche gleichsam den Kernpunkt aller Gegensätze der philosophischen Systeme bildet, immer benutzt worden, um an einem imponierenden Beispiele zu erweisen, daß ein Erkennen von Sätzen realen Inhalts ohne entsprechende aus der Erfahrung hergenommene Grundlage möglich sei. Namentlich bilden bei der Beantwortung von *Kants* berühmter Frage[2]: „Wie sind synthetische Sätze a priori möglich?" die geometrischen Axiome wohl diejenigen Beispiele, welche am evidentesten zu zeigen schienen, daß überhaupt synthetische Sätze a priori möglich seien. Weiter gilt ihm der Umstand, daß solche Sätze existieren und sich unserer Überzeugung mit Notwendigkeit aufdrängen, als Beweis dafür, daß der Raum eine a priori gegebene Form aller äußeren Anschauung[3] sei. Er scheint dadurch für diese a priori gegebene Form nicht nur den Charakter eines rein formalen und an sich inhaltsleeren Schema[4] in Anspruch zu nehmen, in welches jeder beliebige Inhalt der Erfahrung passen würde, sondern auch gewisse Besonderheiten des Schema mit einzuschließen, die bewirken, daß eben nur ein in gewisser Weise gesetzmäßig beschränkter Inhalt in dasselbe eintreten und uns anschaubar werden könne*.

Eben dieses erkenntnistheoretische Interesse der Geometrie ist es nun, welches mir den Mut gibt in einer Versammlung, deren Mitglieder nur zum kleinsten Teile tiefer, als es der Schulunterricht mit sich brachte, in mathematische Studien eingedrungen sind, von geometrischen Dingen zu reden. Glücklicherweise wird das, was der Gymnasialunterricht an geometrischen Kenntnissen zu lehren pflegt, genügen, um Ihnen wenigstens den Sinn der im folgenden zu besprechenden Sätze verständlich zu machen.

Ich beabsichtige nämlich Ihnen Bericht zu erstatten über eine Reihe sich aneinander schließender neuerer mathematischer Arbeiten, welche die geometrischen Axiome, ihre Beziehungen zur Erfahrung und die logische Möglichkeit, sie durch andere zu ersetzen, betreffen.

Da die daraufbezüglichen Originalarbeiten der Mathematiker – zunächst nur bestimmte Beweise für den Sachverständigen in einem Gebiete zu führen, welches eine höhere Kraft der Abstraktion in Anspruch nimmt als irgendein anderes – dem Nichtmathematiker ziemlich unzugänglich sind, so will ich versuchen, auch für einen solchen anschaulich zu machen, um was es sich handelt. Ich brauche wohl nicht zu bemerken, daß meine Auseinandersetzung keinen Beweis von der Richtigkeit der neuen Einsichten geben soll. Wer einen solchen sucht, der muß sich schon die Mühe nehmen, die Originalarbeiten zu studieren.

---

* In seinem Buche „Über die Grenzen der Philosophie" behauptet *W. Tobias,* Sätze ähnlichen Sinnes, die ich früher ausgesprochen hatte, seien ein Mißverständnis von *Kants* Meinung. Aber Kant führt speziell die Sätze, daß die gerade Linie die kürzeste sei (Kritik d. r. Vernunft, Einleitung V, 2. Aufl., S. 16), daß der Raum drei Dimensionen habe (a.a.O. Teil I, Abschn. 1, § 3, S. 41), daß nur eine gerade Linie zwischen zwei Punkten möglich sei (a.a.O. Teil II, Abtl. I, von den Axiomen der Anschauung S. 204), als Sätze an, „welche die Bedingungen der sinnlichen Anschauung a priori ausdrücken". Ob diese Sätze aber ursprünglich in der Raumanschauung gegeben sind, oder diese nur die Anhaltspunkte gibt, aus denen der Verstand solche Sätze a priori entwickeln kann, worauf mein Kritiker Gewicht legt, darauf kommt es hier gar nicht an.

Wer einmal durch die Pforten der ersten elementaren Sätze in die Geometrie, das heißt die mathematische Lehre vom Raume[5], eingetreten ist, der findet vor sich auf seinem weiteren Wege jene lückenlose Kette von Schlüssen, von denen ich vorher gesprochen habe, durch welche immer mannigfachere und verwickeltere Raumformen ihre Gesetze empfangen. Aber in jenen ersten Elementen werden einige Sätze aufgestellt, von denen die Geometrie selbst erklärt, daß sie sie nicht beweisen könne; daß sie nur darauf rechnen müsse, jeder, der den Sinn dieser Sätze verstehe, werde ihre Richtigkeit zugeben. Das sind die sogenannten Axiome der Geometrie. Zu diesen gehört zunächst der Satz, daß, wenn man die kürzeste Linie, die zwischen zwei Punkten gezogen werden kann, eine *gerade Linie* nennt, es zwischen zwei Punkten nur eine und nicht zwei verschiedene solche gerade Linien geben könne. Es ist ferner ein Axiom, daß durch je drei Punkte des Raumes, die nicht in einer geraden Linie liegen, eine Ebene gelegt werden kann, das heißt eine Fläche, in welche jede gerade Linie, die zwei ihrer Punkte verbindet, ganz hinein fällt. Ein anderes vielbesprochenes Axiom sagt aus, daß durch einen außerhalb einer geraden Linie liegenden Punkt nur eine einzige und nicht zwei verschiedene, jener ersten parallele, Linien gelegt werden können. Parallel aber nennt man zwei Linien, die in ein und derselben Ebene liegen und sich niemals schneiden, soweit sie auch verlängert werden mögen. Außerdem sprechen die geometrischen Axiome Sätze aus, welche die Anzahl der Dimensionen sowohl des Raumes als seiner Flächen, Linien, Punkte bestimmen, und den Begriff der Kontinuität dieser Gebilde erläutern, wie die Sätze, daß die Grenze eines Körpers eine Fläche, die einer Fläche eine Linie, die einer Linie ein Punkt, und der Punkt unteilbar ist; ferner die Sätze, daß durch Bewegung eines Punktes eine Linie, durch Bewegung einer Linie eine Linie oder Fläche, durch Bewegung einer Fläche eine Fläche oder ein Körper, durch Bewegung eines Körpers aber immer nur wieder ein Körper beschrieben werde[6].

Woher kommen nun solche Sätze, unabweisbar und doch unzweifelhaft richtig im Felde einer Wissenschaft, wo sich alles andere der Herrschaft des Schlusses hat unterwerfen lassen?[7] Sind sie ein Erbteil aus der göttlichen Quelle unserer Vernunft, wie die idealistischen Philosophen[8] meinen, oder ist der Scharfsinn der bisher aufgetretenen Generationen von Mathematikern nur noch nicht ausreichend gewesen, den Beweis zu finden? Natürlich versucht jeder neue Jünger der Geometrie, der mit frischem Eifer an diese Wissenschaft herantritt, der Glückliche zu sein, welcher alle Vorgänger überflügelt. Auch ist es ganz recht, daß ein jeder sich von neuem daran versucht; denn nur durch die Fruchtlosigkeit der eigenen Versuche konnte man sich bei der bisherigen Sachlage von der Unmöglichkeit des Beweises überzeugen[9]. Leider finden sich von Zeit zu Zeit auch immer einzelne

Grübler, welche sich so lange und tief in verwickelte Schlußfolgen verstricken, bis sie die begangenen Fehler nicht mehr entdecken können und die Sache gelöst zu haben glauben. Namentlich der Satz von den Parallelen hat eine große Zahl scheinbarer Beweise hervorgerufen.

Die größte Schwierigkeit in diesen Untersuchungen bestand und besteht immer darin, daß sich mit den logischen Begriffsentwicklungen gar zu leicht Ergebnisse der alltäglichen Erfahrung als scheinbare Denknotwendigkeiten vermischten, solange die einzige Methode der Geometrie die von *Euklid*[10] gelehrte Methode der Anschauung war. Namentlich ist es außerordentlich schwer, auf diesem Wege vorschreitend sich überall klar zu machen, ob man in den Schritten, die man für die Beweisführung nacheinander vorschreibt, nicht unwillkürlich und unwissentlich gewisse allgemeinste Ergebnisse der Erfahrung zu Hilfe nimmt, welche die Ausführbarkeit gewisser vorgeschriebener Teile des Verfahrens uns schon praktisch gelehrt haben. Der wohlgeschulte Geometer fragt bei jeder Hilfslinie, die er für irgendeinen Beweis zieht, ob es auch immer möglich sein wird eine Linie von der verlangten Art zu ziehen. Bekanntlich spielen die Konstruktionsaufgaben in dem Systeme der Geometrie eine wesentliche Rolle. Oberflächlich betrachtet sehen dieselben aus wie praktische Anwendungen, welche man zur Einübung der Schüler hineingesetzt hat. In Wahrheit aber stellen sie die Existenz gewisser Gebilde fest. Sie zeigen, daß Punkte, gerade Linien oder Kreise von der Art, wie sie in der Aufgabe zu konstruieren verlangt werden, entweder unter allen Bedingungen möglich sind, oder bestimmen die etwa vorhandenen Ausnahmefälle. Der Punkt, um den sich die im folgenden zu besprechenden Untersuchungen drehen, ist wesentlich dieser Art. Die Grundlage aller Beweise in der euklidischen Methode ist der Nachweis der Kongruenz der betreffenden Linien, Winkel, ebenen Figuren, Körper usw. Um die Kongruenz anschaulich zu machen, stellt man sich vor, daß die betreffenden geometrischen Gebilde[11] zueinander hinbewegt werden, natürlich ohne ihre Form und Dimensionen zu verändern. Daß dies in der Tat möglich und ausführbar sei, haben wir alle von frühester Jugend an erfahren. Wenn wir aber Denknotwendigkeiten auf diese Annahme freier Beweglichkeit fester Raumgebilde mit unveränderter Form nach jeder Stelle des Raumes hin bauen wollen, so müssen wir die Frage aufwerfen, ob diese Annahme keine logisch unerwiesene Voraussetzung einschließt. Wir werden gleich nachher sehen, daß sie in der Tat eine solche einschließt, und zwar eine sehr folgenreiche. Wenn sie das aber tut, so ist jeder Kongruenzbeweis auf eine nur aus der Erfahrung genommene Tatsache gestützt[12].

Ich führe diese Überlegungen hier zunächst nur an, um klar zu machen, auf welche Schwierigkeiten wir bei der vollständigen Analyse aller von uns gemachten Voraussetzungen nach der Methode der Anschauung stoßen. Ihnen entgehen wir, wenn wir die von der neueren rechnenden Geometrie ausgearbeitete analytische Methode[13] auf die Untersuchung der Prinzipien anwenden. Die ganze Ausführung der Rechnung ist eine rein logische Operation[14]; sie kann keine Beziehung zwischen den der Rechnung unterworfenen Größen ergeben, die nicht schon in den Gleichungen, welche den Ansatz der Rechnung bilden, enthalten ist. Die erwähnten neueren Untersuchungen sind deshalb fast ausschließlich mittels der rein abstrakten Methode der analytischen Geometrie geführt worden.

Übrigens läßt sich nun doch, nachdem die abstrakte Methode die Punkte, auf die es ankommt, kennen gelehrt hat, einigermaßen eine Anschauung dieser Punkte geben; am besten, wenn wir in ein engeres Gebiet herabsteigen, als unsere eigene Raumwelt ist. Denken wir uns – darin liegt keine logische Unmöglichkeit – verstandbegabte Wesen von nur zwei Dimensionen, die an der Oberfläche irgendeines unserer festen Körper leben und sich bewegen. Wir nehmen an, daß sie nicht die Fähigkeit haben, irgend etwas außerhalb dieser Oberfläche wahrzunehmen, wohl aber Wahrnehmungen zu machen, ähnlich den unserigen, innerhalb der Ausdehnung der Fläche, in der sie sich bewegen. Wenn sich solche Wesen ihre Geometrie ausbilden, so würden sie ihrem Raume natürlich nur zwei Dimensionen zuschreiben. Sie würden ermitteln, daß ein Punkt, der sich bewegt, eine Linie beschreibt, und eine Linie, die sich bewegt, eine Fläche, was für sie das vollständigste Raumgebilde wäre, das sie kennen. Aber sie würden sich ebensowenig eine Vorstellung machen können von einem weiteren räumlichen Gebilde, das entstände, wenn eine Fläche sich aus ihrem flächenhaften Raume herausbewegte, als wir es können von einem Gebilde, das durch Herausbewegung eines Körpers aus dem uns bekannten Raume entstände. Unter dem viel gemißbrauchten Ausdrucke „sich vorstellen“ oder „sich denken können, wie etwas geschieht“[15] verstehe ich – und ich sehe nicht, wie man etwas anderes darunter verstehen kann, ohne allen Sinn des Ausdrucks aufzugeben –, daß man sich die Reihe der sinnlichen Eindrücke ausmalen könne, die man haben würde, wenn so etwas in einem einzelnen Falle vor sich ginge. Ist nun gar kein sinnlicher Ausdruck bekannt, der sich auf einen solchen nie beobachteten Vorgang bezöge, wie für uns eine Bewegung nach einer vierten, für jene Flächenwesen eine Bewegung nach der uns bekannten dritten Dimension des Raumes wäre, so ist ein solches „Vorstellen“ nicht möglich, ebensowenig als ein von Jugend auf absolut Blinder sich wird die Farben „vorstellen“ können, auch wenn man ihm eine begriffliche Beschreibung derselben geben könnte.

Jene Flächenwesen würden ferner auch kürzeste Linien in ihrem flächenhaften Raume ziehen können. Das wären nicht notwendig gerade

Linien in unserem Sinne, sondern was wir nach geometrischer Terminologie *geodätische Linien* der Flächen auf der jene leben, nennen würden, Linien, wie sie ein gespannter Faden beschreibt, den man an die Fläche anlegt, und der ungehindert an ihr gleiten kann. Ich will mir erlauben, im folgenden dergleichen Linien als die *geradesten* Linien[16] der bezeichneten Fläche (beziehlich eines gegebenen Raumes) zu bezeichnen, um dadurch ihre Analogie mit der geraden Linie in der Ebene hervorzuheben. Ich hoffe den Begriff durch diesen Ausdruck der Anschauung meiner nicht mathematischen Zuhörer näherzurücken, ohne doch Verwechslungen zu veranlassen.

Wenn nun Wesen dieser Art auf einer unendlichen Ebene lebten, so würden sie genau dieselbe Geometrie aufstellen, welche in unserer Planimetrie enthalten ist. Sie würden behaupten, daß zwischen zwei Punkten nur *eine* gerade Linie möglich ist, daß durch einen dritten, außerhalb derselben liegenden Punkt nur eine Parallele mit der ersten geführt werden kann, daß übrigens gerade Linien in das Unendliche verlängert werden können, ohne daß ihre Enden sich wieder begegnen und so weiter. Ihr Raum könnte unendlich ausgedehnt sein, aber auch, wenn sie an Grenzen ihrer Bewegung und Wahrnehmung stießen, würden sie sich eine Fortsetzung jenseits dieser Grenzen anschaulich vorstellen können. In dieser Vorstellung würde ihnen ihr Raum unendlich ausgedehnt erscheinen, gerade wie uns der unserige, obgleich auch wir mit unserem Leibe nicht unsere Erde verlassen können, und unser Blick nur soweit reicht, als sichtbare Fixsterne vorhanden sind.

Nun könnten aber intelligente Wesen dieser Art auch an der Oberfläche einer Kugel leben. Ihre kürzeste oder geradeste Linie zwischen zwei Punkten würde dann ein Bogen des größten Kreises sein, der durch die betreffenden Punkte zu legen ist. Jeder größte Kreis, der durch zwei gegebene Punkte geht, zerfällt dabei in zwei Teile. Wenn beide ungleich lang sind, ist der kleinere Teil allerdings die einzige kürzeste Linie auf der Kugel, die zwischen diesen beiden Punkten besteht. Aber auch der andere größere Bogen desselben größten Kreises ist eine geodätische oder geradeste Linie, d.h. jedes kleinere Stück desselben ist eine kürzeste Linie zwischen seinen beiden Endpunkten. Wegen dieses Umstandes können wir den Begriff der geodätischen oder geradesten Linie nicht kurzweg mit dem der kürzesten Linie identifizieren. Wenn nun die beiden gegebenen Punkte Endpunkte desselben Durchmessers der Kugel sind, so schneiden alle durch diesen Durchmesser gelegten Ebenen Halbkreise aus der Kugelfläche, welche alle kürzeste Linien zwischen den beiden Endpunkten sind. In einem solchen Falle gibt es also unendlich viele untereinander gleiche kürzeste Linien zwischen den beiden gegebenen Punkten. Somit würde das Axiom, daß nur eine kürzeste Linie zwischen zwei Punkten bestehe, für die Kugelbewohner nicht ohne eine gewisse Ausnahme gültig sein.

Parallele Linien würden die Bewohner der Kugel gar nicht kennen. Sie würden behaupten, daß beliebige zwei geradeste Linien, gehörig verlängert, sich schließlich nicht nur in einem, sondern in zwei Punkten schneiden müßten. Die Summe der Winkel in einem Dreieck würde immer größer sein als zwei Rechte, und um so größer, je größer die Fläche des Dreiecks. Eben deshalb würde ihnen auch der Begriff der geometrischen Ähnlichkeit der Form zwischen größeren und kleineren Figuren derselben Art fehlen[17]. Denn ein größeres Dreieck muß notwendig andere Winkel haben als ein kleineres. Ihr Raum würde allerdings unbegrenzt, aber endlich ausgedehnt gefunden oder mindestens vorgestellt werden müssen.

Es ist klar, daß die Wesen auf der Kugel bei denselben logischen Fähigkeiten doch ein ganz anderes System geometrischer Axiome aufstellen müßten, als die Wesen auf der Ebene, und als wir selbst in unserem Raume von drei Dimensionen. Diese Beispiele zeigen uns schon, daß, je nach der Art des Wohnraumes, verschiedene geometrische Axiome aufgestellt werden müßten von Wesen, deren Verstandeskräfte den unserigen ganz entsprechend sein könnten.

Aber gehen wir weiter. Denken wir uns vernünftige Wesen existierend an der Oberfläche eines eiförmigen Körpers. Zwischen je drei Punkten einer solchen Oberfläche könnte man kürzeste Linien ziehen und so ein Dreieck konstruieren. Wenn man aber versuchte, an verschiedenen Stellen dieser Fläche kongruente Dreiecke zu konstruieren, so würde sich zeigen, daß, wenn zwei Dreiecke gleichlange Seiten haben, ihre Winkel nicht gleich groß ausfallen. An dem spitzeren Ende des Eies gezeichnet, würde die Winkelsumme des Dreiecks sich mehr von zwei Rechten unterscheiden, als wenn ein Dreieck mit denselben Seiten an dem stumpferen Ende gezeichnet würde; daraus geht hervor, daß an einer solchen Fläche sich nicht einmal ein so einfaches Raumgebilde, wie ein Dreieck, ohne Änderung seiner Form von einem Orte nach jedem anderen fortbewegen lassen würde. Ebenso würde sich zeigen, daß, wenn an verschiedenen Stellen einer solchen Oberfläche Kreise mit gleichen Radien konstruiert würden (die Länge der Radien immer durch kürzeste Linien längs der Fläche gemessen), deren Peripherie am stumpfen Ende größer ausfallen würde, als am spitzeren Ende.

Daraus folgt weiter, daß es eine besondere geometrische Eigenschaft einer Fläche ist, wenn sich in ihr liegende Figuren, ohne Veränderung ihrer sämtlichen längs der Fläche gemessenen Linien und Winkel frei verschieben lassen, und daß dies nicht auf jeder Art von Fläche der Fall sein wird. Die Bedingungen dafür, daß eine Fläche diese wichtige Eigenschaft habe, hatte schon *Gauß* in seiner berühmten Abhandlung über die Krümmung der Flächen nachgewiesen. Die Bedingung ist, daß das, was er das „Maß der Krümmung" genannt hat (nämlich der reziproke Wert des Produktes der beiden Hauptkrümmungsradien), überall längs der ganzen Ausdehnung der Fläche gleiche Größe habe.

Gauß hat gleichzeitig nachgewiesen, daß dieses Maß der Krümmung sich nicht verändert, wenn die Fläche gebogen wird, ohne dabei in irgendeinem Teile eine Dehnung oder Zusammenziehung zu erleiden. So können wir ein ebenes Papierblatt zu einem Zylinder oder einem Kegel (Düte) aufrollen, ohne daß die längs der Fläche des Blattes genommenen Abmessungen seiner Figuren sich verändern. Und ebenso können wir die halbkugelförmige geschlossene Hälfte einer Schweinsblase in Spindelform zusammenrollen, ohne die Abmessungen in dieser Fläche selbst zu verändern. Es wird also auch die Geometrie auf einer Ebene dieselbe sein wie in einer Zylinderfläche. Wir müssen uns nur im letzteren Falle vorstellen, daß unbegrenzt viele Lagen dieser Fläche, wie die Lagen eines umgewickelten Papierblattes, übereinander liegen, und daß man bei jedem ganzen Umgang um den Zylinderumfang in eine andere Lage hineinkommt, verschieden von derjeniegen, in der man sich früher befand.

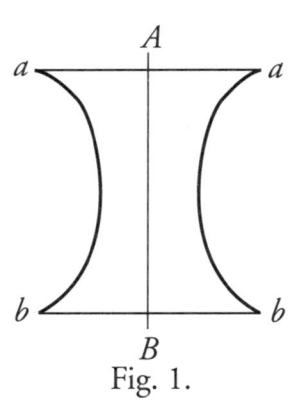

Fig. 1.

Diese Bemerkungen sind nötig, um Ihnen eine Vorstellung von einer Art von Fläche geben zu können, deren Geometrie der der Ebene im ganzen ähnlich ist, für welche aber das Axiom von den Parallellinien nicht gilt. Es ist dies eine Art gekrümmter Fläche, welche sich in geometrischer Beziehung wie das Gegenteil einer Kugel verhält, und die deshalb von dem ausgezeichneten italienischen Mathematiker *E. Beltrami**, der ihre Eigenschaften untersucht hat, die *pseudosphärische Fläche* genannt worden ist. Es ist eine sattelförmige Fläche, von der in unserem Raume nur begrenzte Stücke oder Streifen zusammenhängend dargestellt werden können, die man aber doch sich nach allen Richtungen in das Unendliche fortgesetzt denken kann, da man jedes an der Grenze des konstruierten Flächenteiles liegende Stück nach der Mitte desselben zurückgeschoben und dann fortgesetzt denken kann[18]. Das verschobene Flächenstück muß dabei seine Biegung, aber nicht seine Dimensionen

---

* Saggio di Interpretazione della Geometria Non-Euclidea. Napoli 1848. – Teoria fondamentale degli Spazii di Curvatura costante. Annali di Matematica. Ser. II, Tomo II, p. 232–255.

ändern, geradeso wie man auf einem durch dütenförmiges Zusammenrollen einer Ebene entstandenen Kegel ein Papierblatt hin- und herschieben kann. Ein solches paßt sich der Kegelfläche überall an, aber es muß, näher der Spitze des Kegels, stärker gebogen werden und kann über die Spitze hinaus nicht so verschoben werden, daß es dem existierenden Kegel und seiner idealen Fortsetzung jenseits der Spitze angepaßt bliebe.

Wie die Ebene und die Kugel sind die pseudosphärischen Flächen von konstanter Krümmung, so daß sich jedes Stück derselben an jede andere Stelle der Fläche vollkommen anschließend anlegen kann, und also alle an einem Orte in der Fläche konstruierten Figuren an jeden anderen Ort in vollkommen kongruenter Form und mit vollkommener Gleichheit aller in der Fläche selbst liegenden Dimensionen übertragen werden können. Das von *Gauß* aufgestellte Maß der Krümmung, das für die Kugel positiv und für die Ebene gleich Null ist, würde für die pseudosphärischen Flächen einen konstanten, negativen Wert haben, weil die beiden Hauptkrümmungen einer sattelförmigen Fläche ihre Konkavität nach entgegengesetzten Seiten kehren[19].

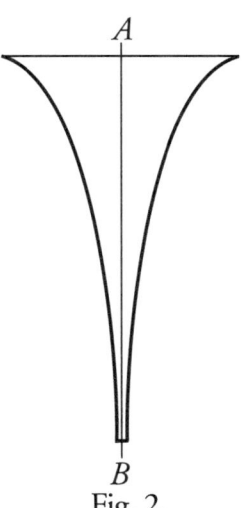

Fig. 2.

Ein Streifen einer pseudosphärischen Fläche kann zum Beispiel aufgewickelt als Oberfläche eines Ringes dargestellt werden. Denken Sie sich eine Fläche wie *a a b b,* Fig. 1, um ihre Symmetrieachse *A B* gedreht, so würden die beiden Bogen *a b* eine solche pseudosphärische Ringfläche beschreiben. Die beiden Ränder der Fläche oben bei *a a* und unten bei *b b* würden sich mit immer schärfer werdender Biegung nach außen wenden, bis die Fläche senkrecht zur Achse steht, und dort würde sie mit einer unendlich starken Krümmung an der Kante enden. Auch zu einem kelchförmigen Champagnerglase mit unendlich verlängertem, immer dünner werdenden Stiele wie Fig. 2 könnte eine Hälfte einer pseudosphärischen Fläche aufgewickelt werden. Aber an einer Seite ist sie notwendig immer durch einen scharf abbrechenden Rand begrenzt, über den hinaus eine kontinuierliche Fortsetzung der Fläche nicht unmittelbar ausgeführt werden kann. Nur dadurch, daß man jedes einzelne Stück des Randes losgeschnitten und längs der Fläche des Ringes oder Kelchglases verschoben denkt, kann man es zu Stellen von anderer Biegung bringen, an denen weitere Fortsetzung dieses Flächenstücks möglich ist.

In dieser Weise lassen sich denn auch die geradesten Linien der pseudosphärischen Fläche unendlich verlängern. Sie laufen nicht wie die der

Kugel in sich zurück, sondern, wie auf der Ebene, ist zwischen zwei gegebenen Punkten immer nur eine einzige kürzeste Linie möglich. Aber das Axiom von den Parallelen trifft nicht zu. Wenn eine geradeste Linie auf der Fläche gegeben ist und ein Punkt außerhalb derselben, so läßt sich ein ganzes Bündel von geradesten Linien durch den Punkt legen, welche alle die erstgenannte Linie nicht schneiden, auch wenn sie ins Unendliche verlängert werden. Es sind dies alle Linien, welche zwischen zwei das Bündel begrenzenden geradesten Linien liegen. Die eine von diesen, unendlich verlängert, trifft die erstgenannte Linie im Unendlichen bei Verlängerung nach einer Seite, die andere bei Verlängerung nach der anderen Seite.

Eine solche Geometrie, welche das Axiom von den Parallelen fallen läßt, ist übrigens schon im Jahre 1829 nach der synthetischen Methode des *Euklid*[20] von dem Mathematiker *N. J. Lobatschewskij* zu Kasan vollständig ausgearbeitet worden*. Es zeigte sich, daß deren System ebenso konsequent und ohne Widerspruch durchzuführen sei, wie das des Euklid. Diese Geometrie ist in vollständiger Übereinstimmung mit der der pseudosphärischen Flächen, wie sie *Beltrami* neuerdings ausgebildet hat.

Wir sehen daraus, daß in der Geometrie zweier Dimensionen die Voraussetzung, jede Figur könne, ohne irgendwelche Änderung ihrer in der Fläche liegenden Dimensionen, nach allen Richtungen hin fortbewegt werden, die betreffende Fläche charakterisiert als Ebene oder Kugel oder pseudosphärische Fläche. Das Axiom, daß zwischen je zwei Punkten immer nur eine kürzeste Linie bestehe, trennt die Ebene und die pseudosphärische Fläche von der Kugel, und das Axiom von den Parallelen scheidet die Ebene von der Pseudosphäre. Diese drei Axiome sind also notwendig und hinreichend, um die Fläche, auf welche sich die euklidische Planimetrie bezieht, als Ebene zu charakterisieren, im Gegensatz zu allen anderen Raumgebilden zweier Dimensionen.

Der Unterschied zwischen der Geometrie in der Ebene und derjenigen auf der Kugelfläche ist längst klar und anschaulich gewesen, aber der Sinn des Axioms von den Parallelen konnte erst verstanden werden, nachdem *Gauß* den Begriff der ohne Dehnung biegsamen Flächen und damit der möglichen unendlichen Fortsetzung der pseudosphärischen Flächen entwickelt hatte. Wir als Bewohner eines Raumes von drei Dimensionen und begabt mit Sinneswerkzeugen, um alle diese Dimensionen wahrzunehmen, können uns die verschiedenen Fälle, in denen flächenhafte Wesen ihre Raumanschauung auszubilden hätten, allerdings anschaulich vorstellen, weil wir zu diesem Ende nur unsere eigenen Anschauungen auf ein engeres Gebiet zu beschränken haben. Anschauungen, die man hat, sich wegden-

---

* Prinzipien der Geometrie. Kasan, 1829–1830.

ken ist leicht; aber Anschauungen, für die man nie ein Analogon gehabt hat, sich sinnlich vorstellen ist sehr schwer. Wenn wir deshalb zum Raume von drei Dimensionen übergehen, so sind wir in unserem Vorstellungsvermögen gehemmt durch den Bau unserer Organe und die damit gewonnenen Erfahrungen, welche nur zu dem Raume passen, in dem wir leben.

Nun haben wir aber noch einen anderen Weg zur wissenschaftlichen Behandlung der Geometrie. Es sind nämlich alle uns bekannten Raumverhältnisse meßbar, das heißt, sie können auf Bestimmung von Größen (von Linienlängen, Winkeln, Flächen, Volumina) zurückgeführt werden. Eben deshalb können die Aufgaben der Geometrie auch dadurch gelöst werden, daß man die Rechnungsmethoden aufsucht, mittels deren man die unbekannten Raumgrößen aus den bekannten herzuleiten hat. Dies geschieht in der *analytischen Geometrie,* in welcher die sämtlichen Gebilde des Raumes nur als Größen behandelt und durch andere Größen bestimmt werden. Auch sprechen schon unsere Axiome von Raumgrößen[21]. Die gerade Linie wird als die *kürzeste* zwischen zwei Punkten definiert, was eine Größenbestimmung ist. Das Axiom von den Parallelen sagt aus, daß, wenn zwei gerade Linien in derselben Ebene sich nicht schneiden (parallel sind), die Wechselwinkel, bzw. die Gegenwinkel, an einer dritten, sie schneidenden, paarweise gleich sind. Oder dafür wird der Satz gesetzt, daß die Summe der Winkel in jedem Dreieck gleich zwei Rechten ist. Auch dies sind Größenbestimmungen.

Man kann also auch von dieser Seite des Raumbegriffs ausgehen, wonach die Lage jedes Punktes, in bezug auf irgendwelches als fest angesehenes Raumgebilde (Koordinatensystem), durch Messungen irgendwelcher Größen bestimmt werden kann; dann zusehen, welche besonderen Bestimmungen unserem Raume, wie er bei den tatsächlich auszuführenden Messungen sich darstellt, zukommen, und ob solche da sind, durch welche er sich von ähnlich mannigfaltig ausgedehnten Größen unterscheidet. Der der Wissenschaft leider zu früh entrissene *Riemann** in Göttingen hat zuerst diesen Weg eingeschlagen. Dieser Weg hat den eigentüm-lichen Vorzug, daß alle Operationen, die in ihm vorkommen, reine rechnende Größenbestimmungen sind, wobei die Gefahr, daß sich gewohnte Anschauungstatsachen als Denknotwendigkeiten unterschieben könnten, ganz wegfällt.

Die Zahl der Abmessungen, welche nötig ist, um die Lage eines Punktes zu geben, ist gleich der Anzahl der Dimensionen des betreffenden Raumes.

---

* Über die Hypothesen, welche der Geometrie zu Grunde liegen, Habilitationsschrift vom 10. Juni 1854. Veröffentlicht in Bd. XIII der Abhandlungen der Königl. Gesellschaft zu Göttingen[22].

In einer Linie genügt der Abstand von einem festen Punkte, also eine Größe; in einer Fläche muß man schon die Abstände von zwei festen Punkten angeben; im Raum von dreien, um die Lage des Punktes zu fixieren; oder wir brauchen, wie auf der Erde, geographische Länge, Breite und Höhe über dem Meere, oder, wie in der analytischen Geometrie gewöhnlich, die Abstände von drei Koordinatenebenen. *Riemann* nennt ein System von Unterschieden, im welchem das Einzelne durch *n* Abmessungen bestimmt werden kann, eine *n-fach ausgedehnte Mannigfaltigkeit* oder eine *Mannigfaltigkeit von n Dimensionen.* Somit ist also der uns bekannte Raum, in dem wir leben, eine dreifach ausgedehnte Mannigfaltigkeit von Punkten, eine Fläche eine zweifache, eine Linie eine einfache, die Zeit ebenso eine einfache. Auch das System der Farben bildet eine dreifache Mannigfaltigkeit, insofern jede Farbe nach *Thomas Youngs* und *Maxwells** Untersuchungen dargestellt werden kann, als die Mischung dreier Grundfarben, von deren jeder ein bestimmtes Quantum anzuwenden ist. Mit dem Farbkreisel kann man solche Mischungen und Abmessungen wirklich ausführen.

Ebenso könnten wir das Reich der einfachen Töne** als eine Mannigfaltigkeit von zwei Dimensionen betrachten, wenn wir sie nur nach Tonhöhe und Tonstärke verschieden nehmen und die Verschiedenheiten der Klangfarbe beiseite lassen [23]. Diese Verallgemeinerung des Begriffes ist sehr geeignet, um hervortreten zu lassen, wodurch sich der Raum von anderen Mannigfaltigkeiten dreier Dimensionen unterscheidet [24]. Wir können, wie Sie alle aus alltäglicher Erfahrung wissen, im Raume den Abstand zweier übereinander gelegener Punkte vergleichen mit dem horizontalen Abstande zweier Punkte des Fußbodens, weil wir einen Maßstab bald an das eine, bald an das andere Paar anlegen können. Aber wir können nicht den Abstand zweier Töne von gleicher Höhe und verschiedener Intensität vergleichen mit dem zweier Töne von gleicher Intensität und verschiedener Höhe. Riemann zeigte durch Betrachtungen dieser Art, daß die wesentliche Grundlage jeder Geometrie der Ausdruck sei, durch welchen die Entfernung zweier in beliebiger Richtung voneinander liegender, und zwar zunächst zweier unendlich wenig voneinander entfernter Punkte gegeben wird. Für diesen Ausdruck nahm er aus der analytischen Geometrie die allgemeine Form***, welche derselbe erhält, wenn man die Art der Abmessungen, durch welche der Ort jedes Punktes gegeben wird, ganz beliebig

---

* Siehe *Helmholtz'* Vorträge und Reden, Bd. I, S. 307.

** Vorträge und Reden, Bd. I, S. 141.

*** Nämlich für das Quadrat des Abstandes zweier unendlich naher Punkte eine homogene Funktion zweiten Grades der Differentiale ihrer Koordinaten.

läßt. Es zeigte dann, daß diejenige Art der Bewegungsfreiheit bei unveränderter Form, welche den Körpern in unserem Raume zukommt, nur bestehen kann, wenn gewisse, aus der Rechnung hervorgehende Größen*, die bezogen auf die Verhältnisse an Flächen sich auf das *Gaußsche* Maß der Flächenkrümmung reduzieren, überall den gleichen Wert haben. Eben deshalb nennt *Riemann* diese Rechnungsgrößen, wenn sie für eine bestimmte Stelle nach allen Richtungen hin denselben Wert haben, das Krümmungsmaß des betreffenden Raumes an dieser Stelle. Um Mißverständnisse abzuwehren, will ich hier nur noch hervorheben, daß dieses sogenannte Krümmungsmaß des Raumes eine auf rein analytischem Wege gefundene Rechnungsgröße ist, und daß seine Einführung keineswegs auf einer Unterschiebung von Verhältnissen, die nur in der sinnlichen Anschauung Sinn hätten, beruht. Der Name ist nur als kurze Bezeichnung eines verwickelten Verhältnisses von dem einen Falle hergenommen, wo der bezeichneten Größe eine sinnliche Anschauung entspricht[25].

Wenn nun dieses Krümmungsmaß des Raumes überall den Wert Null hat, entspricht ein solcher Raum überall den Axiomen des *Euklid*. Wir können ihn in diesem Falle einen *ebenen Raum* nennen, im Gegensatz zu anderen analytisch konstruierbaren Räumen, die man gekrümmte nennen könnte, weil ihr Krümmungsmaß einen von Null verschiedenen Wert hat. Indessen läßt sich die analytische Geometrie für Räume der letzteren Art ebenso vollständig und in sich konsequent durchführen, wie die gewöhnliche Geometrie unseres tatsächlich[26] bestehenden ebenen Raumes.

Ist das Krümmungsmaß positiv, so erhalten wir den *sphärischen* Raum, in welchem die geradesten Linien in sich zurücklaufen, und in welchem es keine Parallelen gibt. Ein solcher Raum wäre, wie die Oberfläche einer Kugel, unbegrenzt, aber nicht unendlich groß. Ein negatives konstantes Krümmungsmaß dagegen gibt den *pseudosphärischen* Raum, in welchem die geradesten Linien in das Unendliche auslaufen, und in jeder ebensten Fläche durch jeden Punkt ein Bündel von geradesten Linien zu legen ist, die eine gegebene andere geradeste Linie jener Fläche nicht schneiden[27].

Diese letzteren Verhältnisse hat *Beltrami*** dadurch der Anschauung zugänglich gemacht, daß er zeigte, wie man die Punkte, Linien und Flächen eines pseudosphärischen Raumes von drei Dimensionen im Inneren einer Kugel des euklidischen Raumes so abbilden kann, daß jede geradeste Linie

---

* Es ist ein algebraischer Ausdruck, zusammengesetzt aus den Koeffizienten der einzelnen Glieder in dem Ausdruck für das Quadrat der Entfernung zweier benachbarter Punkte und deren Differentialquotienten.

** Teoria fondamentale degli Spazii di Curvatura costante. Annali di Matematica. Ser. II, Tom. II, Fasc. III, p. 232–255.

des pseudosphärischen Raumes in der Kugel durch eine gerade Linie vertreten wird, jede ebenste Fläche des ersteren durch eine Ebene in der letzteren. Die Kugeloberfläche selbst entspricht dabei den unendlich entfernten Punkten des pseudosphärischen Raumes; die verschiedenen Teile desselben sind in ihrem Kugelabbild um so mehr verkleinert, je näher sie der Kugeloberfläche liegen und zwar in der Richtung der Kugelradien stärker als in den Richtungen senkrecht darauf. Gerade Linien in der Kugel, die sich erst außerhalb der Kugeloberfläche schneiden, entsprechen geradesten Linien des pseudosphärischen Raumes, die sich nirgends schneiden.

Somit zeigte sich, daß der Raum, als Gebiet meßbarer Größen betrachtet, keineswegs dem allgemeinsten Begriffe einer Mannigfaltigkeit von drei Dimensionen entspricht, sondern noch besondere Bestimmungen erhält, welche bedingt sind durch die vollkommen freie Beweglichkeit der festen Körper mit unveränderter Form nach allen Orten hin und bei allen möglichen Richtungsänderungen. Ferner durch den besonderen Wert des Krümmungsmaßes, welches für den tatsächlich vorliegenden Raum gleich Null zu setzen ist, oder sich wenigstens in seinem Werte nicht merklich von Null unterscheidet. Diese letztere Festsetzung ist in den Axiomen von den geraden Linien und von den Parallelen gegeben.

Während *Riemann* von den allgemeinsten Grundfragen der analytischen Geometrie her dieses neue Gebiet betrat, war ich selbst teils durch Untersuchungen über die räumliche Darstellung des Systems der Farben, also durch Vergleichung einer dreifach ausgedehnten Mannigfaltigkeit mit einer anderen, teils durch Untersuchungen über den Ursprung unseres Augenmaßes für Abmessungen des Gesichtsfeldes zu ähnlichen Betrachtungen gekommen. Riemann ging von dem oben erwähnten algebraischen Ausdrucke, welcher die Entfernung zweier einander unendlich naher Punkte in allgemeinster Form darstellt, als seiner Grundannahme aus, und leitete daraus die Sätze über Beweglichkeit fester Raumgebilde her; während ich von der Tatsache der Beobachtung[28] ausgegangen bin, daß in unserem Raume die Bewegung fester Raumgebilde mit demjenigen Grade von Freiheit möglich ist, den wir kennen, und aus dieser Tatsache die Notwendigkeit jenes algebraischen Ausdrucks hergeleitet habe, den Riemann als Axiom hinstellt. Die Annahmen, welche ich der Rechnung zugrunde legen mußte, waren die folgenden[29].

Erstens – um überhaupt rechnende Behandlung möglich zu machen – muß vorausgesetzt werden, daß die Lage jedes Punktes *A* gegen gewisse als unveränderlich und fest betrachtete Raumgebilde durch Messungen von irgendwelchen Raumgrößen, seien es Linien, oder Winkel zwischen Linien, oder Winkel zwischen Flächen usw., bestimmt werden könne. Bekanntlich nennt man die zur Bestimmung der Lage des Punktes *A* nötigen Abmessungen seine *Koordinaten.* Die Anzahl der im allgemeinen zur vollständigen Bestimmung der Lage eines jeden Punktes nötigen Koordinaten bestimmt die Anzahl der Dimensionen des betreffenden Raumes. Es wird weiter vorausgesetzt, daß bei Bewegung des Punktes *A* sich die als Koordinaten gebrauchten Raumgrößen kontinuierlich verändern.

Zweitens ist die Definition eines festen Körpers, bzw. festen Punktsystems zu geben, wie sie nötig ist, um Vergleichung von Raumgrößen durch Kongruenz vornehmen zu können. Da wir hier noch keine speziellen Methoden zur Messung[30] der Raumgrößen voraussetzen dürfen, so kann die Definiton eines festen Körpers nur erst durch folgendes Merkmal, gegeben werden: Zwischen den Koordinaten je zweier Punkte, die einem festen Körper angehören, muß eine Gleichung bestehen, die eine bei jeder Bewegung des Körpers unveränderte Raumbeziehung zwischen den beiden Punkten (welche sich schließlich als ihre Entfernung ergibt) ausspricht, und welche für kongruente Punktpaare die gleiche ist. Kongruent aber sind solche Punktpaare, die nacheinander mit demselben im Raume festen Punktpaare zusammenfallen können[31].

Trotz ihrer anscheinend so unbestimmten Fassung ist diese Bestimmung äußerst folgenreich, weil bei Vermehrung der Punktzahl die Anzahl der Gleichungen viel schneller wächst, als die Zahl der durch sie bestimmten Koordinaten der Punkte. Fünf Punkte, *A, B, C, D, E,* geben zehn verschiedene Punktpaare:

$$AB, AC, AD, AE,$$
$$BC, BD, BE,$$
$$CD, CE,$$
$$DE,$$

also zehn Gleichungen, die im Raume von drei Dimensionen fünfzehn veränderliche Koordinaten enthalten, von denen aber sechs frei verfügbar bleiben müssen, wenn das System der fünf Punkte frei beweglich und drehbar sein soll. Es dürfen also durch jene zehn Gleichungen nur neun Koordinaten bestimmt werden, als abhängig von jenen sechs veränderlichen. Bei sechs Punkten bekommen wir fünfzehn Gleichungen für zwölf veränderliche Größen, bei sieben Punkten einundzwanzig Gleichungen für fünfzehn Größen usw. Nun können wir aber aus *n* voneinander unabhängigen Gleichungen *n* darin vorkommende Größen bestimmen. Haben wir mehr als *n* Gleichungen, so müssen die überzähligen selbst herzuleiten sein aus den *n* ersten derselben. Daraus folgt, daß jene Gleichungen, welche zwischen den Koordinaten jedes Punktpaares eines festen Körpers bestehen, von besonderer Art sein müssen; so daß, wenn sie im Raume von drei Dimensionen für neun aus je fünf Punkten gebildete Punktpaare erfüllt sind, aus ihnen die Gleichung für das zehnte Paar identisch folgt.

Auf diesem Umstande beruht es, daß die genannte Annahme für die Definition der Festigkeit doch genügt, um die Art der Gleichungen zu bestimmen, welche zwischen den Koordinaten zweier fest miteinander verbundener Punkte bestehen.

Drittens ergab sich, daß der Rechnung noch eine besondere Eigentümlichkeit der Bewegung fester Körper als Tatsache zugrunde gelegt werden mußte, eine Eigentümlichkeit, welche uns so geläufig ist, daß wir ohne diese Untersuchung vielleicht nie darauf verfallen wären, sie als etwas zu betrachten, was auch nicht sein könnte. Wenn wir nämlich in unserem Raume von drei Dimensionen zwei Punkte eines festen Körpers festhalten, so kann er nur noch Drehungen um deren gerade Verbindungslinie als Drehungsachse machen. Drehen wir ihn einmal ganz um, so kommt er genau wieder in die Lage, in der er sich zuerst befunden hatte. Daß nun Drehung ohne Umkehr jeden festen Körper immer wieder in seine Anfangslage zurückführt, muß besonders erwähnt werden[32]. Es wäre eine Geometrie möglich, wo dies nicht so wäre. Am einfachsten ist dies für die Geometrie der Ebene einzusehen. Man denke sich, daß bei jeder Drehung jeder ebenen Figur ihre linearen Dimensionen dem Drehungswinkel proportional wüchsen, so würde nach einer ganzen Drehung um 360 Grad die Figur nicht mehr ihrem Anfangszustande kongruent sein. Übrigens würde ihr aber jede zweite Figur, die ihr in der Anfangslage kongruent war, auch in der zweiten Lage kongruent gemacht werden können, wenn auch die zweite Figur um 360 Grad gedreht wird. Es würde ein konsequentes System der Geometrie auch unter dieser Annahme möglich sein, welches nicht unter die *Riemannsche* Form fällt.

Andererseits habe ich gezeigt, daß die aufgezählten drei Annahmen zusammengenommen ausreichend sind, um den von Riemann angenommenen Ausgangspunkt bei Untersuchung zu begründen, und damit auch alle weiteren Ergebnisse von dessen Arbeit, die sich auf den Unterschied der verschiedenen Räume nach ihrem Krümmungsmaß beziehen.

Es ließe sich nun noch fragen, ob auch die Gesetze der Bewegung und ihrer Abhängigkeit von den bewegenden Kräften ohne Widerspruch auf die sphärischen oder pseudosphärischen Räume übertragen werden können. Diese Untersuchung ist von *Lipschitz** in Bonn durchgeführt worden. Es läßt sich in der Tat der zusammenfassende Ausdruck aller Gesetze der Dynamik, das *Hamiltonsche* Prinzip[33], direkt auf Räume, deren Krümmungsmaß nicht gleich Null ist, übertragen. Also auch nach

---

* Untersuchungen über die ganzen homogenen Funktionen von n Differenzialen.
Borchardts Journal für Mathematik, Bd. LXX, S. 71 und Bd. LXXII, S. 1. – Untersuchung eines Problems der Variationsrechnung, ebendas., Bd. LXXIV.

dieser Seite hin verfallen die abweichenden Systeme der Geometrie in keinen Widerspruch.

Wir werden nun weiter zu fragen haben, wo diese besonderen Bestimmungen herkommen, da dieselben, wie sich gezeigt hat, nicht in dem allgemeinen Begriff einer ausgedehnten Größe von drei Dimensionen und freier Beweglichkeit der in ihr enthaltenen begrenzten Gebilde eingeschlossen sind. *Denknotwendigkeiten*[34], die aus dem Begriff einer solchen Mannigfaltigkeit und ihrer Meßbarkeit, oder aus dem allgemeinsten Begriff eines festen in ihr enthaltenen Gebildes und seiner freiesten Beweglichkeit herfließen, sind sie nicht.

Wir wollen nun die entgegengesetzte Annahme[35], die sich über ihren Ursprung machen läßt, untersuchen, die Frage nämlich, ob sie *empirischen Ursprungs* seien, ob sie aus Erfahrungstatsachen abzuleiten, durch solche zu erweisen, bzw. zu prüfen und vielleicht auch zu widerlegen seien. Diese letztere Eventualität würde dann auch einschließen, daß wir uns Reihen beobachtbarer Erfahrungstatsachen müßten vorstellen können, durch welche ein anderer Wert des Krümmungsmaßes angezeigt würde, als derjenige ist, den der ebene Raum des *Euklid* hat. Wenn aber Räume anderer Art in dem angegebenen Sinne vorstellbar sind, so wäre damit auch widerlegt, daß die Axiome der Geometrie notwendige Folgen einer a priori gegebenen transzendentalen Form unserer Anschauungen im *Kantschen* Sinne seien[36].

Der Unterschied der euklidischen, sphärischen und pseudosphärischen Geometrie beruht, wie oben bemerkt, auf dem Werte einer gewissen Konstante, welche *Riemann* das Krümmungsmaß des betreffenden Raumes nennt, und deren Wert gleich Null sein muß, wenn die Axiome des Euklid gelten. Ist sie nicht gleich Null, so würden Dreiecke von großem Flächeninhalte eine andere Winkelsumme haben müssen, als kleine, erstere im sphärischen Raume eine größere, im pseudosphärischen eine kleinere. Ferner ist geometrische Ähnlichkeit großer und kleiner Körper oder Figuren nur möglich im euklidischen Raume. Alle Systeme praktisch ausgeführter geometrischer Messungen, bei denen die drei Winkel großer geradliniger Dreiecke einzeln gemessen worden sind, also auch namentlich alle Systeme astronomischer Messungen, welche die Parallaxe[37] der unmeßbar weit entfernten Fixsterne gleich Null ergeben (im pseudosphärischen Raum müßten auch die unendlich entfernten Punkte positive Parallaxe haben), bestätigen empirisch[38] das Axiom von den Parallelen, und zeigen, daß in unserem Raume und bei Anwendung unserer Messungsmethoden das Krümmungsmaß des Raumes als von Null ununterscheidbar erscheint. Freilich muß mit Riemann die Frage aufgeworfen werden, ob sich dies nicht vielleicht anders verhalten würde, wenn wir statt unserer begrenzten Standlinien, deren größte die große Achse der Erdbahn ist, größere Standlinien benutzen könnten.

Aber wir dürfen dabei nicht vergessen, daß alle geometrischen Messungen schließlich auf dem Prinzipe der Kongruenz beruhen[39]. Wir messen Entfernungen von Punkten, indem wir den Zirkel oder den Maßstab oder die Meßkette zu ihnen hinbewegen. Wir messen Winkel, indem wir den geteilten Kreis oder den Theodolithen an den Scheitel des Winkels bringen. Daneben bestimmen wir gerade Linien auch durch den unserer Erfahrung nach geradlinigen Gang der Lichtstrahlen; aber daß das Licht sich längs kürzester Linien ausbreitet, so lange es in einem ungeänderten brechenden Medium bleibt, würde sich ebenso auch auf Räume von anderem Krümmungsmaß übertragen lassen. Alle unsere geometrischen Messungen beruhen also auf der Voraussetzung, daß unsere von uns für fest gehaltenen Meßwerkzeuge wirklich[40] Körper von unveränderlicher Form sind, oder daß sie wenigstens keine anderen Arten von Formveränderungen erleiden, als diejenigen, die wir an ihnen kennen, wie z. B. die von geänderter Temperatur, oder die kleinen Dehnungen, welche von der bei geänderter Stellung anders wirkenden Schwere herrühren.

Wenn wir messen, so führen wir nur mit den besten und zuverlässigsten uns bekannten Hilfsmitteln dasselbe aus, was wir sonst durch Beobachtung nach dem Augenmaß und dem Tastsinn, oder durch Abschreiten zu ermitteln pflegen. In den letzteren Fällen ist unser eigener Körper mit seinen Organen das Meßwerkzeug, welches wir im Raume herumtragen. Bald ist die Hand, bald sind die Beine unser Zirkel oder das nach allen Richtungen sich wendende Auge der Theodolith, mit dem wir Bogenlängen oder Flächenwinkel im Gesichtsfelde abmessen.

Jede Größen vergleichende Schätzung oder Messung räumlicher Verhältnisse geht also aus von einer Voraussetzung über das physikalische Verhalten gewisser Naturkörper, sei es unseres eigenen Leibes, sei es der angewendeten Meßinstrumente, welche Voraussetzung übrigens den höchsten Grad von Wahrscheinlichkeit[41] haben und mit allen uns sonst bekannten physikalischen Verhältnissen in der besten Übereinstimmung stehen mag, aber jedenfalls über das Gebiet der reinen Raumanschauungen hinausgreift.

Ja, es läßt sich ein bestimmtes Verhalten[42] der uns als fest erscheinenden Körper angeben, bei welchem die Messungen im *euklidischen* Raume so ausfallen würden, als wären sie im pseudosphärischen oder sphärischen Raume angestellt. Um dies einzusehen[43], erinnere ich zunächst daran, daß, wenn die sämtlichen linearen Dimensionen der uns umgebenden Körper und die unseres eigenen Leibes mit ihnen in gleichem Verhältnisse, z. B. alle auf die Hälfte verkleinert oder alle auf das Doppelte vergrößert würden, wir eine solche Änderung durch unsere Mittel der Raumanschauung gar nicht würden bemerken können. Dasselbe würde aber auch der Fall sein, wenn die Dehnung oder Zusammenziehung nach verschiedenen Richtungen hin verschieden wäre, vorausgesetzt, daß unser eigener Leib in derselben Weise sich veränderte und vorausgesetzt ferner, daß ein Körper, der sich drehte, in jedem Augenblick ohne mechanischen Widerstand zu erleiden oder auszuüben, denjenigen Grad der Dehnung seiner verschiedenen Dimensionen annehme, der seiner zeitigen Lage entspricht[44]. Man denke an das Abbild der Welt in einem Konvexspiegel. Die bekannten versilberten Kugeln, welche in Gärten aufgestellt zu werden pflegen, zeigen die wesentlichen Erscheinungen eines solchen Bildes, wenn auch gestört durch einige optische Unregelmäßigkeiten. Ein gut gearbeiteter Konvexspiegel von nicht zu großer Öffnung zeigt das Spiegelbild jedes vor ihm liegenden Gegenstandes scheinbar körperlich und in bestimmter Lage und Entfernung hinter seiner Fläche. Aber die Bilder des fernen Horizontes und der Sonne am Himmel liegen in begrenzter Entfernung, welche der Brennweite des Spiegels gleich ist, hinter dem Spiegel. Zwischen diesen Bildern und der Oberfläche des Spiegels sind die Bilder aller anderen vor letzterem liegenden Objekte enthalten, aber so, daß die Bilder um so mehr verkleinert und um so mehr abgeplattet sind, je ferner ihre Objekte vom Spiegel liegen. Die Abplattung, das heißt die Verkleinerung der Tiefendimension, ist verhältnismäßig bedeutender als die Verkleinerung der Flächendimensionen. Dennoch wird jede gerade Linie der Außenwelt durch eine gerade Linie im Bilde, jede Ebene durch eine Ebene dargestellt. Das Bild eines Mannes, der mit einem Maßstab eine von dem Spiegel sich entfernende gerade Linie abmißt, würde immer mehr zusammenschrumpfen, je mehr das Original sich entfernt, aber mit seinem ebenfalls zusammenschrumpfenden Maßstab würde der Mann im Bilde genau dieselbe Zahl von Zentimetern herauszählen, wie der Mann in der Wirklichkeit; überhaupt würden alle geometrischen Messungen von Linien oder Winkeln, mit den gesetzmäßig veränderlichen Spiegelbildern der wirklichen Instrumente ausgeführt, genau dieselben Resultate ergeben wie die in der Außenwelt. Alle Kongruenzen würden in den Bildern bei wirklicher Aneinanderlagerung der betreffenden Körper ebenso passen wie in der Außenwelt, alle Visierlinien der Außenwelt durch gerade Visierlinien im Spiegel ersetzt sein. Kurz, ich sehe nicht, wie die Männer im Spiegel herausbringen sollten, daß ihre Körper nicht feste Körper und ihre Erfahrungen gute Beispiele für die Richtigkeit der Axiome des *Euklid* seien. Könnten sie aber hinausschauen in unsere Welt, wie wir hineinschauen in die ihrige, ohne die Grenze überschreiten zu können, so würden sie unsere Welt für das Bild eines Konvexspiegels erklären müssen und von uns gerade so reden, wie wir von ihnen, und wenn sich die Männer beider Welten miteinander besprechen könnten, so würde, soweit ich sehe, keiner den anderen überzeugen können, daß er die wahren Verhältnisse habe, der andere die verzerrten; ja, ich kann nicht erkennen, daß eine solche Frage überhaupt einen Sinn hätte[45], so lange wir keine mechanischen Betrachtungen einmischen[46].

Nun ist *Beltramis*[47] Abbildung des pseudosphärischen Raumes in einer Vollkugel des euklidischen Raumes von ganz ähnlicher Art, nur daß die Fläche des Hintergrundes nicht eine Ebene, wie bei dem Konvexspiegel, sondern eine Kugelfläche ist, und das Verhältnis, in welchem sich die der Kugelfläche näher kommenden Bilder zusammenziehen, einen anderen mathematischen Ausdruck hat. Denkt man sich also umgekehrt, daß in der Kugel, für deren Innenraum die Axiome des *Euklid* gelten, sich Körper bewegen, die, wenn sie sich vom Mittelpunkte entfernen, sich jedesmal zusammenziehen, ähnlich den Bildern im Konvexspiegel, und zwar sich in der Weise zusammenziehen, daß ihre im pseudosphärischen Raum konstruierten Abbilder unveränderte Dimensionen behalten, so würden Beobachter, deren Leiber selbst dieser Veränderung regelmäßig unterworfen wären, bei geometrischen Messungen, wie sie sie ausführen könnten, Ergebnisse erhalten, als lebten sie selbst im pseudosphärischen Raume.

Wir können von hier aus sogar noch einen Schritt weiter gehen; wir können daraus ableiten, wie einem Beobachter, dessen Augenmaß und Raumerfahrungen sich gleich den unserigen im ebenen Raume ausgebildet haben, die Gegenstände einer pseudosphärischen Welt erscheinen würden, falls er in eine solche eintreten könnte. Ein solcher Beobachter würde die Linien der Lichtstrahlen oder die Visierlinien seines Auges fortfahren als gerade Linien anzusehen, wie solche im ebenen Raume vorkommen, und wie sie in dem kugeligen Abbild des pseudosphärischen Raumes wirklich sind. Das Gesichtsbild der Objekte im pseudosphärischen Raume würde ihm deshalb denselben Eindruck machen, als befände er sich im Mittelpunkte des Beltramischen Kugelbildes[48]. Er würde die entferntesten Gegenstände dieses Raumes in endlicher Entfernung* rings um sich zu erblicken glauben, nehmen wir beispielsweise an, in hundert Fuß Abstand. Ginge er aber auf diese entfernten Gegenstände zu, so würden sie sich vor ihm dehnen, und zwar noch mehr nach der Tiefe, als nach der Fläche; hinter ihm aber würden sie sich zusammenziehen. Er würde erkennen, daß er nach dem Augenmaß falsch geurteilt hat. Sähe er zwei gerade Linien, die sich nach seiner Schätzung miteinander parallel bis auf

---

* Das reziproke, negative Quadrat dieser Entfernung wäre das Krümmungsmaß des pseudosphärischen Raumes.

diese Entfernung von 100 Fuß, wo ihm die Welt abgeschlossen erscheint, hinausziehen, so würde er, ihnen nachgehend, erkennen, daß sie bei dieser Dehnung der Gegenstände, denen er sich nähert, auseinander rücken, je mehr er an ihnen vorschreitet; hinter ihm dagegen würde ihr Abstand zu schwinden scheinen, so daß sie ihm beim Vorschreiten immer mehr divergent und immer entfernter voneinander erscheinen würden. Zwei gerade Linien aber, die vom ersten Standpunkte aus nach einem und demselben Punkte des Hintergrundes in 100 Fuß Entfernung zu konvergieren scheinen, würden dies immer tun, so weit er ginge und er würde ihren Schnittpunkt nie erreichen.

Nun können wir ganz ähnliche Bilder unserer wirklichen Welt erhalten, wenn wir eine große Konvexlinse von entsprechender negativer Brennweite vor die Augen nehmen, oder auch nur zwei konvexe Brillengläser, die etwas prismatisch geschliffen sein müßten, als wären sie Stücke aus einer zusammenhängenden größeren Linse. Solche zeigen uns ebenso, wie die oben erwähnten Konvexspiegel, die fernen Gegenstände genähert, die fernsten bis zur Entfernung des Brennpunktes der Linse. Wenn wir uns mit einer solchen Linse vor den Augen bewegen, gehen ganz ähnliche Dehnungen der Gegenstände, auf die wir zugehen, vor, wie ich sie für den pseudosphärischen Raum beschrieben habe. Wenn nun jemand eine solche Linse vor die Augen nimmt, nicht einmal eine Linse von 100 Fuß, sondern eine viel stärkere von nur 60 Zoll Brennweite, so merkt er im ersten Augenblicke vielleicht, daß er die Gegenstände genähert sieht. Aber nach wenigem Hin- und Hergehen schwindet die Täuschung, und er beurteilt trotz der falschen Bilder die Entfernungen richtig. Wir haben allen Grund zu vermuten, daß es uns im pseudosphärischen Raume bald genug ebenso gehen würde, wie es bei einem angehenden Brillenträger nach wenigen Stunden schon der Fall ist. Kurz der pseudosphärische Raum würde uns verhältnismäßig gar nicht sehr fremdartig erscheinen; wir würden uns nur in der ersten Zeit, bei der Abmessung der Größe und Entfernung fernerer Gegenstände nach ihrem Gesichtseindruck, Täuschungen unterworfen finden.

Die entgegengesetzten Täuschungen würde ein sphärischer Raum von drei Dimensionen mit sich bringen, wenn wir mit dem im *euklidischen* Raume erworbenen Augenmaße in ihn eintreten. Wir würden entferntere Gegenstände für entfernter und größer halten, als sie sind; wir würden auf sie zugehend finden, daß wir sie schneller erreichen, als wir nach dem Gesichtsbilde annehmen mußten. Wir würden aber auch Gegenstände vor uns sehen, die wir nur mit divergierenden Gesichtslinien fixieren können; dies würde bei allen denjenigen der Fall sein, welche von uns weiter als ein Quadrant eines größten Kreises entfernt sind. Diese Art des Anblicks würde uns kaum sehr ungewöhnlich vorkommen, denn wir können denselben auch für irdische Gegenstände hervorbringen, wenn wir vor das eine Auge ein schwach prismatisches Glas nehmen, dessen dickere Seite zur Nase gekehrt ist. Auch dann müssen wir die Augen divergent stellen, um entfernte Gegenstände zu fixieren. Das erregt ein gewisses Gefühl ungewohnter Anstrengung in den Augen, ändert aber nicht merklich den Anblick der so gesehenen Gegenstände. Den seltsamsten Teil des Anblicks der sphärischen Welt würde aber unser eigener Hinterkopf bilden, in dem alle unsere Gesichtslinien wieder zusammenlaufen würden, so weit sie zwischen anderen Gegenständen frei durchgehen könnten, und welcher den äußersten Hintergrund des ganzen perspektivischen Bildes ausfüllen müßte.

Dabei ist freilich noch weiter zu bemerken, daß, wie eine kleine ebene elastische Scheibe, etwa eine kleine ebene Kautschukplatte, einer schwach gewölbten Kugelfläche nur unter relativer Kontraktion ihres Randes und Dehnung ihrer Mitte angepaßt werden kann, so auch unser im *euklidischen* ebenen Raum gewachsener Körper nicht in einen gekrümmten Raum übergehen könnte ohne ähnliche Dehnungen und Zusammenpressungen seiner Teile zu erleiden, deren Zusammenhang natürlich nur so weit erhalten bleiben könnte, als die Elastizität der Teile ein Nachgeben ohne Reißen und Brechen erlaubte. Die Art der Dehnung würde dieselbe sein müssen, als wenn wir uns im Mittelpunkte von *Beltramis* Kugel einen kleinen Körper dächten, und von diesem dann auf sein pseudosphärisches oder sphärisches Abbild übergingen. Damit ein solcher Übergang als möglich erscheine, wird immer vorausgesetzt werden müssen, daß der übergehende Körper hinreichend elastisch und klein sei im Vergleich mit dem reellen oder imaginären Krümmungsradius des gekrümmten Raumes, in den er übergehen soll.

Es wird dies genügen um zu zeigen, wie man auf dem eingeschlagenen Wege aus den bekannten Gesetzen unserer sinnlichen Wahrnehmungen die Reihe der sinnlichen Eindrücke herleiten kann, welche eine sphärische oder pseudosphärische Welt uns geben würde, wenn sie existierte. Auch dabei treffen wir nirgends auf eine Unfolgerichtigkeit oder Unmöglichkeit, ebensowenig wie in der rechnenden Behandlung der Maßverhältnisse. Wir können uns den Anblick einer pseudosphärischen Welt ebensogut nach allen Richtungen hin ausmalen, wie wir ihren Begriff entwickeln können. Wir können deshalb auch nicht zugeben, daß die Axiome unserer Geometrie in der gegebenen Form unseres Anschauungsvermögens begründet wären, oder mit einer solchen irgendwie zusammenhingen[49].

Anders ist es mit den drei Dimensionen des Raumes. Da alle unsere Mittel sinnlicher Anschauung sich nur auf einen Raum von drei Dimensionen erstrecken, und die vierte Dimension nicht bloß eine Abänderung von Vorhandenem, sondern etwas vollkommen Neues wäre, so befinden wir uns schon wegen unserer körperlichen Organisation in der absoluten Unmöglichkeit, uns eine Anschauungsweise einer vierten Dimension vorzustellen[50].

Schließlich möchte ich nun noch hervorheben, daß die geometrischen Axiome gar nicht Sätze sind, die nur der reinen Raumlehre angehörten[51]. Sie sprechen, wie ich schon erwähnt habe, von Größen. Von Größen kann man nur reden, wenn man irgendwelches Verfahren kennt und im Sinne hat, nach dem man diese Größen vergleichen, in Teile zerlegen und messen kann. Alle Raummessung und daher überhaupt alle auf den Raum angewendeten Größenbegriffe setzen also die Möglichkeit der Bewegung von Raumgebilden voraus, deren Form und Größe man trotz der Bewegung für unveränderlich halten darf. Solche Raumformen pflegt man in der Geometrie allerdings nur als geometrische Körper, Flächen, Winkel, Linien zu bezeichnen, weil man von allen anderen Unterschieden physikalischer und chemischer Art, welche die Naturkörper zeigen, abstrahiert; aber man bewahrt doch die eine physikalische Eigenschaft derselben, die Festigkeit. Für die Festigkeit der Körper und Raumgebilde haben wir aber kein anderes Merkmal, als daß sie, zu jeder Zeit und an jedem Orte und nach jeder Drehung aneinander gelegt, immer wieder dieselben Kongruenzen zeigen, wie vorher. Ob sich aber die aneinander gelegten Körper nicht selbst beide in gleichem Sinne verändert haben, können wir auf rein geometrischem Wege, ohne mechanische Betrachtungen[52] hinzunehmen, gar nicht entscheiden.

Wenn wir es zu irgendeinem Zwecke nützlich fänden, so könnten wir in vollkommen folgerichtiger Weise den Raum, in welchem wir leben, als den scheinbaren Raum hinter einem Konvexspiegel mit verkürztem und zusammengezogenem Hintergrunde betrachten; oder wir könnten eine abgegrenzte Kugel unseres Raumes, jenseits deren Grenzen wir nichts mehr wahrnehmen, als den unendlichen pseudosphärischen Raum betrachten. Wir müßten dann nur den Körpern, welche uns als fest erscheinen, und ebenso unserem eigenen Leibe gleichzeitig die entsprechenden Dehnungen und Verkürzungen zuschreiben, und würden allerdings das System unserer mechanischen Prinzipien gleichzeitig gänzlich verändern müssen; denn schon der Satz, daß jeder bewegte Punkt, auf den keine Kraft einwirkt, sich in gerader Linie mit unveränderter Geschwindigkeit fortbewegt, paßt auf das Abbild der Welt im Konvexspiegel nicht mehr. Die Bahnlinie wäre zwar noch gerade, aber die Geschwindigkeit abhängig vom Orte[53].

Die geometrischen Axiome sprechen also gar nicht über Verhältnisse des Raumes allein, sondern gleichzeitig auch über das mechanische Verhalten unserer festesten Körper bei Bewegungen[54]. Man könnte freilich auch den

Begriff des festen geometrischen Raumgebildes als einen transzendentalen[55] Begriff auffassen, der unabhängig von wirklichen Erfahrungen gebildet wäre, und dem diese nicht notwendig zu entsprechen brauchten, wie ja unsere Naturkörper tatsächlich ganz rein und ungestört nicht einmal denjenigen Begriffen entsprechen, die wir auf dem Wege der Induktion von ihnen abstrahiert haben. Unter Hinzunahme eines solchen nur als Ideal konzipierten Begriffs der Festigkeit könnte dann ein strenger Kantianer allerdings die geometrischen Axiome als a priori durch transzendentale Anschauung gegebene Sätze betrachten, die durch keine Erfahrung bestätigt oder widerlegt werden könnten, weil man erst nach ihnen zu entscheiden hätte, ob irgendwelche Naturkörper als feste Körper zu betrachten seien. Dann müßten wir aber behaupten, daß unter dieser Auffassung die geometrischen Axiome gar keine synthetischen Sätze im Sinne *Kants* wären. Denn sie würden dann nur etwas aussagen, was aus dem Begriffe der zur Messung notwendigen festen geometrischen Gebilde analytisch folgen würde, da als feste Gebilde nur solche anerkannt werden könnten, die jenen Axiomen genügen.

Nehmen wir aber zu den geometrischen Axiomen noch Sätze hinzu, die sich auf die mechanischen Eigenschaften der Naturkörper beziehen, wenn auch nur den Satz von der Trägheit, oder den Satz, daß die mechanischen und physikalischen Eigenschaften der Körper unter übrigens gleichbleibenden Einflüssen nicht vom Orte, wo sie sich befinden, abhängen können, dann erhält ein solches System von Sätzen einen wirklichen Inhalt, der durch Erfahrung bestätigt oder widerlegt werden, eben deshalb aber auch durch Erfahrung gewonnen werden kann[56].

Übrigens ist es natürlich nicht meine Absicht, zu behaupten, daß die Menschheit erst durch sorgfältig ausgeführte Systeme genauer geometrischer Messungen Anschauungen des Raumes, die den Axiomen des *Euklid* entsprechen, gewonnen habe. Es mußte vielmehr eine Reihe alltäglicher Erfahrungen, namentlich die Anschauung von der geometrischen Ähnlichkeit großer und kleiner Körper, welche nur im ebenen Raume möglich ist, darauf führen, jede geometrische Anschauung, die dieser Tatsache widersprach, als unmöglich zu verwerfen. Dazu war keine Erkenntnis des begrifflichen Zusammenhanges zwischen der beobachteten Tatsache geometrischer Ähnlichkeit und den Axiomen nötig, sondern nur durch zahlreiche und genaue Beobachtungen von Raumverhältnissen gewonnene anschauliche Kenntnis ihres typischen Verhaltens; eine solche Art der Anschauung, wie sie der Künstler von den darzustellenden Gegenständen besitzt und mittels deren er sicher und fein entscheidet, ob eine versuchte neue Kombination der Natur des darzustellenden Gegenstandes entspricht, oder nicht. Das wissen wir zwar in unserer Sprache auch mit keinem anderen Namen als dem der „Anschauung" zu bezeichnen; aber es ist dies eine empirische, durch Häufung und Verstärkung gleichartig wiederkehrender Eindrücke, in unserem Gedächtnis gewonnene Kenntnis, keine transzendentale und vor aller Erfahrung gegebene Anschauungsform. Daß dergleichen empirisch erlangte und noch nicht zur Klarheit des bestimmt ausgesprochenen Begriffs durchgearbeitete Anschauungen eines typischen gesetzlichen Verhaltens häufig genug den Metaphysikern als a priori gegebene Sätze imponiert haben, brauche ich hier nicht weiter zu erörtern.

Über den Ursprung und
die Bedeutung
der geometrischen Axiome
Vorträge und Reden, II,
5. Auflage, S. 1–31.

Erläuterungen

15 [1] Unter „Deduktion" versteht man in der Logik die Ableitung eines
Urteils aus umfassenderen Urteilen, d. h. aus solchen von allgemeinerer Gültigkeit. Sie stellt das einzige Verfahren der völlig *strengen*
Begründung einer Wahrheit durch andere Wahrheiten dar. Die
gewöhnlichste Form der Deduktion ist der Syllogismus (vgl. Anm.
IV, 43). Im Gegensatz zu ihr steht die logische „Induktion", die aus
besonderen und einzelnen Wahrheiten allgemeiner gültige zu
erschließen sucht und sich zu diesem Zwecke der „mühsamen und
langwierigen Aufgabe" des Sammelns von Erfahrungstatsachen
unterziehen muß, von der *Helmholtz* in demselben Satze spricht.
Dem induktiven Schließen mangelt die absolute Sicherheit, denn
sofern es einen aus einer Anzahl von Einzelfällen abgelesenen Satz
auf noch nicht beobachtete Fälle verallgemeinernd ausdehnt, geht
es über das hinaus, was in den Voraussetzungen wirklich enthalten
ist. Induktiv gewonnene Sätze können daher nur auf eine (oft
freilich überaus hohe) *Wahrscheinlichkeit* der Geltung Anspruch
machen.

15 [2] In dieser Frage faßt *Kant* das Problem seiner „Kritik der reinen Vernunft" zusammen. Unter einem „synthetischen Urteil" versteht er
einen Satz, der von einem Gegenstande ein Prädikat aussagt, das
dem Gegenstande nicht schon vermöge seiner Definition zukommt; dagegen behauptet ein „analytisches Urteil" von einem
Subjekt nur etwas, das in ihm bereits definitionsgemäß enthalten
ist. Verstehe ich z. B. unter einem „Körper" immer etwas Ausge-
dehntes, so ist der Satz „alle Körper sind ausgedehnt" offenbar analytisch, während es ein synthetisches Urteil wäre, wenn wir sagen
„alle Körper erleiden auf der Erdoberfläche eine Beschleunigung
von etwa 981 cm/sec^2". Das erste Urteil folgt einfach aus der Definition, aus dem Begriff des Körpers, das zweite läßt sich nicht daraus ableiten, sondern nur die Erfahrung kann lehren, ob und mit
welcher Beschleunigung die durch den Begriff „Körper" bezeichne-

ten Gegenstände auf die Erde fallen. Ein Urteil, dessen Geltung ganz unabhängig von aller Erfahrung feststeht, nennt Kant a priori; wenn seine Gültigkeit nur auf der Erfahrung beruht, so heißt es a posteriori. Aus dem Gesagten folgt, daß jedes analytische Urteil a priori ist, denn man bedarf ja keiner Erfahrung, um seine Gültigkeit einzusehen, sondern nur einer Zergliederung seines Subjektbegriffs, der durch seine Definition vollständig gegeben ist. Es folgt ferner, daß die meisten synthetischen Urteile des Alltags wie der Wissenschaft a posteriori sind, weil sie das Ergebnis von Erfahrungen aussprechen. – Gibt es auch synthetische Urteile a priori, d. h. also Sätze, die von einem Gegenstand mehr aussagen als schon in seinem Begriffe liegt, und doch dies Mehr nicht aus der Erfahrung entnehmen? Man erkennt leicht die ungeheure Wichtigkeit der Frage. Wirklicher Fortschritt der Erkenntnis nämlich ist nur in synthetischen Urteilen; nur sie erweitern unser Wissen, während analytische bloß erläutern, was wir durch Definition in unsere Begriffe hineingesteckt haben. Wenn aber alle synthetischen Urteile nur a posteriori sind, dann geschieht kein Erkenntnisfortschritt mit absolut sicherer Geltung, denn eine auf Erfahrungen beruhende Gültigkeit reicht nicht weiter als eben diese Erfahrungen selbst und kann durch neue Beobachtungen umgestoßen werden. Wir sind der allgemeinen, notwendigen Geltung eines Satzes nur sicher, wenn er a priori gültig ist. Notwendigkeit und ausnahmslose Geltung ist daher das Erkennungszeichen der Apriorität. Dies Kennzeichen liegt nach Kant bei den geometrischen Axiomen vor und er zweifelte, wie *Helmholtz* im Text bemerkt, auch nicht daran, daß sie synthetisch seien. Er glaubte also an das tatsächliche Vorhandensein synthetischer Urteile a priori, dieser höchsten Form der Erkenntnis, und für ihn fragte es sich nur: wie sind sie möglich? Wie kann ich von einem Gegenstande mit Sicherheit etwas aussagen, was weder aus seiner Definition gefolgert noch aus der Erfahrung abgelesen ist? Die Helmholtzsche Untersuchung prüft, wie sich zeigen wird, die Frage, ob wirklich, wie Kant voraussetzte, die Axiome der Geometrie als synthetische Urteile a priori betrachtet werden dürfen.

16 [3] Dadurch, daß *Kant* den Raum als eine „Form der Anschauung" mithin als eine unserem anschauenden Bewußtsein eigentümliche Gesetzmäßigkeit auffaßte, wollte er eben die Möglichkeit synthetischer Urteile a priori über den Raum erklären. Alles was wir wahrnehmen und anschaulich darstellen können, muß notwendig den Gesetzen unseres Anschauens unterstehen, diese Gesetze müssen daher nach Kant a priori von allem Erfahrbaren gelten.

16 [4] „... inhaltsleeres Schema." Hier wird später Näheres zu sagen sein. Vgl. Anm. IV, 33.

17 [5] Die Definition der Geometrie als „Lehre vom Raum" ist an dieser Stelle ausreichend, gibt aber Anlaß zu mancher Frage, vor allem zu der, ob sich noch näher angeben läßt, was hier unter „Raum" zu verstehen ist. Es könnte z. B. sein, daß der Mathematiker, der Physiker und der Psychologe gar nicht dasselbe meinen, wenn sie vom „Raum" sprechen. Die *Helmholtzsche* Untersuchung wird noch von selbst auf diese Frage hinführen.

17 [6] Diese Aufzählung von „Axiomen" ist offenbar nur als eine Sammlung von Beispielen aufzufassen, die zeigen soll, um was es sich handelt. Daß in einem abgerundeten System der Geometrie gerade diese Sätze und genau in dieser Formulierung als Axiome auftreten müßten, will *Helmholtz* damit offenbar nicht sagen.

17 [7] Die großen Erfolge der logisch schließenden Methode in der Mathematik erklären den Wunsch, für alles einen Beweis zu geben, und zugleich den Glauben an das Gelingen eines solchen Unternehmens (ein Bestreben, dem auf philosophischem Gebiete die Systeme *Fichtes* und *Reinholds* ihre Entstehung verdanken; beide versuchten, ein ganzes System aus *einem* einzigen Satz abzuleiten). Aber die einfache Überlegung, daß man zu jedem Schluß Prämissen bedarf, zeigt die Unmöglichkeit, alles zu beweisen, und die Notwendigkeit, Voraussetzungen zu machen. Solche Ausgangspunkte des logischen Denkens sind die Axiome, deren Ursprung eben hier zur Untersuchung steht.

17 [8] Das Urbild eines idealistischen Philosophen ist *Plato.* Er erklärt die Evidenz der geometrischen Axiome durch die Hypothese der „Anamnesis" ohne Wiedererinnerung. Die menschliche Seele habe in früheren Stadien ihrer Existenz vor ihrer irdischen Geburt die mathematischen Wahrheiten durch unmittelbares Schauen kennen gelernt und wisse nun von ihnen ohne irdische Erfahrung, durch bloße Wiedererinnerung.

Es verdient vielleicht erwähnt zu werden, daß in dieser platonischen Lehre eigentlich doch die Erfahrung den Erklärungsgrund bildet, nur nicht die sinnliche des Erdenlebens, sondern eine, wenn auch ganz anders geartete Erfahrung während einer mythischen Präexistenz.

17 [9] Ein strenger Beweis für die Fruchtlosigkeit der Versuche ist allerdings damit noch nicht erbracht. Allgemein beweist man die Unmöglichkeit, einen Satz aus bestimmten Axiomen abzuleiten (d. h. die „Unabhängigkeit" dieses Satzes von jenen Axiomen, wel-

che dazu nötigt, ihn selber als neues Axiom neben die übrigen zu stellen), indem man den fraglichen Satz fallen läßt oder durch einen anderen ersetzt und unter Beibehaltung der übrigen Axiome das entstehende System von Lehrsätzen auf seine Widerspruchslosigkeit prüft. So ergibt sich z. B. die Unabhängigkeit des Parallelsatzes von den übrigen *euklidischen* Axiomen daraus, daß man durch Aufgeben des Satzes zu dem *Bolyai-Lobatschewskijschen* bzw. dem *Riemannschen* System der Geometrie gelangt. Man kann nun beweisen, daß diese beiden nichteuklidischen Geometrien in sich widerspruchslos sind, *falls* die Euklidsche Geometrie es ist. Die Widerspruchslosigkeit der letzteren (an der freilich wohl nie gezweifelt wurde) läßt sich erweisen, wenn das Gebäude der Zahlenlehre – die Arithmetik – als widerspruchslos vorausgesetzt wird. Die Richtigkeit dieser Voraussetzung streng darzutun scheint bisher noch nicht gelungen zu sein.

18 [10] Der griechische Mathematiker *Euklid* faßte um 300 v. Chr. das mathematische Wissen seiner Zeit in einem so vortrefflichen Lehrbuche zusammen, daß es noch in der neuesten Zeit gelegentlich (z. B. in englischen Schulen) dem geometrischen Unterricht zugrunde gelegt wird.

18 [11] Wenn man, wie *Helmholtz* es hier tut, von „Bewegung" als etwas tatsächlich Erfahrbarem, als einem wirklichen Prozeß redet, so müssen unter „geometrischen Gebilden" hier starre körperliche Modelle verstanden sein, nicht die rein mathematischen Linien oder Flächen als bloße Abstraktionsgebilde. Es entsteht die wichtige Frage, inwiefern überhaupt ein Unterschied zwischen „geometrischen" und „körperlichen" Gebilden gemacht werden kann, also das Problem des Verhältnisses der Geometrie zur Physik, zu welchem Helmholtz gegen des Schluß des Vortrages in ganz bestimmter Weise Stellung nimmt.

18 [12] Man beachte, daß der von *Helmholtz* im letzten Satz gezogene Schluß nur zulässig ist, wenn es zutrifft, daß jede Voraussetzung entweder logisch begründet sein oder aus der Erfahrung stammen muß, also nicht aus einer dritten Quelle herrühren kann.

19 [13] Die „analytische" Geometrie führt alle Beweise dadurch auf Rechnungen zurück, daß sie jeden Punkt des Raumes durch drei Zahlen (Koordinaten) bezeichnet, indem sie z. B. seine Abstände von drei aufeinander senkrechten Ebenen angibt (vgl. S. 26 des Textes). Auf diese Weise wird es möglich, die Beziehungen zwischen räumlichen Gebilden als Zahlbeziehungen (nämlich zwischen den Koordinaten ihrer Punkte) rein rechnerisch zu behandeln.

19 [14]   „rein logische Operation" d. h. Deduktion; vgl. Anm. 1.

19 [15]   Da es zweckmäßig ist, den Terminus „denken" auf die logischen Operationen des Urteilens und Schließens zu beschränken, so ist von den beiden Formulierungen zweifellos die erste, „sich vorstellen", vorzuziehen. Der Sinn der in diesem Satze von *Helmholtz* gegebenen Erklärung dürfte in seiner Einfachheit kaum mißverstanden werden. Vorstellbar heißt alles, was im Sinne der Psychologie anschaulich reproduzierbar ist. Daß dieser Bestimmung wegen der individuellen Differenzen des Vorstellungsvermögens eine gewisse Subjektivität oder Relativität anhaftet, dürfte die *prinzipielle* Bedeutung der Abgrenzung des Begriffs „vorstellbar" nicht beeinträchtigen (vgl. Anm. IV, 42).

20 [16]   Der Begriff der „geradesten" Bahn spielt auch in der Mechanik von *Heinrich Hertz* eine entscheidende Rolle.

21 [17]   So ersetzte *J. Wallis* (1614–1703) das *euklidische* Parallelenaxiom durch den Satz: zu jeder Figur gibt es eine ähnliche von willkürlicher Größe (siehe *Bonola-Liebmann,* Die nichteuklidische Geometrie, Leipzig 1908, 14f.).

22 [18]   *D. Hilbert* (Grundlagen der Geometrie, 3. Aufl., Leipzig und Berlin 1909, S. 251) hat bewiesen, „daß es eine singularitätenfreie und überall regulär analytische Fläche von konstanter negativer Krümmung nicht gibt. Insbesondere ist daher auch die Frage zu verneinen, ob auf die *Beltramische* Weise die ganze *Lobatschewskijsche* Ebene durch eine regulär analytische Fläche im Raume sich verwirklichen läßt." Dieses mathematische Ergebnis, auf welches auch *Riehl* (*Helmholtz* in seinem Verhältnis zu *Kant,* S. 37) hinweist, ist aber für den erkenntnistheoretischen Grundgedanken des Helmholtzschen Vortrages nicht von prinzipieller Bedeutung.

23 [19]   … und die Krümmungsradien deswegen mit entgegengesetztem Vorzeichen genommen werden.

24 [20]   Die „synthetische Methode des Euklid" ist das gleiche, was *Helmholtz* auf S. 18 „Methode der Anschauung" genannt hatte.

25 [21]   Es sind eben die Axiome unserer gewöhnlichen, metrischen Geometrie. Man kann sich auch ein geometrisches System denken, in dem überhaupt keine Größenbegriffe vorkommen. Ein solches ist die Analysis situs. Sie beschäftigt sich allein mit denjenigen Eigenschaften räumlicher Gebilde, die keinerlei Maßbegriffe enthalten. *Poincaré* bezeichnet deshalb die Analysis situs als die wahre „qualitative Geometrie" (Wert der Wissenschaft 2, S. 49).

25 [22]   Die Schrift von *Riemann* ist neuerdings mit ausführlichen Erläuterungen herausgegeben von *H. Weyl,* Berlin 1919, 2. Aufl., 1921.

26 [23] In der Mannigfaltigkeit der Farben würden also die drei Mengen der Grundfarben, die zur Mischung einer bestimmten Farbe nötig sind, als die drei „Koordinaten" der letzteren aufzufassen sein (Anm. II, 8; III, 29); in der Tonmannigfaltigkeit wären Stärke und Höhe jedes Tones seine beiden Koordinaten.

26 [24] Das von *Helmholtz* im folgenden hervorgehobene Unterscheidungsmerkmal ist zwar notwendig, aber nicht hinreichend, um das Eigentümliche des „Raumes" gegenüber anderen dreidimensionalen Mannigfaltigkeiten zu bestimmen. Inwiefern kann man überhaupt von einer „Definition" des Raumes sprechen? Was räumliche Ausdehnung im psychologisch-anschaulichen Sinne ist, kann nur durch Wahrnehmungserlebnisse bekannt werden; es ist ebensowenig definierbar, wie man einem Blindgeborenen eine Vorstellung davon geben kann, was „rot" ist. Als definierbar sind nur diejenigen Eigenschaften des Raumes anzusehen, die der mathematischen Analyse zugänglich sind. Das sind aber die einzigen Eigenschaften, von denen die Physik Gebrauch machen muß; und daraus lassen sich wichtige Schlüsse ziehen.

27 [25] Es kann kaum nachdrücklich genug auf das hingewiesen werden, was *Helmholtz* hier betont: der Ausdruck „Krümmungsmaß" in seiner Anwendung auf den Raum ist durchaus nur im übertragenen Sinne zu verstehen; nichts, was wir irgendwie anschaulich als Krümmung wahrnehmen oder vorstellen können, soll dadurch bezeichnet werden. Ein typisches Beispiel dieses verbreiteten Mißverständnisses findet man in der Streitschrift „*Kant* und Helmholtz" von *Albrecht Krause,* Lahr 1878, wo es auf S. 84 heißt: „Linien, Flächen, Achsen der Körper im Raum haben eine Richtung und daher auch ein Krümmungsmaß, aber der Raum als solcher hat keine Richtung, weil eben alles Gerichtete im Raume ist, und darum hat er *kein* Krümmungsmaß; das ist aber etwas anderes als ein Krümmungsmaß gleich Null." Hiermit hängt ein anderes Mißverständnis zusammen, dem man sehr häufig begegnet. Da wir uns nämlich eine gekrümmte Fläche nur in einem dreidimensionalen Raum vorzustellen vermögen, so schließt man, daß eine „gekrümmte" dreidimensionale Mannigfaltigkeit die Existenz einer vierdimensionalen voraussetze. Dieser Analogieschluß ist aber falsch. Wäre er richtig, so müßte auch der „ebene" euklidische Raum nur in einen vierdimensionalen Raum eingebettet vorstellbar sein: es ist nämlich offenbar, daß wir uns auch eine Ebene nicht anders vorstellen können als im Raume, da es ja für unsere Vorstellung, genau wie bei einer krummen Fläche, stets möglich bleibt, die

Ebene beiderseits durch Hinaustreten in den Raum zu verlassen. Der Laie vergißt zu leicht, daß die „Krümmung" im *Gaußschen* Sinne durchaus eine *interne* Eigenschaft der Fläche ist, und daß eine krumme Fläche genau so ein nur zweidimensionales Gebilde ist wie eine Ebene. Es ist richtig, wenn Helmholtz sagt, im Falle der Fläche entspreche der „Krümmung" eine sinnliche Anschauung, aber nicht jede für die Anschauung krumme Fläche ist es auch im mathematischen Sinne. Bekanntlich haben z. B. eine Kegel- oder eine Zylinderfläche das Gaußsche Krümmungsmaß Null.

27 [26] *Helmholtz* spricht von unserem „tatsächlich bestehenden" Raum; er hat nie daran gezweifelt, daß der physikalische Raum nicht bloß eine teilweise willkürliche gedankliche Konstruktion, sondern etwas Wirkliches sei, dessen Eigenschaften durch Beobachtung feststellbar sind. In welchem Sinne diese Voraussetzung begründet und gerechtfertigt ist, wird sich aus Helmholtz' eigenen Ausführungen ergeben. Er bezeichnet hier den tatsächlich vorliegenden Raum als „eben"; auf S. 32 ergänzt er dies dahin, daß außer der Ebenheit auch ein geringes, von Null nicht merklich verschiedenes Krümmungsmaß mit den Erfahrungen verträglich sei.

27 [27] Noch andere Raumformen sind der elliptische und der *Klein-Cliffordsche* Raum; vgl. Anm. II, 30.

28 [28] *Helmholtz* bezeichnet es als eine „Tatsache der Beobachtung", daß eine Bewegung fester Raumgebilde, d. h. eine Ortsveränderung starrer Körper, möglich sei. Weiter unten (Anm. 40) wird zur Sprache kommen, inwiefern dies wirklich als Beobachtungstatsache gelten darf.

28 [29] Die mathematischen Entwicklungen, deren Resultate *Helmholtz* hier kurz angibt, findet der Leser in der Abhandlung „Über die Tatsachen, die der Geometrie zugrunde liegen". Für die nähere Kritik der Helmholtzschen Voraussetzungen, die aber für das erkenntnistheoretische Ergebnis belanglos ist, sei auf die Erläuterungen zu jener Abhandlung verwiesen.

29 [30] Das im folgenden von *Helmholtz* angegebene Merkmal des festen Körpers (unveränderliche Entfernung zweier Punkte des Körpers) gibt die Grundlage, auf der jede physische Messung beruhen muß, denn eine Messung geschieht in letzter Linie stets durch wiederholtes Anlegen eines Maßstabes. Ein Maßstab aber ist ein Körper, auf dem zwei (oder mehr) Punkte markiert sind, deren Entfernung als konstant betrachtet wird. Den Maßstab an einen zu messenden Gegenstand „anlegen" heißt: jene beiden Punkte mit bestimmten

Punkten des Gegenstandes zur Koinzidenz bringen.

29 31 Diese Definition führt die Kongruenz (die Gleichheit zweier Strecken) auf die Koinzidenz von Punktpaaren starrer Körper „mit demselben im Raume festen Punktpaare" zurück, setzt also voraus, daß man „Punkte im Raume" unterscheiden und festhalten könne. Diese Voraussetzung hat *Helmholtz* im vorhergehenden Absatz ausdrücklich gemacht, mußte aber dazu wiederum das Gegebensein „gewisser als unveränderlich und fest betrachteter Raumgebilde" voraussetzen (S. 28). Die Unveränderlichkeit und Festigkeit (heute ist der Terminus „Starrheit" gebräuchlicher) läßt sich nun ihrerseits nicht wieder mit Hilfe jener Kongruenzdefinition bestimmen, denn sonst würde man sich ersichtlich im Kreise herumdrehen. Deswegen erscheint die Definition logisch nicht befriedigend. Man entgeht dem Zirkel nur dadurch, daß man von gewissen Körpern durch Übereinkunft festsetzt, sie seien als starr zu betrachten, und man wählt diese Körper so, daß die Wahl zu einem möglichst einfachen System der Naturbeschreibung führt (*Poincaré*, Der Wert der Wissenschaft, S. 44ff., 1910). Es lassen sich leicht Körper finden, die (bei Ausschaltung von Temperatur und anderen Einflüssen) dies Ideal mit praktisch ausreichender Annäherung erfüllen. Dann läßt sich (mit *Einstein*, Geometrie und Erfahrung, S. 9) die Kongruenz einwandfrei folgendermaßen definieren: „Wir wollen den Inbegriff zweier auf einem praktisch starren Körper angebrachten Marken eine Strecke nennen. Wir denken uns zwei praktisch starre Körper und auf jedem eine Strecke markiert. Diese beiden Strecken sollen ‚einander gleich' heißen, wenn die Marken der einen dauernd mit den Marken der anderen zur Koinzidenz gebracht werden können."

30 32 Es ist dies das sog. Monodromieprinzip. Vgl. darüber die Abhandlung II dieses Bandes und besonders die Erläuterungen dazu.

30 33 Das „*Hamiltonsche* Prinzip" drückt die Naturgesetze in so allgemeiner, umfassender Form aus, daß es sich auch bei allen modernen Erweiterungen physikalischer Anschauungen bewährt hat. Nach ihm verlaufen alle physikalischen Vorgänge so, daß beim Übergang aus dem Anfangs- in den Endzustand eine gewisse Funktion der den jeweiligen Zustand bestimmenden Größen einen möglichst kleinen (in Ausnahmefällen möglichst großen) Wert erhält.

31 34 „Denknotwendigkeiten." *Notwendig* dürfen die Ergebnisse unseres Denkens nur dann heißen, wenn sie durch Deduktion (vgl. Anm. 1) gewonnen sind. Da nun die besonderen Bestimmungen unseres

tatsächlichen Raumes sich nicht aus dem bloßen Begriff einer drei-dimensionalen Mannigfaltigkeit deduzieren lassen, spricht *Helmholtz* ihnen die Denknotwendigkeit mit Recht ab. In *Kantscher* Ter-minologie würde man dies Ergebnis formulieren müssen, indem man sagt: Die Sätze, welche jene besonderen Eigenschaften von unserem Raum behaupten, – d. h. die geometrischen Axiome – sind nicht analytisch. Denn analytisch hießen ja die Urteile, die von einem Gegenstande nur aussagen, was in seinem Begriff schon ent-halten ist, aus ihm also deduziert werden kann.

31 [35] Die „entgegengesetzte Annahme" wäre zunächst nur die, daß die geometrischen Axiome *synthetische* Sätze darstellen, denn dies ist der Gegensatz zu analytisch, was nach der vorigen Anmerkung mit „denknotwendig" zusammenfällt. *Helmholtz* geht aber gleich einen Schritt weiter und wirft die Frage auf, ob die Axiome Erfah-rungssätze, d. h. synthetische Urteile *a posteriori* seien. Er scheint also für die Axiome nur die beiden Möglichkeiten ins Auge zu fas-sen: entweder analytisch, oder synthetisch a posteriori. (So schon oben; vgl. Anm. 12.) Gerade *die* Klasse von Urteilen, auf die hier alles ankommt, nämlich die synthetischen a priori, scheint er von vornherein nicht zu berücksichtigen. Erfahrungssätze, die Helm-holtz den *denknotwendigen,* also den analytischen, Urteilen gegen-überstellt, sind in Wahrheit der Gegensatz zu *notwendigen* Urteilen schlechthin; dagegen wären *Kants* apriorisch-synthetische Urteile, wenn es sie gäbe, zwar nicht *denknotwendig,* wohl aber stellten sie *anschauliche* Notwendigkeiten dar. Auch nach Kantscher Lehre wären nichteuklidische Axiomensysteme durchaus *denkbar,* d. h. in sich widerspruchslos aufzustellen, aber sie wären nicht *vorstell-bar,* nicht durch anschauliche Vorstellungen zu vergegenwärtigen, und sie könnten keine Anwendung in der physischen Wirklichkeit finden, denn diese wäre als anschaulich wahrnehmbar den Geset-zen unseres Anschauens unterworfen; gehörten zu diesen Gesetzen die *euklidischen* Axiome, so könnten wir die Körperwelt nicht anders als im euklidischen Raum geordnet wahrnehmen und vor-stellen. Von der Seite des Kantianismus hat man Helmholtz den Vorwurf gemacht, er habe zwischen anschaulicher und Denknot-wendigkeit nicht unterschieden, und in der Tat hat er es unterlas-sen, diesen wichtigen Unterschied hier zu erwähnen. Sachlich war er sich aber vollkommen klar darüber, daß es zur Entscheidung sei-nes Problems eben darauf ankomme, ob eine andere als die euklid-sche Geometrie *anschaulich vorstellbar* sei. Das geht schon aus dem nächsten Satze des Textes aufs deutlichste hervor, denn dort ver-

wendet Helmholtz das Wort „vorstellen", dessen Sinn er oben (vgl. Anm. 15) ausdrücklich erklärt hat. Auf diese Erklärung legt er mit Recht großes Gewicht, denn er kommt mehrmals darauf zurück (S. 37 dieses Vortrages, ferner „Die Tatsachen in der Wahrnehmung", S. 160; ebenso Wissenschftl. Abhandl., II, S. 644).

31 [36] Dieser Satz formuliert das Problem scharf und ist völlig zutreffend. Wenn „Räume anderer Art in dem angegebenen Sinne" (vgl. die vorhergehende Anmerkung) vorstellbar sind, dann besitzt der *euklidsche* Raum keine anschauliche Notwendigkeit für uns; und da Euklids Axiome, wie *Helmholtz* vorher gezeigt, auch nicht *denknotwendig* sind, so wäre der Beweis erbracht, daß sie *überhaupt* nicht notwendig und folglich (vgl. Anm. 2) nicht a priori gelten. Sie müßten dann in der Tat aus der Erfahrung stammen, a posteriori sein. Dem Nachweis, daß nichteuklidische Räume tatsächlich vorstellbar seien, wendet sich Helmholtz im Text alsbald zu. Die folgenden Absätze geben zunächst vorbereitende Betrachtungen.

31 [37] Unter der Parallaxe eines Fixsterns versteht man den Winkel, unter welchem die große Achse der Erdbahn von dem Stern aus gesehen erscheint. Die beiden Endpunkte der Erdbahnachse und der Fixstern bilden zusammen die Endpunkte eines sehr langgestreckten Dreiecks; der Winkel an der Spitze ist die Parallaxe. Da die Winkelsumme im *euklidischen* Dreieck gleich zwei Rechten ist, so erhält man den Wert der Parallaxe, wenn man die Summe der beiden an der Basis jenes Dreiecks befindlichen Winkel von zwei Rechten abzieht. Für unmeßbar ferne Sterne werden die beiden langen Seiten des Dreiecks merklich parallel, die Summe der Basiswinkel wird gleich zwei Rechten, die Parallaxe gleich Null. Da die Winkelsumme im pseudosphärischen Dreieck kleiner als zwei Rechte ist, kann die Summe der Basiswinkel diesen Betrag nicht erreichen; subtrahiert man sie also von zwei Rechten, so müßte man stets, auch bei den fernsten Sternen, einen positiven Betrag erhalten, wie es *Helmholtz* in der Klammer erwähnt. Im sphärischen Raum dagegen würde man auch negative Winkelwerte bekommen, da die Summe der beiden Basiswinkel zwei Rechte übersteigen könnte.

31 [38] Daß astronomische Beobachtungen das Parallelaxiom und damit die euklidische Struktur des Raumes „empirisch bestätigen" könnten, gilt nur unter gewissen Vorbehalten, vor allem nur dann, wenn die Voraussetzung gemacht wird, daß Lichtstrahlen als gerade Linien aufzufassen sind. Lieferten die Parallaxenbestimmungen z. B. negative Werte, so wäre es stets möglich, dies Ergebnis ebenso

gut durch die Annahme krummliniger Lichtausbreitung wie durch die Hypothese einer positiven Raumkrümmung zu erklären. Hierauf hat mit besonderem Nachdruck *Poincaré* aufmerksam gemacht, der in bezug auf diesen Fall sagt (Wissenschaft und Hypothese, 2. Aufl., 1906, S. 74): „So hätte man die Wahl zwischen zwei Schlußfolgerungen: wir könnten der *euklidischen* Geometrie entsagen oder die Gesetze der Optik ändern und zulassen, daß das Licht sich nicht genau in gerader Linie fortpflanzt." Es ist fraglos ein Mangel der *Helmholtzschen* Darstellung, daß er die zweite Möglichkeit nicht genügend hervorhebt und beide Alternativen scharf einander gegenüberstellt. Er schien dadurch den Angriffen der Kantianer ein leichtes Ziel zu bieten. Wir kommen noch darauf zurück und werden dann sehen, daß er den wahren Zusammenhang völlig klar durchschaut hat. Poincaré hat durchaus unrecht, wenn er an jener Stelle fortfährt: „Es ist unnütz, hinzuzufügen, daß jedermann die letztere Lösung als die vorteilhaftere ansehen würde." Die Erfolge, der *Einsteinschen* allgemeinen Relativitätstheorie, welche die Geltung der euklidischen Axiome opfert, beweisen die Irrtümlichkeit der Behauptung Poincarés und man darf mit Sicherheit sagen, daß er sie heute angesichts jener Erfolge gern zurücknehmen würde. Er glaubte, daß die euklidische Geometrie ihre Vorzugsstellung in der Physik immer bewahren müßte, weil sie die „einfachste" sei. Aber nicht die Einfachheit eines Einzelzweiges oder Hilfsmittels der Wissenschaft ist entscheidend, sondern es kommt in letzter Linie auf die Einfachheit des *Systems* der Wissenschaft an, die mit der *Einheit* der Naturerkenntnis identisch ist. Diese höchste Einfachheit wird heute durch das Fallenlassen der euklidischen Geometrie vollkommener erreicht als durch ihre Beibehaltung. Die Beobachtung, daß die Planeten nicht genau in einfachen *Keplerellipsen* um die Sonne laufen, sondern äußerst komplizierte Bahnen beschreiben, machte trotzdem das Weltbild einfacher, weil sie es ermöglichte, dem *Newtonschen* Gravitationsgesetz genauere Gültigkeit zuzuschreiben. Wie Poincaré (a. a. O. S. 152) erkannte: „Die Einfachheit der Keplerschen Gesetze ist nur scheinbar", genau so würde er heute sagen: Die Einfachheit der euklidischen Geometrie in ihrer Anwendung auf die Natur ist nur scheinbar. Helmholtz hat im Anschluß an *Riemann* die Zulässigkeit dieses Standpunktes klar und entschieden vertreten; was er auch für die philosophische Rechtfertigung desselben geleistet hat, wird sogleich noch zu betrachten sein.

32 [39] Die „Kongruenz" wird festgestellt durch Beobachtung des Zusam-

menfallens materieller Punkte. Alle physikalischen Messungen lassen sich auf dieses Prinzip zurückführen, da bei allen unseren Instrumenten jede Ablesung mit Hilfe von Koinzidenzen beweglicher Teile mit Skalenpunkten usw. bewerkstelligt wird. Der *Helmholtzsche* Satz läßt sich daher zu der Wahrheit erweitern, daß physikalisch überhaupt keine anderen Geschehnisse konstatierbar sind als Begegnungen von Punkten, und *Einstein* hat daraus konsequent den Schluß gezogen, daß alle physikalischen Gesetze im Grunde nur Aussagen über solche Koinzidenzen enthalten dürfen. Die folgenden Absätze des Helmholtzschen Vortrages enthalten Ausführungen, die sich in der gleichen Richtung bewegen.

32 [40] In dem Wörtchen „wirklich" steckt das wesentlichste philosophische Problem des ganzen Vortrages. Was für einen Sinn hat es, von einem Körper zu sagen, er sei *wirklich* starr? Nach der von *Helmholtz* (S. 29) gegebenen Definition des festen Körpers würde dazu vorausgesetzt, daß man von der Entfernung von „Raum"punkten ohne Rücksicht auf Körper sprechen könne; aber daß man sie ohne solche Körper auf keine Weise feststellen und messen kann, ist zweifellos. Man gerät also in die Schwierigkeiten, die schon in der Anm. 31 geschildert wurden. Soll der Inhalt des Begriffs „wirklich" ein solcher sein, daß er sich erfahrungsmäßig prüfen und konstatieren läßt, so bleibt nur der in jener Anmerkung bereits erwähnte Ausweg, diejenigen Körper als „starr" zu erklären, die, wenn man sie als Maßstäbe verwendet, zu der *einfachsten* Physik führen. Das sind eben die Körper, welche die von *Einstein* (vgl. Anm. 31) angeführte Bedingung erfüllen. Was als „wirklich" starr zu gelten hat, wird also dann nicht durch eine logische Notwendigkeit des Denkens oder durch die Anschauung bestimmt, sondern durch eine Übereinkunft, eine Definition.

32 [41] Hier scheint es, als ob *Helmholtz* den Begriff des starren Maßstabes doch als etwas absolutes, unabhängig von unseren Konventionen feststehendes ansähe, denn von der Wahrscheinlichkeit oder Wahrheit einer Behauptung kann nur die Rede sein, wenn ihre Richtigkeit sich prinzipiell prüfen läßt; auf Definitionen ist der Begriff der Wahrscheinlichkeit nicht anwendbar. Aber offenbar haben wir in dieser Formulierung nur eine Konzession an die Auffassungsfähigkeit des Lesers zu sehen, dem Helmholtz die radikaleren Gedanken in ihrer strengen Konsequenz nur allmählich näher bringt.

32 [42] Dieses Verhalten wird nicht etwa in diesem nur vorbereitenden, sondern erst im nächsten Absatz angegeben.

32 [43] Für das folgende vergleiche man die Durchführung derselben Ge-

danken bei *Delboeuf*, Prolégomènes philosophiques de la géométrie, 1860; *Mongré*, Das Chaos in kosmischer Auslese, Kap. 5, 1898; *Poincaré*, Der Wert der Wissenschaft², 46f., 1910; Science et méthode, 96ff., 1908; Dernières pensées, 37ff., 1913; *Schlick*, Raum und Zeit, Kap. 3, 1920.

33 [44] In mathematischer Sprache läßt sich die gedachte Veränderung, die *Helmholtz* hier beschreibt, so ausdrücken: Wenn man sich die ganze Welt so deformiert denkt, daß ihre neue Gestalt aus der alten durch eine eindeutige, stetige, im übrigen aber ganz beliebige Punkttransformation hervorgeht, so ist die neue Welt von der alten in Wirklichkeit gänzlich ununterscheidbar. Das im Text folgende Spiegelbeispiel entspricht einem speziellen Falle einer solchen Transformation. Vgl. die in Anm. 43 angeführte Literatur.

34 [45] Die Erkenntnis der Sinnlosigkeit der Frage, welche der beiden beschriebenen Welten die „wirkliche" und welche die deformierte sei, ist für das gesamte Problem von höchster Wichtigkeit. Es besteht zwischen beiden Welten gar kein „wirklicher" Unterschied, sondern nur ein solcher der Beschreibung, indem in beiden Fällen ein verschiedenartiges Koordinatensystem zugrunde gelegt wird (vgl. wieder die oben Anm. 43 zitierte Literatur). Mit anderen Worten: wir haben es in beiden Fällen mit der gleichen objektiven Wirklichkeit zu tun, die durch zwei verschiedene Zeichensysteme dargestellt wird.

34 [46] Wenn *Helmholtz* durch den Nachsatz sagen wollte, daß die Männer beider Welten voneinander abweichende mechanische Gesetze konstatieren würden, so wäre das offenbar ein Irrtum, solange er nicht die Voraussetzung fallen läßt, daß in der Spiegelwelt alle Maßstäbe an den Verzerrungen der Körper teilnehmen. Denn sonst müssen alle Messungen, alle Ablesungen von Instrumenten dort zu genau den gleichen Zahlen führen wie in der ursprünglichen Welt; alle Punktkoinzidenzen bleiben erhalten (vgl. Anm. 39). Ein Gesetz ist aber nur ein zusammenfassender Ausdruck für Meßresultate, folglich sind die physikalischen Gesetze in beiden Welten nicht verschieden. Vielleicht aber denkt Helmholtz sich die Sache so, daß dem Beobachter in der deformierten Welt irgendwie Maßstäbe zur Verfügung gestellt werden, die an der sonst dort herrschenden Deformation nicht teilnehmen, und mit denen er seine Körper fortlaufend vergleichen kann. In diesem Fall würde er sonderbare Bewegungsgesetze konstatieren und könnte schließen, daß es vernünftiger wäre, die andere Welt als unverzerrt zu betrachten, weil dort (in bezug auf jene Maßstäbe) eine viel ein-

fachere Mechanik herrscht.

34 [47] Von *F. Klein* ist die nichteuklidiische Maßbestimmung im Inneren einer Fläche zweiten Grades auf rein projektivem Wege eingeführt worden (Ges. Abhandlungen, Bd. I, S. 287 f.).

34 [48] Wo der Stand des Beobachters *B* auch sein mag, es gibt stets eine Abbildung auf die euklidische Kugel derart, daß *B* dem Mittelpunkt der Kugel entspricht. Es sei *P* ein Punkt im nichteuklidischen Raum und *Q* sein Bildpunkt im Kugelraum. Sind nun *AA'* die Augen des Beobachters im nichteuklidischen Raum und *BB'* deren Abbilder, die sehr dicht beieinander sein sollen, so müssen bis auf unendlich kleine Größen höherer Ordnung die nichteuklidischen Winkel *PAA'* und *PA'A* gleich den Winkeln *QBB'* und *QB'B* sein, daher wird *Q* für den *euklidisch* Gewöhnten in *der* Entfernung erscheinen, die es im Beltramischen Kugelbilde tatsächlich hat.

36 [49] In diesem Absatz hat *Helmholtz* das erkenntnistheoretische Hauptergebnis seiner Untersuchung formuliert. Nachdem er in den vorhergehenden Absätzen gezeigt hat, daß die sinnlichen Eindrücke, die man in einer nichteuklidischen Welt empfangen würde, sehr wohl anschaulich vorstellbar sind, schließt er, daß der *euklidische* Raum *keine* unentrinnbare Form unseres Anschauungsvermögens sei, sondern ein Produkt der Erfahrung. Ist der Schluß wirklich zwingend? Besonders von der Seite der *Kantschen* Philosophie her hat man es bestritten (vgl. z.B. *A. Riehl*, Hermann v. Helmholtz in seinem Verhältnis zu Kant, S. 35 ff., 1904), indem man einwandte, die von Helmholtz beschriebenen Wahrnehmungsfolgen brauchten nicht notwendig als Vorgänge in einem nichteuklidischen Raume gedeutet zu werden, sondern man könne sie ebensowohl, wie gerade aus Helmholtz' eigenen Darlegungen klar hervorgehe, als eigentümliche Orts- u. Gestaltsänderungen im euklidischen Raume auffassen. Und diese letzte Art der Interpretation – so behauptet der Apriorismus weiter – sei diejenige, zu der unsere Anschauung uns unabweislich zwinge: sie nötige uns, für das etwa beobachtete sonderbare Verhalten der Körper allein ihre *physikalische* Beschaffenheit und Gesetzlichkeit verantwortlich zu machen, und verbiete uns, statt dessen den Grund jenes Verhaltens in einer von der euklidischen abweichenden Beschaffenheit „des Raumes" zu suchen. Wir haben schon mehrfach hervorgehoben, daß wirklich beide Interpretationsmöglichkeiten nebeneinander bestehen. Helmholtz war aber so fest überzeugt, daß wir bei gewissen Erfahrungen der Wahrnehmung und Messung die *geometrische* Deutung

wählen würden, daß er die andere Möglichkeit hier nicht explizite widerlegt hat. Er selbst vermochte sich offenbar von eingewurzelten Anschauungsgewohnheiten so frei zu machen, daß die Selbstbeobachtung ihm das Fehlen der behaupteten reinen Anschauung unmittelbar zu zeigen schien. Aber wohl nicht jeder kann sich so leicht zu dieser Einstellung durchringen; und so ist hier eine Lücke in dem Beweisgang festzustellen. Es hätte die aprioristische Ansicht widerlegt werden müssen, nach welcher uns für die Deutung der Wirklichkeit nur physikalische, nicht aber rein geometrische Hypothesen freistehen, weil die letzteren, obwohl denkmöglich, durch einen anschaulichen Zwang ausgeschlossen seien. Die Lücke des Beweises kann wohl auf verschiedene Weise ausgefüllt werden. So macht *Poincaré* es in seinen erkenntnistheoretischen Büchern höchst plausibel, daß z. B. diejenigen Linien, die wir *Gerade* nennen, gar nicht durch unmittelbar gegebene anschauliche Eigenschaften vor anderen Linien ausgezeichnet sind, sondern allein durch die Rolle, die sie in der physischen Wirklichkeit erfahrungsgemäß spielen; und dies Ergebnis ist dann in der Tat entscheidend. Ferner wäre wohl vor allem darauf hinzuweisen, daß wir eine *rein* geometrische Anschauung überhaupt nicht besitzen, indem z. B. Flächen ohne jede Dicke, Farbe usw. gar nicht vorstellbar sind. (Vgl. auch *F. Klein,* Vortrag v. 14. 10. 05 i. d. Philos. Gesellsch. d. Universität Wien; *M. Pasch,* Vorlesungen über neuere Geometrie. Ferner bereits *Stuart Mill,* und vor ihm *Hume,* Treatise, Bk. I, Pt. II, Section IV.) Dann sind unserer sinnlich-anschaulichen Vorstellung überhaupt nur physisch-körperliche Gebilde zugänglich, und es folgt, daß in unserer anschaulichen Geometrie Physisches und Geometrisches bereits untrennbar verschmolzen sind, daß sie also mit der „praktischen Geometrie" zusammenfällt. Dies war zweifellos Helmholtz' Meinung. In diesem Sinne schließt er denn auch die hier festgestellte Beweislücke in der Beilage III zu der Rede über die „Tatsachen in der Wahrnehmung"; siehe unten S. 185ff. Vgl. zur Frage der Existenz einer reinen Anschauung auch *Schlick,* Allgemeine Erkenntnislehre, § 37.

37 [50] Manche Mathematiker gehen in diesem Punkte über *Helmholtz* hinaus und sind der Ansicht, daß die Fähigkeit, eine räumlich-vierdimensionale Welt vorzustellen, uns nicht schlechtweg abgesprochen werden könne. So z. B. *Poincaré.* Er weist darauf hin (Wissenschaft und Hypothese, S. 70), daß die Dreidimensionalität unseres Gesichtsraumes u. a. dadurch entsteht, daß die ursprünglich nur zweidimensionalen Simultanwahrnehmungen eines Auges

nach ganz bestimmten Gesetzen – nämlich den Regeln der Perspektive – aufeinander folgen; und er meint nun, daß die Vorstellung einer Welt von vier Raumdimensionen sich von selbst ergeben würde, wenn die Beobachtung eine nach ganz bestimmten Gesetzen erfolgende Wandlung der dreidimensionalen Körpergestalten zeigte; diese müßten uns dann als dreidimensionale perspektivische Ansichten vierdimensionaler Gebilde erscheinen, die daher in demselben Sinne anschaulich vorstellbar wären, wie es die dritte Dimension des Gesichtsraumes für den Einäugigen ist. Gilt dies bereits für den Sehraum, auf den ja Helmholtz seine Betrachtungen beschränkt, so scheint es für die übrigen Sinnesvorstellungen – etwa die des Tast- und Muskelsinnes – noch viel weniger festzustehen, daß sie notwendig in einer dreidimensionalen Mannigfaltigkeit geordnet erscheinen müßten. Jedenfalls muß die Frage der Vorstellbarkeit einer vierten Raumdimension mindestens als ein Problem angesehen werden, das ernste Erwägung verdient.

37 [51] Dieser Satz enthält die fundamentale, von *Riemann* schon errungene und neuerdings in der Allgemeinen Relativitätstheorie wahrhaft fruchtbar gewordene Erkenntnis, daß die Geometrie als Teil der *Physik* zu betrachten ist, also nicht als eine Wissenschaft von rein idealen Gebilden, wie etwa die Arithmetik, die Lehre von den Zahlen. Die im Text folgenden Sätze begründen diese Erkenntnis einwandfrei. Die Formulierung des Satzes ist vielleicht insofern nicht ganz glücklich, als *Helmholtz* in ihm eine „reine Raumlehre" der Geometrie gegenüberzustellen scheint, ohne doch anzugeben, wie der Begriff einer reinen Raumlehre zu umgrenzen sei. Wir würden heute lieber sagen, daß eben die „Raumlehre" schlechthin eine empirische Wissenschaft ist, nämlich, mit *Einstein* zu reden, derjenige Teil der Physik, der von den „Lagerungsmöglichkeiten" der Körper handelt. Ebenso hat auch schon *Newton* gedacht, wie das von Helmholtz an anderer Stelle (S. 194 dieses Bandes) angeführte Zitat beweist. Die rein mathematische Disziplin der Geometrie im Gegensatz zur praktischen oder physischen ist nichts als ein Gebäude von Lehrsätzen, die rein logisch-formal aus einer Reihe von Axiomen abgeleitet sind, ohne Rücksicht darauf, ob es irgendwelche Gegenstände (z. B. räumliche Gebilde) gibt, von denen jene Axiome gelten (vgl. *Schlick*, Allgemeine Erkenntnislehre, § 7). Diese strenge „Geometrie" trägt also ihren Namen eigentlich zu Unrecht, und sie kann keinen Anspruch darauf erheben, eine „Raumlehre" zu sein. Daß es eine „reine" Raumlehre gar nicht gibt, war auch Helmholtz' Meinung, wie aus seinen Bemerkungen

S. 187ff. leicht zu entnehmen ist.

37 [52] Vgl. Anm. 46.

37 [53] Dieser Absatz zeigt, im Gegensatz zu weniger vorsichtigen Äuße-
rungen (vgl. Anm. 31, 40, 41), wie klar sich *Helmholtz* über die
wechselseitige Bedingtheit von Geometrie und Physik war: Er
erklärt mit Recht, daß wir den tatsächlichen Raum unserer Welt
als einen beliebig nichteuklidischen auffassen können, wenn wir
nur zugleich ganz neue physikalische Gesetzmäßigkeiten einführen. Warum tun wir dies nicht? Warum verwenden wir in der
Praxis, z. B. in der Technik, immer die *euklidische* Geometrie?
Kant hätte geantwortet: weil unsere apriorische Raumanschauung
es nicht anders zuläßt! *Poincaré* würde sagen: weil die Geometrie
dadurch zur Wissenschaft von den Lagerungsmöglichkeiten unserer festen Körper wird und mithin unsere physikalischen Formeln
ihre einfachste Gestalt annehmen. Dies ist natürlich auch Helmholtz' Meinung; wie die erste Zeile des Absatzes lehrt, entscheidet
auch für ihn die wissenschaftliche *Nützlichkeit* über die zu wählen-
de Auffassung.

38 [54] Dieser Satz spricht es noch einmal aus: die Raumlehre ist nicht
eine rein mathematische Disziplin, sondern Lehre von den Lagerungsmöglichkeiten starrer Körper, oder, wie *Einstein* sie auch
nennt, „praktische Geometrie". *Helmholtz* bezeichnet sie auch als
physische Geometrie, siehe unten S. 184.

38 [55] Das Wort „transzendental" gebraucht *Helmholtz* nicht korrekt im
Kantschen Sinne; besonders verwechselt er es häufig, wie auch an
dieser Stelle, mit „apriorisch". – Der Sinn der folgenden Sätze sei
wegen der Wichtigkeit ihres Inhaltes noch mit einigen Worten
erläutert. Nachdem Helmholtz das Vorhandensein einer apriorischen Anschauung des „Raumes" abgelehnt hat, prüft er die Frage,
ob wir nicht vielleicht eine apriorische Anschauung des „festen
Körpers" besitzen. Was wäre, fragt er, die Folge davon? Die Sätze
der dann existierenden anschaulichen Geometrie wären zwar a priori, aber *analytisch,* denn sie ließen sich aus den Eigenschaften
jener idealen starren Körper deduzieren, von deren Lagerungsmöglichkeiten diese Geometrie handeln würde. Welches aber die Lagerungsmöglichkeiten irgendwelcher *wirklicher* Körper sind – über
diese Frage der praktischen Geometrie könnte sie uns gar nichts
lehren; die Sätze dieser letzteren wären nach wie vor synthetische
Urteile a posteriori. Nehmen wir einmal an, jene gedachte apriorische Geometrie wäre *euklidisch,* so wäre die einzige Folge, daß wir
nur solche Körper starr *nennen* dürfen, deren Lagerungsgesetze

euklidischen Regeln folgen; daß unsere bequemsten Maßstäbe in diesem Sinne wirklich starr sind, ist aber eine reine Erfahrungstatsache. Jene apriorische Anschauung wäre also überflüssig, sie trüge nichts zur Erkenntnis der Wirklichkeit bei, würde mithin gerade die von Kant ihr zugewiesene Aufgabe nicht erfüllen; ja, sie wäre unserer Erkenntnis sogar hinderlich und schädlich, sobald sich herausstellte (wie es in unseren Tagen augenscheinlich der Fall ist), daß wir die Annahme streng euklidischer Lagerungsmöglichkeiten nur festhalten können, wenn wir die Schönheit und Vollendung unseres Systems der Physik dafür opfern. Kurz, die Annahme einer apriorischen Anschauung des starren Körpers wäre in jeder Hinsicht wissenschaftlich verfehlt. Ähnliche Gedankengänge verfolgt Helmholtz auch unten S. 187ff.

38 [56] Dieser Absatz wiederholt noch einmal, daß die auf die Wirklichkeit angewendete Geometrie – welche aus der formal abstrakten Disziplin sofort entsteht, wenn man sie an einer beliebigen Stelle mit der Wirklichkeit zur Deckung bringt und ihren leeren Begriffen realen Inhalt gibt – daß diese praktische Geometrie durchaus eine *Erfahrungswissenschaft* ist.

II. Über die Tatsachen,
die der Geometrie zugrunde liegen [1]

Meine Untersuchungen über die räumlichen Anschauungen im Gesichtsfelde haben mich veranlaßt, auch über die Frage nach dem Ursprunge und dem Wesen unserer allgemeinen Anschauungen vom Raume Untersuchungen anzustellen. Die Frage, welche sich mir dabei aufdrängte, und die auch offenbar in den Bereich der exakten Wissenschaften gehört, war zunächst nur die: Wieviel von den Sätzen der Geometrie hat objektiv gültigen Sinn? Wieviel ist im Gegenteil nur Definition oder Folge von Definitionen, oder von der Form der Darstellung abhängig? Diese Frage ist meines Erachtens nicht so ganz einfach zu beantworten, da wir es in der Geometrie stets mit idealen Gebilden zu tun haben, deren körperliche Darstellung in der Wirklichkeit immer nur eine Annäherung an die Forderungen des Begriffes ist, und wir darüber, ob ein Körper fest, ob seine Flächen eben, seine Kanten gerade sind, erst mittels derselben Sätze entscheiden, deren tatsächliche Richtigkeit durch die Prüfung zu erweisen wäre [2]. Bei dieser Untersuchung hatte ich im wesentlichen denselben Weg eingeschlagen, dem *Riemann* in seiner kürzlich veröffentlichten Habilitationsschrift*[3] gefolgt ist.[4] Die *analytische* Behandlung der Frage, wodurch sich der Raum unterscheide von anderen abmeßbaren, mehrfach ausgedehnten und kontinuierlichen Größen, empfiehlt sich in diesem Falle gerade durch den Umstand, daß sie der Anschaulichkeit ermangelt, und deshalb den auf diesem Gebiete so schwer zu vermeidenden Täuschungen durch die besondere Begrenztheit unserer Anschauungen nicht ausgesetzt ist. Daneben hat sie den Vorteil, die Möglichkeit folgerichtiger Durchführung eines abweichenden Systems von Axiomen leicht vollständig überblicken zu lassen.

Mein nächster Zweck war also, wie Riemanns, zu untersuchen, welche Eigentümlichkeiten des Raumes einer jeden von mehreren Veränderlichen abhängigen, kontinuierlich ineinander übergehenden Mannigfaltigkeit, deren Differenzen alle miteinander quantitativ vergleichbar sind, zukom-

---

* Abhandlungen der Königl. Gesellschaft der Wissenschaften zu Göttingen. Bd. XV.

men, welche dagegen nicht durch diesen allgemeinen Charakter bedingt, dem Raume eigentümlich seien.

Es lagen mir gerade in der physiologischen Optik zwei Beispiele von anderen, räumlich darstellbaren und in mehrfachem Sinne veränderlichen Mannigfaltigkeiten vor, nämlich das System der Farben[5], welches auch *Riemann* zitiert, und die Ausmessung des Gesichtsfeldes durch das Augenmaß. Beide zeigen gewisse fundamentale Unterschiede von dem Messungssysteme der Geometrie und regten zu einer Vergleichung an.

Übrigens muß ich bekennen, daß, wenn auch durch die Veröffentlichung von Riemanns Untersuchungen die Priorität in bezug auf eine Reihe meiner eigenen Arbeitsresultate vorweg genommen ist, es für mich bei einem so ungewöhnlichen und durch frühere Versuche eher diskreditierten Gegenstande von nicht geringem Gewichte war, zu sehen, daß ein so ausgezeichneter Mathematiker dieselben Fragen seines Interesses gewürdigt hatte, und daß es mir eine gewichtige Bürgschaft für die Richtigkeit des eingeschlagenen Weges war, ihn als Gefährten darauf anzutreffen.

Unsere beiderseitigen Arbeiten decken sich aber nicht ganz vollständig, und ich will mir deshalb hier erlauben, denjenigen Teil meiner Untersuchungen, der in denen von Riemann nicht mitenthalten ist, der Königlichen Gesellschaft vorzulegen.

Nachdem Riemann ausgeführt hat, daß eine Mannigfaltigkeit als *n* fach ausgedehnt zu betrachten sei, wenn sich das bestimmte Einzelne (der Ort) in ihr durch die Bestimmung von *n* veränderlichen Größen (Koordinaten) bestimmen lasse, und die weitere Forderung hinzugefügt, daß jede Linie unabhängig von Ort und Richtung mit jeder anderen der Länge nach verglichen werden könne[6], stellt sich ihm die Aufgabe, die Art der Abhängigkeit des Längenelementes einer Linie von den entsprechenden Differentialien der Koordinaten zu bestimmen. Er tut das mittels einer Hypothese, indem er das Längenelement der Linie gleich setzt der Quadratwurzel aus einer homogenen Funktion zweiten Grades von den Differentialien der Koordinaten. Er begründet diese Hypothese als die einfachste, die den Bedingungen der Aufgabe entspreche, erkennt sie aber ausdrücklich als Hypothese an, und erwähnt insbesondere die Möglichkeit, daß auch eine vierte Wurzel aus einem homogenen Ausdruck vierten Grades, oder andere noch kompliziertere Ausdrücke für das Linienelement gesetzt werden könnten.

Dann behandelt er weiter in allgemeinster Form die Folgerungen, welche aus jener Hypothese zu ziehen sind, und spezialisiert erst zuletzt diese Allgemeinheit wieder, indem er nun die weitere Forderung aufstellt, daß begrenzte *n* fach ausgedehnte Gebilde von endlicher Größe (feste Punktsysteme) überall hin ohne Dehnung beweglich seien. Dies führt ihn dann auf den Falle des wirklichen Raumes, der diese Forderung erfüllt. Dabei zeigt sich indessen, daß die Forderung der Unendlichkeit seiner Ausdehnungen, welche die gewöhnliche Geometrie aufstellt, durch die zugrunde gelegten Postulate nicht mit eingeschlossen ist.

Meine eigene Untersuchung unterscheidet sich von der *Riemanns* dadurch, daß ich den Einfluß dieser zuletzt eingeführten Beschränkung, die den wirklichen Raum von anderen mehrfach ausgedehnten Mannigfaltigkeiten unterscheidet, auf die Begründung des den Angelpunkt der ganzen Untersuchung bildenden Satzes, wonach das Quadrat des Linienelementes eine homogene Funktion zweiten Grades von den Differentialien der Koordinaten ist, näher untersucht habe. Es läßt sich zeigen, daß, wenn man dann die Forderung einer unbedingt freien Beweglichkeit in sich fester Figuren ohne Formänderung in allen Teilen des Raumes von Anfang an festhält, Riemanns Ausgangshypothese als Folgerung aus viel weniger beschränkten Annahmen hergeleitet werden kann.

Mein Ausgangspunkt war, daß alle ursprüngliche Raummessung auf Beobachtung der Kongruenz beruht; die Geradlinigkeit der Lichtstrahlen ist offenbar eine physikalische Tatsache, die sich auf besondere Erfahrungen eines anderen Gebietes stützt, und für den Blinden, der doch auch vollständige Überzeugung von der Richtigkeit geometrischer Sätze gewinnen kann, gar kein Gewicht hat. Von Kongruenz kann man aber überhaupt nicht reden, wenn nicht feste Körper oder Punktsysteme in unveränderlicher Form zueinander bewegt werden können, und wenn Kongruenz zweier Raumgrößen nicht ein unabhängig von allen Bewegungen bestehendes Faktum ist. Die Möglichkeit der Raummessung durch Konstatierung von Kongruenz habe ich also von Anfang an vorausgesetzt und mir die Aufgabe gestellt, die allgemeinste analytische Form einer mehrfach ausgedehnten Mannigfaltigkeit zu suchen, in der die dabei verlangte Art der Bewegungen möglich ist.

Bei diesem veränderten Wege fehlte meiner Arbeit die große Allgemeinheit, welche Riemanns Analyse vor der Einführung der oben erwähnten Beschränkung erreicht hat. Nach der Einführung derselben stimmen meine Resultate mit den seinigen vollkommen überein.

§ 1.

Die Hypothesen, die der Untersuchung zugrunde liegen.

I. Der Raum von n Dimensionen ist eine n fach ausgedehnte Mannigfaltigkeit, das heißt, das bestimmte Einzelne in ihm, der Punkt, ist bestimmbar durch Abmessung irgendwelcher, kontinuierlich und unabhängig voneinander veränderlicher Größen (Koordinaten), deren Anzahl n ist[7]. Jede Bewegung eines Punktes ist daher begleitet von einer kontinuierlichen Änderung mindestens einer der Koordinaten. Sollten Ausnahmen vorkommen, wo entweder die Änderung diskontinuierlich wird, oder trotz der Bewegung gar keine Änderung sämtlicher Koordinaten stattfindet, so sind diese Ausnahmen doch beschränkt auf gewisse durch eine oder mehrere Gleichungen begrenzte Orte (also Punkte, Linien, Flächen usw.), die zunächst von der Untersuchung ausgeschlossen bleiben mögen.

Zu bemerken ist, daß unter Kontinuität der Änderung bei der Bewegung nicht nur gemeint ist, daß alle zwischen den Endwerten der sich ändernden Größen liegenden Zwischenwerte durchlaufen werden, sondern auch, daß Differentialquotienten existieren, das heißt, daß die Verhältnisse der zusammengehörigen Änderungen der Koordinaten sich bei zunehmender Verringerung der Größe dieser Änderungen einem festen Verhältnisse nähern.

Diese Hypothese liegt auch *Riemanns* Arbeit zugrunde, auf welche ich betreffs der näheren Erläuterung und Begründung verweisen darf.

II. Es wird die Existenz von beweglichen, aber in sich festen Körpern beziehlich Punktsystemen vorausgesetzt, wie sie nötig ist, um Vergleichung der Raumgrößen durch Kongruenz vornehmen zu können. Da wir hier noch keine speziellen Messungsmethoden der Raumgrößen voraussetzen dürfen, so kann die Definition eines festen Körpers an dieser Stelle nur folgende sein: *Zwischen den 2 n Koordinaten eines jeden Punktpaares, welches einem in sich festen Körper angehört, besteht eine von der Bewegung des letzteren unabhängige Gleichung, welche für alle kongruenten Punktpaare die gleiche ist.*

Kongruent sind solche Punktpaare, welche gleichzeitig oder nacheinander mit demselben Punktpaare des Raumes zusammenfallen können.

Trotz ihrer anscheinend so unbestimmten Fassung ist diese Definition eines festen Körpers äußerst folgenreich, weil nach ihr zwischen m Punkten $m(m-1)/2$ Gleichungen bestehen müssen, während die Anzahl der darin enthaltenen Unbekannten, der Koordinaten, $m\,n$ ist, und von diesen noch wieder eine Anzahl, nämlich $n(n+1)/2$ der veränderlichen Lage des festen Systems entsprechend verfügbar bleiben müssen. Also haben wir, wenn $m>n+1$ hierbei $\frac{1}{2}(m-n)\cdot(m-n-1)$ Gleichungen mehr als Unbekannte. Daraus folgt, daß nicht jede beliebige Art von Gleichungen zwischen den Koordinaten je zweier fester Punkte bestehen kann, sondern daß diesen Gleichungen ganz besondere Eigenschaften zukommen. Daraus ergibt sich also das bestimmte analytische Problem, die Art dieser Gleichungen näher zu bestimmen.

Ich bemerke, daß das oben aufgestellte Postulat, wonach im Raum für *je zwei* fest verbundene Punkte eine Gleichung besteht, den Raum vom System der Farben scheidet. In diesem besteht mittels des Mischungsgesetzes im allgemeinen erst zwischen fünf Punkten eine Gleichung, oder in dem spezielleren Falle, wo eine Farbe aus zwei anderen mischbar ist, zwischen diesen dreien. Im Raume würde dem der Fall entsprechen, wenn alle festen Körper nach drei Hauptachsenrichtungen hin beliebig dehnbar wären. Die oben gegebene Definition der Festigkeit ist also die Definition des höchsten denkbaren Grades relativer Festigkeit.[8]

III. Es wird *vollkommen freie Beweglichkeit der festen Körper vorausgesetzt;* das heißt, es wird vorausgesetzt, daß jeder Punkt derselben an den Ort jedes anderen kontinuierlich übergehen könne, so weit er nicht durch die Gleichungen, die zwischen ihm und den übrigen Punkten des festen Systems bestehen, zu dem er gehört, gebunden ist.

Der erste Punkt eines in sich festen Systems ist also absolut beweglich. Wenn er festgestellt ist, besteht für den zweiten Punkt eine Gleichung, und eine seiner Koordinaten wird Funktion der $(n-1)$ übrigen. Nachdem auch der zweite festgestellt ist, bestehen zwei Gleichungen für den dritten usw. Im ganzen sind also $n(n+1)/2$ Größen zur Bestimmung der Lage eines in sich festen Systems erforderlich[9].

Aus dieser Annahme und der unter II aufgestellten folgt, daß *zwei in sich feste Punktsysteme A und B, die in einer ersten Lage von A zur Kongruenz entsprechender Punkte gebracht werden konnten, auch in jeder anderen Lage von A zur Kongruenz aller derselben Punkte, die vorher kongruierten, müssen gebracht werden können.* Das heißt mit anderen Worten, die Kongruenz zweier Raumgebilde[10] ist nicht von ihrer Lage abhängig, oder alle Teile des Raumes sind, wenn von ihrer Begrenzung abgesehen wird, untereinander kongruent, wie alle Stücke derselben Kugelfläche, von ihrer Begrenzung abgesehen, der Flächenwölbung nach einander kongruent sind[11].

Das Gesichtsfeld zeigt eine beschränktere Beweglichkeit der Netzhautbilder auf der Netzhaut[12]. Welche eigentümlichen Folgen daraus für die Abmessungen der Distanzen mittels des Augenmaßes herfließen, habe ich in meiner physiologischen Optik auseinandergesetzt[13].

IV. Endlich müssen wir dem Raume noch eine Eigenschaft beilegen, die der *Monodromie* der Funktionen einer komplexen Größe analog ist, und die sich darin ausspricht, daß zwei kongruente Körper auch noch kongruent sind, nachdem der eine eine Umdrehung um irgendeine Rotationsachse erlitten hat. *Drehung* ist analytisch dadurch charakterisiert, daß eine gewisse Anzahl von Punkten des bewegten Körpers während der Bewegung unveränderte Koordinaten behalten, *Umkehr* der Bewegung dadurch, daß früher durchlaufene kontinuierlich ineinander übergehende

Wertkomplexe der Koordinaten rückwärts durchlaufen werden. Wir können die betreffende Tatsache so aussprechen: *Wenn ein fester Körper sich um n−1 seiner Punkte dreht, und diese so gewählt sind, daß seine Stellung nur noch von einer unabhängig Veränderlichen abhängt, so führt die Drehung ohne Umkehr schließlich in die Anfangslage zurück, von der sie ausgegangen ist* [14].

Wir werden sehen, daß diese letztere Eigenschaft des Raumes nicht notwendig vorhanden zu sein braucht, wenn auch unsere drei ersten Bedingungen erfüllt sind. Sie mußte deshalb, so selbstverständlich sie erscheinen mag, als besondere Eigenschaft aufgeführt werden.

Die gewöhnliche Geometrie setzt diese letzte Eigenschaft stillschweigend voraus, wenn sie den Kreis als geschlossene Linie behandelt, sie setzt die Postulate II und III bei den Kongruenzsätzen voraus, da die Existenz in sich fester und übrigens frei beweglicher Körper von den dort angegebenen Eigenschaften die Vorbedingung jeder Kongruenz ist. Sie setzt die Kontinuität und die Dimensionen des Raumes ebenfalls voraus. Es sind diese Sätze hier nur in analytischer Form gebracht, da sich ihr Sinn ohne die Anwendung einer solchen Form gar nicht bestimmt aussprechen läßt.

§ 2.

Die Folgerungen aus den vorausgeschickten Sätzen werde ich ziehen unter der Voraussetzung von drei Dimensionen.

Ich bemerke ferner, daß, da es sich im folgenden nur um die Begründung von *Riemanns* die Differentialien der Koordinaten betreffenden Satz handelt, ich die Annahmen II, III und IV nur für Punkte mit unendlich kleinen Koordinatenunterschieden anwenden werde, so daß also nur für die unendlich kleinen Raumelemente die von der Begrenzung unabhängige Kongruenz vorausgesetzt wird [15].

Es seien u, v, w die Koordinaten eines Punktes, der einem festen Körper angehört, in der ersten Lage dieses Körpers [16].

Es seien r, s, t die Koordinaten desselben Punktes in einer zweiten Lage des festen Körpers. Dieselben werden Funktionen von u, v, w und sechs Konstanten (Stellungskonstanten) sein müssen, welche die neue Lage des festen Körpers bestimmen. Es werden, der Annahme I entsprechend, r, s und t sich mit u, v, w kontinuierlich ändern müssen, mit eventueller Ausnahme solcher Stellen, wo Bewegung des Punktes diskontinuierliche Änderungen der Koordinaten hervorbringt. Wo dies nicht der Fall ist, werden wir also haben:

$$du = \frac{du}{dr}\, dr + \frac{du}{ds}\, ds + \frac{du}{dt}\, dt$$
$$dv = \frac{dv}{dr}\, dr + \frac{dv}{ds}\, ds + \frac{dv}{dt}\, dt \qquad\qquad (1)$$
$$dw = \frac{dw}{dr}\, dr + \frac{dw}{ds}\, ds + \frac{dw}{dt}\, dt$$

worin die Differentialquotienten Funktionen der u, v, w oder der von ihnen abhängigen r, s, t sind, und außerdem Funktionen der sechs Stellungskonstanten.

Die Funktionaldeterminante der u, v, w wird hierbei nicht verschwinden können, mit Ausnahme etwa solcher Orte, wo entweder die u, v, w oder die r, s, t nicht ausreichen zur Bestimmung der vollständigen Lage eines Punktes.

Lassen wir andererseits den festen Körper übergehen aus der ersten Lage, wo die Koordinaten seiner Punkte u, v, w waren, in eine dritte, wo sie ρ, σ, τ sind. Wir werden wiederum haben:

$$du = \frac{du}{d\rho}\, d\rho + \frac{du}{d\sigma}\, d\sigma + \frac{du}{d\tau}\, d\tau$$
$$dv = \frac{dv}{d\rho}\, d\rho + \frac{dv}{d\sigma}\, d\sigma + \frac{dv}{d\tau}\, d\tau \qquad\qquad (1a)$$
$$dw = \frac{dw}{d\rho}\, d\rho + \frac{dw}{d\sigma}\, d\sigma + \frac{dw}{d\tau}\, d\tau$$

und auch hier wird die Funktionaldeterminante nicht Null sein können, beides unter Ausschließung derselben Ausnahmen wie oben.

Nun werden wir von den sechs Konstanten, welche die Stellung des festen Körpers in der zweiten Lage bestimmen, drei so wählen können, daß die Lage des Punktes u, v, w in der zweiten Stellung des Systems dieselbe ist, wie die desselben Punktes in der dritten Stellung (Annahme III), so daß also:

$$r = \rho, \qquad s = \sigma, \qquad t = \tau$$

wird[17]. Setzt man nun die Werte von du, dv, dw aus der Gleichung (1) in die Gleichung (1a) so erhält man dr, ds und dt linear und homogen ausgedrückt durch $d\rho$, $d\sigma$ und $d\tau$, oder letztere durch erstere. Da, wie bemerkt, die Determinanten der Gleichung (1) und (1a) nicht Null werden können, soweit die Koordinaten ausreichend sind zur Bestimmung der Lage der betreffenden Punkte, so läßt sich unter dieser Voraussetzung auch immer ein solcher linearer Ausdruck herstellen, welchen wir schreiben können:

$$dr = A_0\, d\rho + B_0\, d\sigma + C_0\, d\tau$$
$$ds = A_1\, d\rho + B_1\, d\sigma + C_1\, d\tau \tag{2}$$
$$dt = A_2\, d\rho + B_2\, d\sigma + C_2\, d\tau$$

Daß sich dergleichen lineare Ausdrücke, abgesehen von den erwähnten speziellen Ausnahmefällen, müssen herstellen lassen, ergibt sich daraus, daß der Punkt r, s, t, den wir hier betrachten, zu u, v, w keine durch die Natur der Aufgabe gesetzte besonders ausgezeichnete Beziehung hat, sondern ganz beliebig ist; ebenso der Punkt ρ, σ, τ. Also müssen die Gleichungen (1) und (1a) im allgemeinen Falle richtig sein, und aus denen folgt (2). Direkt würde (2) nicht mit gleicher Sicherheit aufgestellt werden, da bei einer Bewegung, wobei der Punkt r, s, t liegen bleibt, dieser allerdings zu ρ, σ, τ in einer bevorzugten Beziehung stehen würde, die es zweifelhaft machen könnte, ob nicht die ersten Differentialquotienten sämtlich verschwänden.

Der Punkt, welcher in der ersten Lage die Koordinaten $u+du$, $v+dv$, $w+dw$ hat, hat in der zweiten Lage die Koordinaten $r+dr$, $s+ds$, $t+dt$ und in der dritten die Koordinaten $\rho+d\rho$, $\sigma+d\sigma$, $\tau+d\tau$, und die Größen dr, ds, dt beziehen sich also auf denselben Punkt in einer anderen Lage des Systems, zu dem er gehört, wie $d\rho$, $d\sigma$, $d\tau$. In den Gleichungen (2) ist das allgemeinste Gesetz zwischen diesen Größen ausgesprochen, welches bestehen muß, wenn der Raum von drei Dimensionen durch drei kontinuierlich veränderliche Größen meßbar sein soll.

Im folgenden werde ich die Bezeichnung einführen[18]:

$$dr = \epsilon x \qquad d\rho = \epsilon \xi$$
$$ds = \epsilon y \qquad d\sigma = \epsilon v \tag{2a}$$
$$dt = \epsilon z \qquad d\tau = \epsilon \zeta$$

worin ϵ eine verschwindend kleine Größe bedeuten soll. Wir haben dann:

$$x = A_0 \xi + B_0 v + C_0 \zeta$$
$$y = A_1 \xi + B_1 v + C_1 \zeta \tag{2b}$$
$$z = A_2 \xi + B_2 v + C_2 \zeta$$

Die Koeffizienten A, B, C hängen in diesen Gleichungen ab von den drei[19] noch verfügbaren Stellungskonstanten, welche die Stellung des Systems in der letzten Lage bestimmen; wir wollen dieselben mit p', p'' und p''' bezeichnen. Wenn wir diese Konstanten sich um die verschwindend kleinen Größen dp', dp'', dp''' ändern lassen, so ändert sich die zweite Lage des Systems, und mit ihr die Werte x, y, z, um dx, dy, dz.

Bezeichnen wir mit η eine neue Variable, und setzen bei der vorausgesetzten kleinen Verschiebung:

$$\mathfrak{A}_n \, d\eta = \frac{dA_n}{dp'} dp' + \frac{dA_n}{dp''} dp'' + \frac{dA_n}{dp'''} dp''' \left. \vphantom{\frac{dA_n}{dp'}} \right\} \tag{3}$$

und geben den Buchstaben $\mathfrak{B}_n$ und $\mathfrak{C}_n$ die entsprechende Bedeutung für die B und C, so wird[20]:

$$\begin{aligned}
\frac{dx}{d\eta} &= \mathfrak{A}_0 \xi + \mathfrak{B}_0 v + \mathfrak{C}_0 \zeta \\
\frac{dy}{d\eta} &= \mathfrak{A}_1 \xi + \mathfrak{B}_1 v + \mathfrak{C}_1 \zeta \\
\frac{dz}{d\eta} &= \mathfrak{A}_2 \xi + \mathfrak{B}_2 v + \mathfrak{C}_2 \zeta
\end{aligned} \left. \vphantom{\begin{aligned} \frac{dx}{d\eta} \\ \frac{dy}{d\eta} \\ \frac{dz}{d\eta} \end{aligned}} \right\} \tag{3a}$$

und wenn wir in diesen Gleichungen die ξ, v, ζ aus (1) und (1a) und (2a) linear durch x, y, z ausdrücken, was nach dem oben Gesagten immer gehen muß, so erhalten wir Ausdrücke von der Form:

$$\begin{aligned}
\frac{dx}{d\eta} &= a_0 x + b_0 y + c_0 z \\
\frac{dy}{d\eta} &= a_1 x + b_1 y + c_1 z \\
\frac{dz}{d\eta} &= a_2 x + b_2 y + c_2 z
\end{aligned} \tag{3b}[21]$$

Da jede der Größen a, b, c drei der willkürlich veränderlichen Größen dp', dp'', dp''' einschließt, so kann es eine unendliche Anzahl solcher Transformationssysteme geben. Aber zwischen den Koeffizienten von je vieren derselben wird immer durch Elimination von dp', dp'' und dp''' ein System linearer Gleichungen gewonnen werden können:

$$\begin{aligned}
a_n &= f a_n' + g a_n'' + h a_n''' \\
b_p &= f b_p' + g b_p'' + h b_p''' \\
c_q &= f c_q' + g c_q'' + h c_q'''
\end{aligned}$$

wo f, g, h Konstanten sind, und n, p, q irgendwelche der Indizes 0, 1, 2 bedeuten.

Sind die Systeme a_0' etc., a_0'' etc., a_0''' etc. selbst von der Art, daß zwischen ihren Koeffizienten kein solches System von Gleichungen besteht wie das eben aufgestellte, so wird sich also *jedes andere* System, welches einer möglichen Bewegung entspricht, linear durch die Koeffizienten a', a'', a''' etc. ausdrücken lassen, und jede Summe von der Form der obigen Ausdrücke für a_n, b_p und c_q mit beliebigen Konstanten f, g, h wird einer möglichen Bewegung entsprechen. Eine andere Bestimmung der verschiedenartigen Bewegungen dieser Art ist dadurch gegeben, daß laut Annahme III, nachdem ein Punkt des Systems r, s, t festgestellt ist, noch jeder andere Punkt als ruhend festgestellt werden kann, ohne daß weitere Bewegung dadurch unmöglich gemacht wird. Wir müssen also die Größen dp', dp'' und dp''' so abändern können, daß für beliebig gegebene Werte von x_0, y_0, z_0 werden können:[22]

$$0 = a_0 x_0 + b_0 y_0 + c_0 z_0$$
$$0 = a_1 x_0 + b_1 y_0 + c_1 z_0$$
$$0 = a_2 x_0 + b_2 y_0 + c_2 z_0,$$

was nur geschehen kann, wenn für alle unendlich kleinen Drehungen des Systems die Bedingung erfüllt ist, daß die Determinante der Koeffizienten

$$
\begin{array}{ccc}
a_0, & b_0, & c_0 \\
a_1, & b_1, & c_1 \\
a_2, & b_2, & c_2
\end{array}
= 0. \tag{4}
$$

Der ersten unendlich kleinen Verschiebung, durch welche η in $\eta + \delta\eta$, x in $x + dx$, y in $y + dy$, z in $z + dz$ übergegangen ist, können wir eine zweite derselben Art und derselben Größe folgen lassen. Nennen wir das System in seiner ersten Lage A_1 in der zweiten A_2, und denken wir beide gleichzeitig bestehend, so decken sich die Punkte $(x + dx, y + dy, z + dz)$ in A_1 mit den Punkten in A_2, welche ursprünglich die Lage (x, y, z) hatten. Lassen wir nun mit A_1 dieselbe Verschiebung vorgehen, durch welche es ursprünglich in A_2 verwandelt wurde, so wird auch A_2 in eine neue Lage A_3 kommen, und wir werden η auf $\eta + 2\delta\eta$ gewachsen ansehen können, und die Koeffizienten a, b, c von η unabhängig nehmen. Dabei werden nach dem Schlußsatz der Annahme III die Punkte, welche vor der ersten Verschiebung die Koordinaten x, y, z hatten, jetzt diejenige Lage erhalten, welche bei der ersten Verschiebung die Punkte mit den Koordinaten $x + dx$, $y + dy$, $z + dz$ erhalten haben. Dies können wir so oft wiederholen, als wir wollen.

Bei jeder solchen Verschiebung werden die Punkte mit den Koordinaten (x, y, z) gerade ebenso entsprechend den Gleichungen (3b) in $(x+dx, y+dy, z+dz)$ übergehen wie das erstemal. Werden also dieselben Verschiebungen kontinuierlich fortgesetzt, so bleiben die Koeffizienten a, b, c der Gleichungen 3b konstant, während η der Zeit proportional wächst, und x, y, z, wenn man sie auf einen bestimmten Punkt des bewegten Systems bezieht, werden sich so verändern, wie es die Gleichungen (3b) vorschreiben, wenn man darin $dx/d\eta$, $dy/d\eta$, $dz/d\eta$ als Differentialquotienten betrachtet.

Um die Integration der Gleichungen (3b) auszuführen, suchen wir vier neue Konstanten mittels folgender Gleichungen:

$$
\begin{aligned}
lh &= la_0 + ma_1 + na_2 \\
mh &= lb_0 + mb_1 + nb_2 \\
nh &= lc_0 + mc_1 + nc_2
\end{aligned}
\qquad \text{(4a)}^{[23]}
$$

Durch Elimination von l, m, n geben diese die Determinante:

$$
\begin{vmatrix}
a_0-h, & a_1, & a_2, \\
b_0, & b_1-h, & b_2, \\
c_0, & c_1, & c_2-h
\end{vmatrix} = 0.
\qquad \text{(4b)}
$$

Es ist dies eine Gleichung dritten Grades nach h, welche also drei Wurzeln gibt. Jede dieser, in die Gleichungen (4a) gesetzt, gibt ein System von Werten für l, m, n, wobei je eine dieser Konstanten willkürlich bleibt.

Sind die Gleichungen (4a) erfüllt, so folgt aus (3b):

$$
\frac{d}{d\eta}\left\{lx + my + nz\right\} = h\left\{lx + my + nz\right\}
\qquad \text{(4c)}
$$

oder wenn wir die Integrationskonstante mit A bezeichnen:

$$
lx + my + nz = Ae^{h\eta}
\qquad \text{(5)}
$$

und zwar gelten die Gleichungen (4c) und (5) für jedes der drei Systeme von Werten, welches die Gleichungen (4a) und (4b) liefern.

Wegen der Gleichung (4) muß einer der Werte von h gleich Null sein. Für diesen ist:

$$
l_0 x + m_0 y + n_0 z = \text{Const.}
\qquad \text{(5a)}^{[24]}
$$

Die beiden anderen h_1 und h_2 könnten reelle oder komplexe konjugierte Größen sein. Im ersteren Falle sind auch die zugehörigen l, m, n reell, im zweiten komplex.

Sind die beiden Wurzeln h_1 und h_2 reell, so folgt aus den Gleichungen von der Form (5), daß die zugehörigen Größen $(l_1 x + m_1 y + n_1 z)$ sowie $(l_2 x + m_2 y + n_2 z)$ sich vom Werte 0 bis $\pm \infty$ kontinuierlich verändern können, aber ohne Umkehr oder Sprung können sie nicht, wie Postulat IV fordert, zu einem früheren Werte zurückkehren; daher können das auch die Größen x, y, z selbst nicht tun. Dasselbe gilt auch für den Fall, wo h_1 und h_2 gleich groß sind. Man erhält dann eine lineare Funktion der x, y, z, welche gleich $e^{h\eta}$, eine andere, welche gleich $\eta e^{h\eta}$ ist. Ebenso gilt dasselbe auch, wenn h_1 und h_2 gleichzeitig verschwindend klein werden, also dem Werte $h_0 = 0$ sehr nahe kommen. Man kann dann drei lineare Funktionen zusammensetzen, von denen eine konstant, eine gleich η, eine gleich η^2 ist.

Haben h_1 und h_2 dagegen komplexe Werte, so ist dasselbe auch der Fall mit den zugehörigen l, m, n. Setzen wir alsdann:

$$
\begin{aligned}
h_1 &= \vartheta + \omega i & h_2 &= \vartheta - \omega i \\
l_1 &= \lambda_0 + \lambda_1 i & l_2 &= \lambda_0 - \lambda_1 i \\
m_1 &= \mu_0 + \mu_1 i & m_2 &= \mu_0 - \mu_1 i \\
n_1 &= \nu_0 + \nu_1 i & n_2 &= \nu_0 - \nu_1 i,
\end{aligned}
$$

so wird

$$
\begin{aligned}
\lambda_0 x + \mu_0 y + \nu_0 z &= A e^{\vartheta \eta} \cos(\omega \eta + c) \\
\lambda_1 x + \mu_1 y + \nu_1 z &= A e^{\vartheta \eta} \sin(\omega \eta + c).
\end{aligned}
$$

In diesem Falle ist:

$$
(\lambda_0 x + \mu_0 y + \nu_0 z)^2 + (\lambda_1 x + \mu_1 y + \nu_1 z)^2 = A^2 e^{2\vartheta \eta} \tag{5b}
$$

Diese Gleichung macht es ebenfalls unmöglich, daß x, y, z ohne Umkehr und ohne Sprung zu ihren früheren Werten zurückkehren, wenn nicht $\vartheta = 0$.

Das unter IV aufgestellte Postulat kann also nur dann erfüllt werden, wenn die Wurzeln der Gleichung (4b), welche nicht Null sind, rein imaginär werden. Das geschieht laut Gleichung (4b), wenn

$$
a_0 + b_1 + c_2 = 0. \tag{6}
$$

Wir haben also schließlich zur Bestimmung von x, y, z als Funktion von η die drei Gleichungen:

$$l_0 x + m_0 y + n_0 z = \text{Const.}$$
$$\lambda_0 x + \mu_0 y + \nu_0 z = A \cos(\omega\eta + c)$$
$$\lambda_1 x + \mu_1 y + \nu_1 z = A \sin(\omega\eta + c)$$
(6a)

Die Determiante:

$$
\begin{matrix}
l_0, & m_0, & n_0, \\
\lambda_0, & \mu_0, & \nu_0, \\
\lambda_1, & \mu_1, & \nu_1
\end{matrix}
$$

kann nicht Null werden, ohne daß eine Gleichung besteht, welche η konstant setzt, also die Bewegung aufhebt. Folglich können die Größen x, y, z aus den drei Gleichungen (6a) eindeutig bestimmt werden, als Funktionen von η.

———

Von hier ab wird es die Rechnung vereinfachen, wenn wir statt der Größen x, y, z die drei oben gefundenen:

$$X = l_0 x + m_0 y + n_0 z$$
$$Y = \lambda_0 x + \mu_0 y + \nu_0 z$$
$$Z = \lambda_1 x + \mu_1 y + \nu_1 z$$
(6b)

in die Rechnung einführen, aus denen wir die x, y, z immer wieder eindeutig bestimmt finden können.

Wir haben bisher erst eine Art der Drehung untersucht, bei der ein Punkt x_0, y_0, z_0 fest bleiben sollte. Nun ist nach (6a) bei der untersuchten Bewegung:[25]

$$\frac{dX}{d\eta} = 0$$
$$\frac{dY}{d\eta} = -\omega Z$$
$$\frac{dZ}{d\eta} = \omega Y$$
(6c)

Die letzteren beiden Größen sind also gleich Null für diejenigen Punkte, für welche:

$$Y = Z = 0.$$

Das sind die Punkte, welche bei der bisher betrachteten Bewegung in Ruhe bleiben.

§ 3.

Wir haben nun noch die anderen Arten der Drehung des Systems zu untersuchen. Wie oben bemerkt wurde, können wir jeden anderen Punkt des Systems während der Drehung als ruhend setzen.

Nehmen wir eine zweite Drehung an, bei welcher die Punkte $X = Z = 0$ in Ruhe bleiben [26]; nennen wir die der Zeit proportional wachsende Variable dabei η', so können wir schreiben:

$$\frac{dX}{d\eta'} = \alpha_0 X + 0 + \gamma_0 Z$$
$$\frac{dY}{d\eta'} = \alpha_1 X + 0 + \gamma_1 Z \tag{7}$$
$$\frac{dZ}{d\eta'} = \alpha_2 X + 0 + \gamma_2 Z$$

Die mittlere Vertikalreihe der Koeffizienten mußte gleich Null gesetzt werden, weil für $X = Z = 0$ die Differentialquotienten der linken Seite gleich Null werden sollen.

Die beiden Bedingungen der Gleichungen (4) und (6), denen jedes System von Koeffizienten unterworfen sein muß, wenn es in sich zurücklaufende Drehungen geben soll, reduzieren sich hier auf

$$\alpha_0 + \gamma_2 = 0. \tag{7a}$$

Für eine dritte Drehung setzen wir die Bedingung, daß die Punkte an ihrer Stelle bleiben, für welche $X = Y = 0$. Die der Zeit proportional wachsende Veränderliche sei η'', so können wir schreiben:

$$\frac{dX}{d\eta''} = \mathfrak{a}_0 X + \mathfrak{b}_0 Y + 0$$

$$\frac{dY}{d\eta''} = \mathfrak{a}_1 X + \mathfrak{b}_1 Y + 0 \qquad\qquad (8)$$

$$\frac{dZ}{d\eta''} = \mathfrak{a}_2 X + \mathfrak{b}_2 Y + 0$$

und dazu die Bedingung:

$$\mathfrak{a}_0 + \mathfrak{b}_1 = 0. \qquad\qquad (8a)$$

Aus der in Gleichung (3) gegebenen Form der Koeffizienten geht nun, wie oben schon bemerkt wurde, hervor, daß wenn zwei Systeme von Koeffizienten den Bedingungen der Aufgabe genügen, auch die Summe der entsprechenden Koeffizienten ein diesen Bedingungen genügendes System bilden muß.

Wenden wir dies auf (6c) und (7) an, so folgt:

$$\begin{array}{ccc} \alpha_0 & 0 & \gamma_0 \\ \alpha_1 & 0 & \gamma_1 - \omega \\ \alpha_2 & \omega & -\alpha_c \end{array} \quad = \quad 0,$$

oder

$$\alpha_0 \omega^2 - \omega (\alpha_0 \gamma_1 - \alpha_1 \gamma_0) = 0.$$

Da die Koeffizienten jedes dieser Systeme eine willkürliche Konstante als Faktor enthalten, so muß einzeln sein:

$$\alpha_0 = 0 \text{ und also auch } \gamma_2 = 0,$$

ferner $\alpha_1 \gamma_0 = 0$.

Nun kann γ_0 nicht gleich Null gesetzt werden, ohne gegen das Postulat IV zu verstoßen, da dann aus den Gleichungen (7) folgen würde:

$$\frac{dX}{d\eta'} = 0, \quad \text{also} \quad X = C$$

und

$$Z = \alpha_2 C' \eta' + C'$$
$$Y = \alpha_1 C \eta' + \gamma_1 C' \eta' + \tfrac{1}{2} \alpha_2 \gamma_1 C \eta'^2 + C'',$$

wo C, C' und C'' Konstanten sind. Das würde eine nicht in sich zurück-laufende Drehung repräsentieren.

Auch α_2 kann aus demselben Grunde nicht Null werden, wie ich hier gleich bemerken will.

Da nun γ_0 nicht Null werden darf, so läßt die Gleichung $\alpha_1\gamma_0 = 0$ nur die eine Lösung zu:

$$\alpha_1 = 0,$$

und das System der Koeffizienten der Gleichung (7) reduziert sich also auf:

$$
\begin{array}{ccc}
0, & 0, & \gamma_0 \\
0, & 0, & \gamma_1 \\
\alpha_2, & 0, & 0.
\end{array}
$$

Nach demselben Verfahren ergibt sich für das System der Koeffizienten der Gleichungen (8), daß:

$$
\begin{array}{c}
\mathfrak{a}_0 = \mathfrak{b}_1 = 0 \\
\mathfrak{a}_2\mathfrak{b}_0 = 0.
\end{array}
$$

Hier dürfen $\mathfrak{a}_1$ und $\mathfrak{b}_0$ nicht Null werden aus denselben Gründen wie α_2 und γ_0. Folglich muß $\mathfrak{a}_2 = 0$ sein, und das System reduziert sich auf:

$$
\begin{array}{ccc}
0, & \mathfrak{b}_0, & 0, \\
\mathfrak{a}_1, & 0, & 0, \\
0, & \mathfrak{b}_2, & 0.
\end{array}
$$

Endlich, wenn man die Summe aller drei Systeme bildet, erhält man die Bedingung:

$$
0 =
\begin{array}{ccc}
0, & \mathfrak{b}_0, & \gamma_0, \\
\alpha_1, & 0, & \gamma_1 - \omega \\
\alpha_2, & \mathfrak{b}_2 + \omega, & 0,
\end{array}
$$

oder

$$\mathfrak{b}_0 (\gamma_1 - \omega) \alpha_2 + \gamma_0 \alpha_1 (\mathfrak{b}_2 + \omega) = 0.$$

Da, wie bemerkt, diese Gleichung gelten muß, auch wenn man die Koeffizienten, die demselben System angehören, mit einer willkürlichen Konstanten multipliziert, so muß einzeln sein:

$$\gamma_0 \alpha_1 - \mathfrak{b}_0 \alpha_2 = 0 \qquad\qquad (9a)$$
$$\mathfrak{b}_0 \gamma_1 \alpha_2 = 0$$
$$\alpha_1 \mathfrak{b}_2 \gamma_0 = 0 \qquad\qquad (9b)$$

Da nun, wie bemerkt, weder $\mathfrak{b}_0$ und α_1, noch α_2 und γ_0 gleich Null werden dürfen, so muß sein:

$$\gamma_1 = 0 \qquad \text{und} \qquad \mathfrak{b}_2 = 0.$$

Setzen wir:

$$\alpha_2 = - \varphi \qquad\qquad \gamma_0 = \varkappa \varphi$$
$$\alpha_1 = \psi,$$

so folgt aus der Gleichung (9a), daß:

$$\mathfrak{b}_0 = - \varkappa \psi.$$

Daraus erhalten wir nun schließlich das vollständige System der möglichen Transformationen für verschwindend kleine Verschiebungen:

$$dX = - \varkappa \psi Y d\eta'' + \varkappa \varphi Z d\eta'$$
$$dY = \psi X d\eta'' - \omega Z d\eta \qquad\qquad (10)$$
$$dZ = - \varphi X d\eta' + \omega Y d\eta$$

Es enthält dies drei willkürlich variable Größen $d\eta$, $d\eta'$ und $d\eta''$, und muß also alle möglichen Drehungen umfassen.

Die Größe $\varkappa$ muß positiv sein, wenn das System nur imaginäre Werte für h geben soll.

Aus der Gleichung (10) folgt, daß bei jeder beliebigen kleinen Drehung des Systems:

$$\frac{1}{\varkappa} X dX + Y dY + Z dZ = 0,$$

also

$$X^2 + \varkappa Y^2 + \varkappa Z^2 = \text{Const.},$$

drücken wir also X, Y, Z vermöge der Gleichungen (6b) und (2a) in dr, ds, dt aus, und setzen:

$$dS^2 = (l_0\,dr + m_0\,ds + n_0\,dt)^2$$
$$+ \varkappa(\lambda_0\,dr + \mu_0\,ds + \nu_0\,dt)^2$$
$$+ \varkappa(\lambda_1\,dr + \mu_1\,ds + \nu_1\,dt)^2,$$

so folgt, daß dS eine bei allen Drehungen des Systems um den Punkt $dr = ds = dt = 0$ unverändert bleibende Größe ist von derselben Dimension kleiner Größen wie dr, ds und dt selbst[27].

Diese Größe kann also als ein von den drehenden Bewegungen unabhängiges Maß des räumlichen Unterschiedes der Punkte $(r,\ s,\ t)$ und $(r + dr,\ s + ds,\ t + dt)$ benutzt werden.

§ 4.

Dadurch ist der Ausgangspunkt von *Riemanns* Untersuchungen gewonnen, indem sich gezeigt hat, daß ein homogener Ausdruck zweiten Grades von den Differentialien existiert, welcher bei jeder Bewegung zweier unter sich fest verbundener Punkte von verschwindend kleinem Abstande unverändert bleibt[28]. Da wir die oben aufgestellten Axiome II bis IV, welche die Möglichkeit der Kongruenz zwischen verschiedenen Teilen des Raumes aussprechen, hierbei nur auf unendlich kleine Raumelemente angewendet haben, so zeigt sich, daß Riemanns Annahme identisch ist mit der, daß der Raum monodrom ist und unendlich kleine Raumelemente im allgemeinen einander, von der Begrenzung abgesehen, kongruent sind. Anschaulich wird der Sinn dieses Satzes, wenn man ihn auf zwei Dimensionen einschränkt[29]. Aus Riemanns Annahme folgt in diesem Falle, daß die Raummessungen dieselben sind, wie unsere analytische Geometrie sie auf einer beliebig gekrümmten Fläche ausführen lehrt. In der Tat sind die unendlich kleinen Flächenelemente einer beliebigen krummen Fläche alle als eben zu betrachten, und also alle einander kongruent, wenn von ihrer Begrenzung abgesehen wird.

Die weitere Untersuchung bezieht sich dann darauf, welche Folgerungen sich ergeben, wenn man die Kongruenz endlicher Teile des Raumes unabhängig von der Begrenzung und in allen den möglichen Drehungen fordert, welche das Postulat III ergibt. Wie in diesem Falle für zwei Dimensionen die krumme Fläche sich in eine Kugelfläche* oder eine aus einer solchen durch Biegung ohne Dehnung entstandene Fläche verwan-

---

* (1882.) Oder Pseudosphäre. Die Möglichkeit der pseudosphärischen Geometrie ist hier übersehen, wie oben S. 618 bemerkt wurde. (Gemeint ist S. 617 des zweiten Bandes der wissenschaftlichen Abhandlungen. Die Herausgeber.)

deln muß, so hat *Riemann* für drei oder mehr Dimensionen gezeigt, daß die von ihm als Maß der Krümmung bezeichnete Größe konstant sein müsse. Ich will diesen Teil meiner Untersuchung, der in Riemanns implizite enthalten ist, hier nicht weiter ausführen. Das Resultat ist folgendes.

Wenn unsere Annahmen I bis IV erfüllt sind, so ist das allgemeinste System der Geometrie das, was sich nach den Regeln unserer gewöhnlichen analytischen Geometrie ergeben würde, wenn man diese anwendete auf ein kugelähnliches* Gebilde von drei Dimensionen, dessen Gleichung in vier rechtwinkeligen Koordinaten X, Y, Z, S ausgedrückt wäre:

$$X^2 + Y^2 + Z^2 + (S + R)^2 = R^2.$$

Hierin können X, Y, Z nicht unendlich werden, wenn nicht $R = \infty$. Letzterer spezieller Fall entspricht unserer wirklichen Geometrie gemäß den Axiomen des *Euklid*. Es können X, Y und Z dann endliche Werte nur haben, wenn $S = 0$, was die Gleichung eines ebenen Gebildes ist. In diesem Sinne müssen wir den Raum des Euklid den Räumen von höherer Anzahl der Dimensionen gegenüber, mit Riemann, als ebenen Raum bezeichnen[30].

Schließlich bemerke ich noch, daß wenn man das Postulat IV nicht aufstellt, sich ganz abweichende Systeme der Geometrie ergeben, die aber doch konsequent durchzuführen wären. Am leichtesten zeigt sich dies für zwei Koordinaten. Wäre die Größe ϑ der Gleichung (5b) nicht Null, so würden die linearen Dimensionen jeder ebenen Figur bei Drehung um einen konstanten Winkel in gleicher Richtung in konstantem Verhältnis wachsen; die Linie physisch gleichwertiger Entfernung von einem Punkte wäre die Spirale.

Ein anderes leicht zu behandelndes Beispiel erhält man, wenn man in der analytischen Geometrie der Ebene mit rechtwinkeligen Koordinaten die y als imaginär betrachtet[31]. Es entspricht das dem Falle, wo h_1 und h_2 reell sind, und

$$h_1 + h_2 = 0.$$

Die Linie gleichwertiger Entfernung von einem festen Punkte wäre dann eine gleichseitige Hyperbel[32].

Riemanns und meine Untersuchungen zusammengenommen zeigen also, daß die oben aufgestellten Postulate in Verbindung mit folgenden zwei Sätzen:

V   daß der Raum drei Dimensionen habe,

VI   daß der Raum unendlich ausgedehnt sei

---

* Oder pseudosphärisches.

die genügende Grundlage zur Entwicklung der Raumlehre* abgeben. Ich habe schon hervorgehoben, daß dieselben Postulate auch von der gewöhnlichen Geometrie, wenn auch stillschweigend, als richtig vorausgesetzt werden müssen, und unsere Postulate also weniger annehmen, als die gewöhnlich geführten geometrischen Beweise voraussetzen.

Zugleich mache ich darauf aufmerksam, daß die ganze Möglichkeit des Systems unserer Raummessungen, wie in dieser Entwicklung deutlich heraustritt, von der Existenz solcher Naturkörper abhängt, die dem von uns aufgestellten Begriffe fester Körper hinreichend nahe entsprechen. Die Unabhängigkeit der Kongruenz vom Orte, von der Richtung der sich deckenden Raumgebilde, und von dem Wege, auf dem sie zueinander geführt worden sind, ist die Tatsache, auf welche die Meßbarkeit des Raumes basiert ist.

Nachrichten der Königlichen
Gesellschaft der Wissenschaften,
Göttingen 1868, 3. Juni Nr.9

---

* Sie scheiden aber noch nicht zwischen *Euklid* und *Lobatschewskij*.

Erläuterungen

59 [1] Die *Helmholtzschen* Betrachtungen sind von *S. Lie** kritisiert, ergänzt und mit den Hilfsmitteln der Gruppentheorie dargestellt worden. Es hat sich herausgestellt, daß man, um die Helmholtzschen Rechnungen beibehalten zu können, seine Axiome etwas anders aussprechen muß (Anm. 15). Auch enthalten sie entbehrliche Bestandteile (Anm. 24).

Gleich Helmholtz betrachtet S. Lie Bewegungen von Räumen (von starren Körpern). Die neuen Koordinaten des beweglichen (materiellen) Punktes werden so Funktionen der alten. Aber diese Funktionen mußte Lie differenzierbar voraussetzen. Von dieser und noch einer anderen Einschränkung hat *D. Hilbert*** die gruppentheoretische axiomatische Darstellung befreit, sich aber dabei auf die Planimetrie beschränkt. Er setzt im wesentlichen voraus:

Zwei stetige Transformationen der Ebene (also Differenzierbarkeit nicht verlangt) hintereinander ausgeführt, ergeben wieder eine solche (die Bewegungen bilden eine Gruppe). Eine Drehung (Bewegung bei festgehaltenem Punkt) führt einen beweglichen Punkt in unendlich viel andere über. Dazu tritt noch eine Stetigkeitsforderung.

Kürzlich hat *H. Weyl* (Raum, Zeit, Materie, 4. Aufl., Berlin 1921, S. 124) für sehr viel allgemeinere als euklidische oder *Riemannsche* Mannigfaltigkeiten gruppentheoretische Axiome gegeben.

59 [2] Dieser Satz deutet auf die Schwierigkeit hin, durch die jede empiristische Theorie über die Herkunft der „physischen" Geometrie in einen Zirkel zu verfallen droht. In der Tat ist er nur zu vermeiden, wenn wir annehmen, daß ihr irgendwelche Sätze, die nicht Erfahrungsurteile sind, zugrunde liegen. *Riehl* meint daher (*Helmholtz*

---

* S. Lie, Theorie der Transformationsgruppen. Leipzig 1873, 3. Band, 437–523.

** Grundlagen der Geometrie. 4. Auflage. Leipzig 1913. 4. Anhang. S. 163.

in seinem Verhältnis zu Kant 1904, S. 32, Kantstudien 1904, Bd. 9, S. 276), Helmholtz habe mit diesem Ausspruch „alles eingeräumt, was *Kant* mit der Apriorität der Geometrie wirklich behauptet hat". Indes könnten solche Sätze für die „physische" Geometrie sehr wohl die Rolle von Definitionen spielen, zwar nicht im gewöhnlichen Sinne des Wortes – dann würde Helmholtz auch nicht von der Prüfung ihrer „tatsächlichen Richtigkeit" sprechen dürfen –, sondern sie könnten zusammen ein System von impliziten Definitionen bilden (siehe z. B. *M. Schlick*, Erkenntnislehre, Berlin 1918, § 7), das als Ganzes der Prüfung durch die Erfahrung zugänglich wäre.

59 [3]   *B. Riemann:* Über die Hypothesen, welche der Geometrie zugrunde liegen. Werke 2. Auflage 1892, S. 272; Neuausgabe von *H. Weyl*, Berlin 1919.

59 [4]   Da, wie bekannt, das *Helmholtzsche* Axiomensystem nicht das erste war, das aufgestellt wurde, so ist es erforderlich, zu untersuchen, was eine neue Behandlung der Grundlagen rechtfertigen konnte. Diese Frage soll hier ausführlicher als von Helmholtz selbst behandelt werden.

Wenn Erscheinungen durch ein System von Sätzen verknüpft sind, so genügt es, einige von ihnen als Grundsätze an die Spitze zu stellen. Die anderen können dann aus ihnen abgeleitet werden. Die Auswahl der Sätze kann aber nach verschiedenen Gesichtspunkten geschehen: 1. können (auf denjenigen Gebieten, auf denen diese Unterscheidung einen Sinn hat) diejenigen Sätze vorangestellt werden, die nicht nur logische, sondern „objektive" Gründe der anderen sind. Auf die Bedeutung dieses Begriffes ist im Anschluß an *Leibniz* besonders von *B. Bolzano** aufmerksam gemacht worden. Logische Gründe für das Massenwirkungsgesetz sind z. B. die Gesetze der Thermodynamik; objektive Gründe aber nach der kinetischen Gastheorie die Sätze der Mechanik. Näher ließe sich der Begriff des objektiven Grundes nur im Zusammenhang mit dem Ursachbegriff erörtern.

2. werden die an die Spitze zu stellenden Axiome so auszuwählen sein, daß möglichst wenig erforderlich sind. Daß viele Sätze durch weniger dargestellt werden können, ist möglich:

a) weil aus Sätzen als Prämissen logisch andere folgen,

b) weil die funktionale Form erlaubt, Einzelsätze zu *einem* umfassenderen zu vereinigen.

---

* B. Bolzano, Wissenschaftslehre. Sulzbach 1837, Bd. 2, S. 339–350.

3. wird man wünschen, von Elementargesetzen (Differenzialgesetzen) auszugehen. Damit wird außerdem der Forderung 2 genügt. Daß durch ein solches Axiomensystem weniger Einzelzusammenhänge dargestellt werden, wird leicht übersehen, weil die dadurch ersparten Gesetze in der anderen Fassung mit anderen Gesetzen in funktionaler Form vereinigt sind (s. oben unter 2b).

4. Bis jetzt ist vorausgesetzt, daß uns das Satzsystem gegeben ist. Die Frage kann uns beschäftigen, wie wir zu ihm gekommen sind; dann werden wir aber diejenigen Sätze an die Spitze stellen, die sich in der Erfahrung zuerst (unmittelbar) darbieten.

Ehe wir nun diese Betrachtungen auf unser Problem anwenden, überlegen wir, ob geometrische Relationen in einem Realgrundverhältnis stehen können. Eine geometrische Relation, z.B. die Strecke a gleich der Strecke b, manifestiert sich in einem kausalen Zusammenhang zwischen Koinzidenzen (siehe Anm. 9). Aber wir werden die Relation selbst als etwas von kausalen Zusammenhängen Verschiedenes ansehen. Auch steht sie, wenn sie Glied in einem rein geometrischen Zusammenhange ist (z.B. aus $a = b$, $b = c$ folgt $a = c$) nicht in einem kausalen Zusammenhang, obwohl ein solches Verhältnis (Grund des Seins bei *Schopenhauer** dem Realgrundverhältnis nahe verwandt ist. Daher kann auch der Begriff des objektiven Grundes wohl nicht auf das Verhältnis geometrischer Sätze zueinander angewandt werden.

Somit bleiben außer der selbstverständlichen zweiten Forderung nur die beiden übrig:

1. Elementargesetze (Differentialgesetze) aufzustellen,

2. solche, die sich zuerst (unmittelbar) in der Erfahrung bieten.

Worauf bezieht sich nun das System der Sätze, das wir Geometrie nennen? Teils auf die an den äußeren Dingen auftretenden Maßverhältnisse, teils auf die unserer Vorstellungsbilder. Wir wollen hier nur zunächst die Geometrie in der ersten Hinsicht betrachten; aber auch dann können Maßverhältnisse, Gleichheit usw. etwas unmittelbar an dem Gegebenen zu Entdeckendes sein, oder etwas, das durch Messung festgestellt wird. Wir wollen zunächst den zweiten Standpunkt wählen.

Dann genügt *Riemann* der ersten oben aufgestellten Forderung; er gibt ein Elementargesetz (Differentialgesetz). Aber in der Erfahrung kann dieses nicht unmittelbar gewonnen werden. Umgekehrt formuliert Helmholtz seine Axiome für Systeme endlich entfernter

---

* Vierfache Wurzel § 35.

Punkte*, weil nur über diese experimentell etwas auszusagen ist. Darin zeigt sich die empiristische Richtung des Helmholtzschen Unternehmens, und noch in einem andern Punkte:

Man geht gewöhnlich von dem Begriff der Gleichheit wie von einem nicht weit zurückführbaren Begriffe aus. In der Tat kann man sich auf die unmittelbare Anschauung berufen. Es treten dann Sätze hinzu, die die Bedeutung dieses Begriffes für das physikalische Geschehen feststellen. Will man nur von Messungsergebnissen handeln, so kann man zunächst auf eine Erklärung der Grundbegriffe verzichten, das System der Geometrie entwickeln (so daß also die Grundbegriffe durch implizite Definitionen gegeben sind; *M. Schlick:* Allgemeine Erkenntnislehre, § 7) und hernach die Physik anschließen. Indirekt sind dann damit die geometrischen Grundbegriffe durch gewisse physikalische Erscheinungen definiert. Demgegenüber setzt Helmholtz an Stelle mancher dieser Begriffe von vornherein gewisse experimentell festzustellende Sachverhalte.

Wenn ferner den geometrischen Grundbegriffen (z. B. Streckengleichheit) eine anschauliche Bedeutung zukommen soll, scheint das Helmholtzsche System auch in bezug auf das Verstehen an die Vorstellungskraft geringere Anforderungen zu stellen, weil wir uns nur Punkte und nicht Gerade und Ebenen vorzustellen haben.

Die *euklidischen* Axiome haben wiederum den Vorzug, daß ihre Wahrheit unmittelbar in der Anschauung des simultan Gegebenen einleuchtet, während bei den Helmholtzschen Axiomen schon das Verstehen nicht anders als in sukzessiven Vorstellungen möglich ist. Für sie könnte also Zwangsläufigkeit höchstens auf assoziativer Grundlage erworben werden.

Schließlich ist vom Standpunkt der Relativitätstheorie der invariante Charakter der Helmholtzschen Axiome bemerkenswert, insofern als sie sich ohne Bezugnahme auf ein Koordinatensystem formulieren lassen.

60 [5] Siehe *Riemanns* Werke, 2. Aufl., Leipzig 1892, S. 274, Ausgabe von *H. Weyl,* Berlin 1919, S. 3; siehe auch Anm. II, 8 und III, 29 dieser Ausgabe.

60 [6] Diese Forderung hat *Weyl* als einen Rest ferngeometrischen Vorurteils fallen gelassen; siehe Anm. 11.

62 [7] Indem die Möglichkeit vorausgesetzt wird, daß die Koordinaten

---

* Freilich lassen sich seine Rechnungen nur durchführen, wenn die Axiome für unendlich benachbarte Punkte ausgesprochen werden, wie *S. Lie* nachgewiesen hat (siehe Anm. 15).

eines Punktes sich ändern, werden materielle Punkte von Raumpunkten unterschieden. Das setzt voraus, daß es einen Sinn hat, von *demselben* materiellen Punkt zu reden. Es ist aber dazu nötig, bestimmte, zu verschiedenen Zeiten beobachtete Zustände als Zustände „desselben materiellen Teilchens" einander zuzuordnen, wobei jedoch dem materiellen Teilchen nicht noch eine von diesen Zuständen verschiedene Sonderexistenz zugeschrieben werden braucht, und die Zuordnung nicht objektiv gegeben ist, sondern nach denkökonomischen Prinzipien hergestellt wird, und zwar gewöhnlich unter Benutzung von Stetigkeitseigenschaften.

Die Theorie der Materie, an der vor allem *G. Mie* gearbeitet hat, macht sich zur Aufgabe, solche Gleichungen zwischen den Zustandsgrößen aufzustellen, daß sich aus ihnen in ungezwungener Weise die Existenz von gewissen durch die Zustandsgrößen ausgezeichneten Bezirken ergibt, die als Substanz angesprochen werden können. Bis jetzt ist es aber nicht gelungen, in diesem Sinne die Existenz des Elektrons zu erklären oder seines Gegenstückes, des Wasserstoffkernes.

Damit es zweitens Koordinaten geben soll, muß es dreierlei geben:
1. den Körper, dessen Koordinaten zu bestimmen sind;
2. einen festen Körper, auf den die Koordinaten zu beziehen sind (Bezugssystem);
3. Maßstäbe, d. h. starre Körper, die teils mit Punkten des Koordinatensystems, teils mit denen des gegebenen Körpers in Berührung gebracht werden.

Sowohl die Koordinatensysteme als die Maßstäbe müssen starr sein. Was aber ein starrer Körper ist, wird gerade in der folgenden Arbeit von *Helmholtz* definiert, wobei von dem Begriff der Koordinaten Gebrauch gemacht wird. Hier scheint ein Zirkel vorzuliegen. Ein solcher wird vermieden, indem man durch Definitionen (die eine Gattung betreffen, nicht durch individuelle Aufweisung, siehe Anm. III, 12) eine Gruppe von Körpern aussondert (z. B. die Körper bei sehr tiefen Temperaturen) von der Eigenschaft, daß wenn einige von ihnen als Koordinatensystem und Maßstäbe benutzt werden, die anderen damit gemessen, als starr gelten können*. So kann man jedenfalls den Begriff der Starrheit definieren. Will man aber das erklären, was in der alten *Newtonschen* Mechanik als Koordinate im absolutem Raum galt, so sind noch Zu-

---

* Vgl. Anm. I, 31. – Ähnliche Betrachtungen kann man anstellen, um den Begriff Temperatur und ideales Gas zu definieren.

satzbetrachtungen erforderlich. Aber auch, wenn wir den Koordinatenbegriff, so wie hier geschehen, ohne fremde Hilfe erklären, lassen sich alle folgenden Überlegungen von Helmholtz durchführen.

Es liegt aber nahe, unter dem ruhenden Bezugsraum sich ebenfalls einen starren Körper zu denken. Man könnte Koordinaten des bewegten Punktes Zahlen nennen, die denjenigen *einmal* gemessenen Koordinaten der Punkte des unbewegten Körpers entsprechen, mit denen der bewegte Punkt jeweils koinzidiert. Schließlich könnte aber auch der Gebrauch des Maßstabes ganz entbehrt werden, indem den Punkten des ruhenden starren Körpers irgendwelche Maßzahlen (krummlinige Koordinaten) zugeordnet werden. Indes sind dreidimensionale starre Körper im dreidimensionalen Raum undurchdringlich. Jener ruhende Raum ist also nur ein Gedankending, auf den der starre Körper nur unter jedesmaliger erneuter Anwendung der Maßstäbe bezogen werden kann. Anders, wenn es sich um Planimetrie handelt. Denn man kann zwei Scheiben aneinander vorbeigleiten lassen.

Analytisch wird man nun die Koordinaten als Funktion von der Zeit und von Parametern ansehen, die die materiellen Punkte des festen Körpers charakterisieren. *S. Lie** hat darauf aufmerksam gemacht, daß Helmholtz die Existenz der zweiten Differentialquotienten von diesen Funktionen voraussetzt (siehe auch Anm. 1).

63 [8] Wählt man drei beliebige Farben als Grundfarben, so ist jede andere Farbe (innerhalb eines Bereiches) aus ihnen darzustellen. Man kann somit jeder Farbe denjenigen Punkt zuordnen, dessen Koordinaten den drei zur Darstellung gebrauchten Mengen von den Grundfarben gleich sind**.

Durch Mischung geht aus zwei Farben eine bestimmte dritte hervor; ordnet man also noch jeder Farbe den Vektor vom Nullpunkt zu dem eben konstruierten Punkt zu, so gilt: Der Vektor der gemischten Farben ist die Vektorsumme der Vektoren der zusammensetzenden Farben. Andere geometrische Operationen sind zunächst (siehe jedoch Schluß dieser Anm.) nicht definiert.

Eine Geometrie, in der nur die Vektorsumme eine vom Koordinatensystem unabhängige Bedeutung hat, heißt affin. Daher können wir auch sagen, die Farbenmischungsgesetze befolgen die Gesetze der affinen Geometrie.

---

* Theorie der Transformationsgruppen, 3. Band, S. 440.
** Siehe z. B. *Helmholtz,* Physiologische Optik. 2. Aufl., S. 326ff.

Wählen wir andere Grundfarben, aber denselben Zeichenraum, so verschieben sich die einen gegebenen Komplex von Farben vertretenden Punkte. Die Transformation ist eine affine, die durch Drehung und Dehnung hervorgebracht werden kann.

Nun war vorher im Text von einer wirklichen Bewegung materieller Punkte die Rede, nicht von einer Änderung des Bezugssystems; die von Helmholtz angestellte Vergleichung betrifft also überhaupt nicht ganz entsprechende Zusammenhänge. Aber jedenfalls wird das System von Punkten, die ein und derselben Menge von Farben entspricht, bei geänderter Wahl der Grundfarben (und Beibehaltung der Koordinatenachsen des Zeichenraumes) einer affinen Transformation unterworfen.

Indes schon zwischen *vier* Punkten bestehen drei Gleichungen. Ist z. B. die Farbe *D* die Summe der Farben *A, B, C,* so wird gelten:

$$x_D = x_A + x_B + x_C; \quad y_D = y_A + y_B + y_C; \quad z_D = z_A + z_B + z_C,$$

ganz gleichgültig, welche Grundfarben gewählt sind.

Die obige Stelle ist also wohl so zu verstehen, daß Helmholtz noch dem Koordinatensystem des Zeichenraumes (besonders seinem Ursprung), in den die Punkte eingezeichnet werden, alle möglichen Lagen geben will. Die dann in Betracht kommenden affinen Transformationen werden durch zwölf Koeffizienten charakterisiert:

$$x' = \alpha x + \beta y + \gamma z + a$$
$$y' = \delta x + \epsilon y + \zeta z + b$$
$$z' = \eta x + \vartheta y + \iota z + c.$$

Die 15 Koordinaten derjenigen Punktquintupel, die aus einem gegebenen durch affine Transformation hervorgehen, sind also durch 15 Gleichungen mit 12 willkürlichen Konstanten gegeben, so daß nach Elimination der Konstanten drei Gleichungen übrig bleiben.

Dem entspricht die beliebige Dehnbarkeit der Körper in der affinen Geometrie. Helmholtz[*] selbst hat versucht, die affine Geometrie der Farben zu einer metrischen auszugestalten; diese Versuche sind neuerdings vom *E. Schrödinger*[**] fortgesetzt.

---

[*] Zeitschr. f. Psychologie und Physiologie, Bd. 2, 1891, S. 1; Bd. 3, 1891, S. 1, 517; Berliner Berichte 1891, S. 1071; Wissensch. Abhandlungen, Bd. 3, S. 407–475.

[**] E. Schrödinger, Ann. d. Phys. 63, 1920, S. 397, 481.

63 [9]   Es ist noch zu zeigen, daß von den Gleichungen, die man sukzessive erhält, jede von der vorhergehenden unabhängig ist, also wirklich jede hinzukommende eine neue Einschränkung zur Folge hat. Die betreffenden Beweise hat *S. Lie* gegeben*.

Sodann bemerken wir: Durch eine Bewegung des starren Körpers wird jedem Punkte des Raumes ein anderer zugeordnet, nämlich derjenige, der später von demselben materiellen Punkt eingenommen wird, von dem jener früher besetzt war. Eine Zuordnung, durch die man jedem Punkt eines Raumes einen anderen entsprechen läßt, nennt man Transformation. Die Betrachtungen des Textes zeigen nun, daß es eine Schar von $n(n+1)/2$ fach unendlich vielen Transformationen gibt.

Diese Schar könnte aber noch von der Anfangslage und der Wahl des starren Körpers abhängen. Unter Hinzuziehung von Axiom II erkennt man jedoch, daß das nicht der Fall ist. Denn, wenn einmal die materiellen Punkte A, B mit den Raumpunkten a', b' zur Deckung gebracht werden können, ein andermal (bei veränderter Lage des starren Körpers) $\overline{A}$, $\overline{B}$, so sind $\overline{A}$, $\overline{B}$ und A, B kongruent. Wenn man nun weiter A, B mit a'', b'' koinzidieren kann, so muß das nach den Axiomen II und III auch für $\overline{A}$, $\overline{B}$ gelten.

Es gibt also wirklich *unabhängig* von der Anfangslage und Wahl des festen Körpers eine Transformation von nicht mehr als $n(n+1)/2$ Parametern. Da uns also der verschobene Körper nur Transformationen aus der Schar der bereits definierten liefert, so folgt: Zwei Transformationen der Schar hintereinander ausgeführt, liefern wieder eine zur Schar gehörige Transformation. Der Inbegriff jener Transformation ist eine *Gruppe***.

63 [10]   Das soll offenbar heißen: zweier starrer Körper.

63 [11]   Man wird den Sinn dieser Ausführungen noch besser verstehen, wenn man Fälle betrachtet, in denen das hier beschriebene Verhalten nicht vorliegt. Zunächst also könnte es sein, daß zwei ursprünglich koinzidierende starre Körper, wenn sie *auf verschiedenen Wegen* wieder zusammengeführt werden, nicht mehr zur Deckung zu bringen wären. Hierauf wollen wir später eingehen; einstweilen wollen wir uns die beiden Körper nur auf demselben Wege geleitet denken.

Man wird es als selbstverständlich erklären, daß gleich beschaffene Körper zusammen bewegt, wenn sie einmal koinzidieren, sich dau-

---

* S. Lie, l. c. S. 446f.,523.

** Lie, l. c. S. 449.

ernd decken. Denken wir aber an das S. 21 besprochene Beispiel von dem Flächenstück auf der eiförmigen Fläche. Wir sehen also: es wäre denkbar, daß gewisse (starre) Körper überhaupt nicht bewegt werden könnten. Das dritte Axiom sagt aber, daß tatsächlich dieser Fall nicht vorkommen kann. Es ist nun aber nützlich, noch ein wenig auf die Vorgänge im gekrümmten Raum einzugehen. Die wirklichen Körper können nur kleinen Kräften gegenüber als starr gelten; großen gegenüber würden sie zerbrechen, oder sich ausdehnen bzw. zusammenziehen, wie das mit einem aus geeignetem Material gefertigten Flächenstück geschieht, das auf einer eiförmigen Fläche bewegt wird. Wie könnten wir aber in einem solchen Falle die Dehnung feststellen? Zwei auch nicht ganz starre gleich beschaffene Körper werden doch, auf derselben Kurve bewegt, wenn sie einmal sich decken, stets koinzidierend bleiben. Wird man nicht *per definitionem* sagen, daß die neue Gestalt des Körpers der alten kongruent ist? Offenbar nicht. Denn die Maßverhältnisse werden durch *infinitesimale* Maßstäbe übertragen. Also auch in dem vorausgesetzten Fall ließe sich durch Bewegungen (selbst wenn nur solche auf ein und derselben Kurve betrachtet werden), die Krümmung des Raumes feststellen. Ist z. B. vor der Verschiebung ein (infinitesimales) Körperstück mit einem *Teile* eines anderen endlichen zur Deckung zu bringen, so könnte das nach der Verschiebung nicht mehr der Fall sein. Darum haben wir als besonders wichtig an dem *Helmholtzschen* Axiom den Satz hervorzuheben: Zwei einmal koinzidierende Punktsysteme können auch in jeder anderen Lage zur Koinzidenz gebracht werden, auch dann, wenn jedes mit einem anderen Systeme verbunden ist.

Bekanntlich hat *Riemann* einen allgemeineren Fall betrachtet: Endliche starre Körper sollen nicht immer bewegt werden können, aber unendlich kleine Körper sollen überallhin gelangen können; d. h. also, die von Helmholtz hier ausgesprochenen Axiome sollen für infinitesimale starre Körper gelten: Es soll unabhängig vom Weg ein Linienelement geben. Hierin erblickt *Weyl* einen Rest ferngeometrischer Vorurteile*. Das Längenverhältnis zweier Strecken könnte vom Wege abhängen, auf dem ein infinitesimaler Vergleichsstab von einer zur anderen geführt wird. *H. Reichenbach*** sieht bereits eine weitere Verallgemeinerung, daß nämlich eine materielle Strecke nach einer Drehung um sich selbst

---

* Siehe z. B. Raum und Zeit. 4. Aufl. Berlin 1921. § 16; Math. Zeitschr. 2, 1918.

** Relativitätstheorie und Erkenntnis a priori. Berlin 1921, S. 76.

nicht mehr mit derselben Strecke wie früher koinzidiert. (Ungül-
tigkeit des Helmholtzschen Monodromieprinzips siehe S. 63.)
Stellen wir uns nun auf den Boden der Riemannschen Annahme.
Enthält dann die Entfernungsgleichung zweier Paare von benachbarten Punkten den Grund für die beschriebenen Zusammenhänge zwischen ihnen oder ist sie nichts anderes als das Gesetz dieser
Zusammenhänge? Es handelt sich da wohl nur um eine verschiedene Ausdrucksweise. Aber würde man die zweite wählen, so er-
hielte man Gesetze von ganz eigentümlicher logischer Struktur*.
Eine restlose Zurückführung des Geometrischen auf kausale Zusammenhänge würde auch so nicht gelingen. Es dürfte am einfachsten sein, metrische Eigenschaften als letzte Realitäten anzusehen.

63 [12]   Ein um einen Punkt drehbarer fester Körper besitzt drei Freiheitsgrade; denn seine Lage wird bestimmt durch die Richtung einer in
ihm festen Achse, und die Drehung des Körpers um diese Achse.
So sollte man erwarten, daß das Netzhautbild ein und desselben
Körpers bei verschiedener Stellung des Augapfels noch dreifach
unendlich viele Lagen annehmen kann, wie auch ein Flächenstück
auf der Kugel und auf der Ebene dreifach unendlich vieler Lagen
fähig ist. Aus den Gesetzen von *Donders* und *Listing*** folgt, daß
das nicht zutrifft. Wenn die Blicklinie gegeben ist, ist auch die Stellung des Augapfels festgelegt, also keiner Rotation mehr fähig.

63 [13]   l. c. S. 690f. (2. Aufl.)

64 [14]   Siehe Anm. 24.

64 [15]   Die Anwendung der für das Endliche aufgestellten Axiome auf das
unendlich Kleine ist nicht erlaubt, wie *S. Lie* gezeigt hat:
Wenn ein Punkt festgehalten wird, so kann ein beliebiger Punkt
noch zweifach unendlich viel Lagen annehmen. Das ist zwar auch
richtig, wenn der betreffende Punkt sehr nahe an den festgehaltenen rückt. Es könnte aber doch sein, daß gewisse Lagen nicht mehr
unterscheidbar wären, d. h. nur Koordinatendifferenzen zeigten, die
von höher als erster Ordnung unendlich klein wären, so daß z.B.
ein dem festen Punkt sehr nahe befindlicher Beobachter an den
anderen Punkten nur eine Beweglichkeit von *einem* Freiheitsgrade
feststellen würde.
Lie (l. c. S. 456) hat das an einem Beispiel erläutert. Bezeichnen x,
y, z die Koordinaten eines Punktes vor einer Verrückung, $\bar{x}$, $\bar{y}$, $\bar{z}$
nach einer Verrückung, so gelte:

---

* Wenn es im besonderen gilt, daß, wenn a ist, b ist, so ist, wenn c ist, auch d.

** *Helmholtz*, Physiol. Optik. 2. Aufl. S. 619 u. 621.

$$\overline{x} = x + \alpha$$
$$\overline{y} = y + \beta + \gamma x + \delta x^2 + \epsilon x^3 + \zeta x^4 = y + \varphi^4(x)$$
$$\overline{z} = z + \gamma + 2\delta x + 3\epsilon x^2 + 4\zeta x^3 = z + \varphi^{4\prime}(x)$$

wo $\varphi^4(x)$ eine Funktion 4. Grades und $\varphi^{4\prime}(x)$ deren Ableitung ist. Auch in einem translatorisch verschobenen Koordinatensystem drückt sich die Transformation auf dieselbe Weise aus:

$$\overline{x} - A = x - A + \alpha; \qquad \overline{x} = x + \alpha$$
$$\overline{y} - B = y - B + \varphi^4(x - A); \qquad \overline{y} = y + \psi^4(x)$$
$$\overline{z} - C = z - C + \varphi^{\prime 4}(x - A); \qquad \overline{z} = z + \psi^{\prime 4}(x).$$

Führt man zwei Transformationen nacheinander aus, so bekommt man:

$$\overline{\overline{x}} = \overline{x} + \overline{\alpha} = x + \alpha + \overline{\alpha}$$
$$\overline{\overline{y}} = \overline{y} + \overline{\varphi}^4(x) = y + \varphi^4(x) + \overline{\varphi}^4(x + \alpha) = y + \chi^4(x)$$
$$\overline{\overline{z}} = \overline{z} + \overline{\varphi}^4(x) = z + \varphi^{4\prime}(x) + \overline{\varphi}^{\prime 4}(x + \alpha) = z + \chi^{4\prime}(x).$$

Die Transformationen bilden also eine Gruppe.
Nun werde ein Punkt festgehalten; wir machen ihn zum Nullpunkt. Dann lauten unsere Tranformationsgleichungen:

$$\overline{x} = x$$
$$\overline{y} = y + \delta x^2 + \epsilon x^3 + \zeta x^4$$
$$\overline{z} = z + 2\delta x + 3\epsilon x^2 + 4\zeta x^3.$$

Es gäbe also ∞^3 verschiedene Lagen des Körpers; und ein Punkt könnte noch, da seine x-Koordinate konstant bleibt, 2 fach ∞ viele Lagen annehmen. Aber bei Vernachlässigung unendlich kleiner Glieder höherer Ordnung kann man schreiben:

$$\overline{x} = x$$
$$\overline{y} = y$$
$$\overline{z} = z + 2\delta x.$$

Betrachtet man also nur die nächste Nähe, so findet man nur ∞^1 verschiedene Lagen des Körpers, jeder Punkt kann, da seine x- und y-Koordinaten konstant bleiben, nur ∞^1 viel Lagen annehmen, und jedes Linienelement durch den festgehaltenen Punkt ist nur in einer durch die z-Achse gelegten Ebene beweglich.

Diese Schwierigkeiten werden umgangen, wenn man die *Helmholtzschen* Axiome gleich für das Unendlichkleine ausspricht (siehe Lie l.c. S. 460ff.).

64 [16] Über den Koordinatenbegriff siehe Anm. 7. Die *u, v, w* charakterisieren also den materiellen Punkt. So individualisiert man bei der Aufstellung der von *Euler* herrührenden sogenannten *Lagrangeschen* Gleichungen der Hydrodynamik die einzelnen Flüssigkeitsteilchen durch Angabe ihres Ortes zu einer festen Zeit*.

In dieser Hydrodynamik ist dies Verfahren deshalb üblich, weil die Flüssigkeitsmasse beständig ihre Form ändert. Hier ist es einfacher, die Messung unmittelbar am festen Körper vorgenommen zu denken. Aber auch das ist überflüssig, man kann jedem materiellen Punkte in beliebiger Weise stetig ein Wertetripel zuordnen.

65 [17] Es werden also Drehungen des starren Körpers um einen seiner Punkte betrachtet.

66 [18] Die neue Bezeichnung wird wohl darum eingeführt, um das Differentialsymbol in dieser Bedeutung zu vermeiden. Es wird nämlich später (siehe Anm. 20) in einer anderen Bedeutung gebraucht werden.

Man kann entweder unter $\epsilon x, \epsilon y, \epsilon z$ die Koordinaten eines benachbarten Punktes verstehen, oder unter x, y, z drei Größen, die sich verhalten wie die Koordinaten von beliebigen Punkten auf der Tangente einer durch den Ursprung gelegten Kurve; in diesem Sinne kann man die drei Werte auch als Koordinaten des Linienelementes bezeichnen.

Daraus ergeben sich auch zwei Gesichtspunkte, alles Folgende zu verstehen:

1. Wo im folgenden von x, y, z die Rede ist, sind die Koordinaten des Linienelementes gemeint. Nur den Verhältnissen $x:y:z$ kommt eine Bedeutung zu.

2. x, y, z bedeutet einen Punkt.

Natürlich kann man im strengen Sinne nicht unmittelbar den Werten x, y, z einen Punkt zuordnen. Das gelingt nur durch Grenzbetrachtungen:

Es sei z. B. von einer Drehung um den Punkt 0, 0, 0 bei festgehaltenem zweiten Punkt x_0, y_0, z_0 die Rede. Was ist damit gemeint? Statt der *einen* Drehung um 0, 0, 0 und x_0, y_0, z_0 betrachte man eine Reihe von Fällen F_ϵ. Im Falle F_ϵ werde als zweiter der Punkt

---

* Siehe z. B. *Riemann,* Partielle Differentialgl. d. Physik. 5. Aufl. Braunschweig 1912. 2. Bd., S. 411.

ϵx_0, ϵy_0, ϵz_0 festgehalten, die Figur sodann von 0, 0, 0 aus $\frac{1}{\epsilon}$ mal vergrößert. So erhält man Bildvorgänge, für die alle die Punkte 0, 0, 0 und x_0, y_0, z_0 Fixpunkte sind. Die Bahnkurven in diesen Bilddrehungen werden gegen Grenzkurven konvergieren und unter x', y', z' werde immer ein Punkt verstanden, der auf der von x, y, z ausgehenden Grenzkurve liegt.

Entsprechend gibt es auch zwei Möglichkeiten, das 4. Axiom zu interpretieren, wodurch dieses verschiedene Tragweiten erhält.

1. Wenn man den Körper um ein Linienelement $x:y:z$ dreht, so muß irgend einmal ein Linienelement x, y, z wieder in sich selbst übergehen, d. h.

$$x':y':z' = x:y:z$$

werden*. Man kann auch sagen, es soll sein (Bezeichnung wie im Text):

$$\frac{d\rho}{dr} = \frac{d\sigma}{ds} = \frac{d\tau}{dt} \; .$$

2. Versteht man, wie oben unter 2. erklärt, unter x', y', z' Werte, die auf der durch x, y, z führenden Bahnkurve liegen, so muß irgend einmal werden:

$$x' = x; \; y' = y; \; z' = z.$$

Man kann auch die Grenzbetrachtung umgehen und verlangen, daß irgend einmal wieder

$$\frac{d\rho}{dr} = \frac{d\sigma}{ds} = \frac{d\tau}{dt} = 1$$

ist. Hierdurch ist natürlich mehr gefordert als durch 1. Es fragt sich, ob vielleicht jene Forderung ausreicht.

66 [19] Hiergegen bestehen die Anm. 15 vorgebrachten Bedenken.

67 [20] Hier haben wir nun die andere (siehe Anm. 18) von jetzt ab allein in Betracht kommende Bedeutung des Differentialsymbols. Es bedeutete dr die Zunahme der r-Koordinate von einem Punkte zum benachbarten; dx, dy, dz dagegen geben die Änderung der Richtungen eines Linienelementes, das mit einem materiellen Punkt fest verbunden ist, wenn man von einer Lage des festen Kör-

---

* Vgl. S. *Lie*, l. c. S. 461.

pers zu einer benachbarten übergeht. Man kann diesen Übergang als in der Zeit geschehend annehmen und wird dann die durch die Zeitdauer des Übergangs dividierten Differentiale dx, dy, dz als Geschwindigkeitskomponenten bezeichnen.

Wenn man von der alten Lage des festen Körpers zur neuen übergeht, so ändern sich die Koordinaten, die zu demselben materiellen Punkte gehören, um kleine Werte. Erteilt man einem Inbegriff von Zahlwerten kleine Änderungen, so daß diese Änderungen von den Zahlwerten abhängen, so führt man nach *Lies* Bezeichnungsweise eine *infinitesimale Transformation* aus. Die infinitesimalen Transformationen, die durch Bewegung des festen Körpers hervorgehen, bilden eine *Gruppe*, d. h. durch Zusammensetzung zweier entsteht eine neue. Im folgenden wird diejenige nichtinfinitesimale Gruppe gesucht, zu der die infinitesimale gehört.

67 [21] Wir können jetzt die dritte Lage (S. 65) ρ, σ, τ fest annehmen und die zweite veränderlich; dann wird ρ, σ, τ bzw. ξ, v, ζ den materiellen Punkt und r, s, t bzw. x, y, z die Koordinaten charakterisieren. Der Unterschied zwischen 3a und 3b ist: 3a gibt die Geschwindigkeit als Funktion des materiellen Punktes; 3b als Funktion des Ortes im Raum. Für den weiteren Fortgang brauchen wir 3b.

Von vornherein wäre es denkbar, daß wenn ein anderer materieller Punkt den Ort mit den gegebenen x, y, z angenommen hat, nunmehr ein Gleichungssystem mit *denselben* a_0, b_0, c_0 ... nicht möglich wäre. Aber das anzunehmen, verbietet das Axiom II. Ihm zufolge muß dieselbe Verschiebung, ausgedrückt in den x, y, z, die vor der Ortsveränderung möglich war, auch nach der Ortsveränderung möglich sein. Insbesondere können wir Transformationen mit immer gleichen a_0, b_0, c_0 ... zusammensetzen, d. h. 3b integrieren. So läßt sich 3a nicht behandeln (siehe S. 69).

68 [22] Wenn diese Gleichungen für alle x_0, y_0, z_0 gelten sollen, so muß $a_0 = ... c_0 = 0$ sein. Da also bei einer Drehung nur gewisse Punkte erhalten bleiben, so wird der Satz jedenfalls erst richtig, wenn die Worte „beliebig gegebene Werte von x_0, y_0, z_0" durch die Worte „gewisse Werte von x_0, y_0, z_0" ersetzt werden. Aber auch so viel kann an dieser Stelle noch nicht behauptet werden:

Wir wissen zwar, daß bei jeder Drehung des *euklidischen* Raumes eine Gerade erhalten bleibt. Aber diesen Sachverhalt können wir nicht unmittelbar aus dem Axiom III schließen; vielmehr nur umgekehrt, daß zu jeder Achse eine Drehung gehört. Darum muß es statt der Fassung im Texte heißen:

„Wir müssen also für ein beliebiges x_0, y_0, z_0 die Größen dp', dp'' und dp''' so wählen können, daß für die entsprechenden a, b, c gilt:

$$0 = a_0 x_0 + b_0 y_0 + c_0 z_0$$
$$0 = a_1 x_0 + b_1 y_0 + c_1 z_0$$
$$0 = a_2 x_0 + b_2 y_0 + c_2 z_0 \, ,$$

woraus folgt:

$$\begin{vmatrix} a_0 & b_0 & c_0 \\ a_1 & b_1 & c_1 \\ a_2 & b_2 & c_2 \end{vmatrix} = 0.\text{“}$$

Diese Formulierung genügt aber auch für das Folgende.

Die folgenden Worte „was nur geschehen kann … Gleichung (4)“ sind dennoch richtig, wenn man unter Drehungen, wie Herr *Prof. Engel* brieflich bemerkte, Bewegungen nicht bei Festhaltung *eines* Punktes, sondern *zweier* Punkte versteht. Wir bemerkten schon, daß aus den Axiomen nicht ohne weiteres folgt, daß Drehung in beiderlei Sinne dasselbe bedeutet.

69 [23] Man kann auch den Ansatz machen:

$$x = L \cdot e^{h\eta}, \qquad y = M \cdot e^{h\eta}, \qquad z = N \cdot e^{h\eta}$$

dann erhält man das Gleichungssystem:

$$L \cdot h = L a_0 + M b_0 + N c_0$$
$$M \cdot h = L a_1 + M b_1 + N c_1$$
$$N \cdot h = L a_2 + M b_2 + N c_2 .$$

Die dazugehörige Determinante:

$$\begin{vmatrix} a_0 - h & b_0 & c_0 \\ a_1 & b_1 - h & c_1 \\ a_2 & b_2 & c_2 - h \end{vmatrix}$$

geht aus 4b durch Spiegelung an der Hauptdiagonale hervor.

69 [24] Diese Gleichung bedeutet: es gibt eine Schar invarianter Ebenen, die bei der Drehung in sich übergehen. Nach Einführung der *euklidischen* Maßbestimmung erkennt man in ihnen die zur Drehachse senkrechten Ebenen.

Wir können unter *x, y, z* die Koordinaten des Linienelementes verstehen. Dann kommt nur den Verhältnissen *x : y : z* eine Bedeutung zu, und auf der rechten Seite der Gleichung (5a) darf nur 0 stehen*. Wir sahen aber (Anm. 18), daß auch eine andere Interpretation möglich ist: Unter *x, y, z* können wirklich benachbarte Punkte verstanden werden. Gleichung (5a) bedeutet dann: Bei der Drehung ist der Endpunkt eines Vektors an eine Ebene gebunden. Daraus folgt, daß wenn der Vektor seine alte Richtung erreicht, seine Größe dieselbe wie früher ist. Wenn wir also oben (Anm. 18) zwei Interpretationen des 4. Axioms unterschieden, so sehen wir, daß in der zweiten Fassung zu viel gefordert ist. In der Tat genügt es, die erste Forderung aufzustellen**.

Das Monodromieprinzip ist aber, wie Lie gezeigt hat, ganz entbehrlich. Es ist nur nötig, vorauszusetzen, daß nach Festhaltung eines Linienelementes der Körper sich noch drehen kann, nicht aber, wenn man außerdem noch ein durch das Linienelement gehendes Flächenelement festhält***. Diese Bedingung bezieht sich natürlich nur auf den Fall drei- oder mehrdimensionaler Geometrien. Für den Aufbau der zweidimensionalen Geometrie ist das Monodromieprinzip unentbehrlich (siehe *Helmholtz,* diese Ausgabe S. 76).

71 [25] Das sind bereits die Formeln für die Drehung eines starren Körpers im *euklidischen* Raum *X, Y, Z* um die *X*-Achse.

72 [26] In *euklidischer* Interpretation also eine Drehung um eine Achse, die zur vorher gewählten senkrecht steht.

76 [27] Offenbar ist die Funktion dS^2 nur bis auf eine willkürliche Konstante bestimmt. Die Koordinaten hätten ja anfangs ganz anders gewählt werden können.

76 [28] Es ist noch eine Eichung (*Weyl,* l. c. S. 109) erforderlich, damit auch für entfernte Linienelemente der dS^2 die Bedingung für die Überführbarkeit ist (siehe vorige Anm.). Das ist aber möglich nach Axiom II.

76 [29] Von *Gauß***** wurden krummlinige Koordinaten eingeführt. Man kann jeden Punkt einer Fläche durch ein Wertepaar *p, q* bezeichnen. Dadurch wird die Fläche mit zwei Kurvenscharen *p =*

---

* Hierauf wurden die Herausgeber von Prof. *Fr. Engel* hingewiesen.

** S. *Lie,* l. c. S. 461.

*** S. Lie, l. c. S. 477, 481 – auch den Hinweis auf diese Stelle verdanken die Herausgeber der Güte des Herrn Prof. Fr. Engel.

**** Disquisitiones generales circa superficies curves (§ 4).

const. und q = const. bedeckt, so daß jeder Punkt auch charakterisiert ist als Schnittpunkt zweier Kurven, *einer* aus jeder Schar. Dann drückt sich das Quadrat des Linienelementes, so wie es im gewöhnlichen dreidimensionalen euklidischen Raum gemessen wird, als quadratische Form der Koordinatendifferentiale dp und dq aus:

$$ds^2 = Edp^2 + 2Fdpdq + Gdq^2,$$

wo die E, F, G Funktionen von p und q sind. Die zweidimensionale Mannigfaltigkeit der p und q ist aber nun keineswegs *euklidisch,* sondern eine Mannigfaltigkeit gerade von der allgemeineren hier betrachteten Art.

In diesem Sinne kann nun auch die ebene *Bolyai-Lobatschewskijsche* Geometrie der Geometrie auf einer gewissen Fläche des euklidischen dreidimensionalen Raumes gleichgesetzt werden (*Helmholtz,* diese Ausgabe S. 22), und die sogenannte sphärische Geometrie der Geometrie der Kugelfläche. Aber eine solche Deutung ist keineswegs erforderlich. Wir können einer beliebigen zweidimensionalen Mannigfaltigkeit eine nichteuklidische Maßbestimmung aufprägen, indem wir entsprechende Voraussetzungen über das Quadrat des Linienelementes machen bzw. über das Verhalten starrer Körper (siehe Helmholtz, diese Ausgabe, S. 27 und Anm. I, 25). Den dreidimensionalen sphärischen Raum kann man sich in einem vierdimensionalen ebenen eingebettet denken. Aber auch das ist nicht nötig. Daher ist es ein Mißverständnis, wenn man meint, die Endlichkeit der Welt, die *Einstein* vermutet, ließe sich nur unter Voraussetzung eines vierdimensionalen Raumes denken.

77 [30] Es sind verschiedene Möglichkeiten übersehen. Wir beschränken uns auf den zweidimensionalen Fall:

1. Der Raum könnte ein zweidimensionales Gebilde von konstanter positiver Krümmung und doch keine Kugelfläche sein. Man braucht zur Veranschaulichung dieses Gebildes nur zwei symmetrisch gegenüberliegende Punkte einer gewöhnlichen Kugelfläche als einen „Punkt" aufzufassen und die größten Kreise auf der Kugel als Gerade. Dann haben zwei „Gerade" stets *einen* und nur einen Punkt gemein, und es gelten alle Axiome der gewöhnlichen Geometrie mit Ausnahme des Parallelenaxioms (elliptische Geometrie, *F. Klein,* Werke I, S. 249, 287, 401).

2. Der Raum kann eine endliche Fläche sein, die überall das Krümmungsmaß 0 besitzt (*Clifford-Kleinsche* Fläche): Man nenne

in einem ebenen Gitter den Inbegriff der homolog liegenden Punkte „Punkt". Oder man biege ein rechteckiges Stück Papier zu einem Zylinder und diesen dann unter Dehnung zu einem Torus (Ring), indem man die beiden Basisflächen des vorher erzeugten Zylinders zur Berührung bringt. Auf dem Torus behalte man aber die alte Maßbstimmung bei, d. h. schreibe einem Paar benachbarter Punkte die Entfernung zu, die es vor der Dehnung hatte (*Clifford*, Werke, S. 193f.; Klein, Werke I, S. 355, 369; *Killing*, Grundlagen der Geometrie, Bd. I, Paderborn 1893, S. 271).

77 [31] Das Bogenelement nimmt dann die Form an:

$$ds^2 = dx + (i\,dy)^2 = dx^2 - dy^2.$$

Es ist, wie man zu sagen pflegt, indefinit. Die Entfernung vom Nullpunkt beträgt: $\sqrt{x^2 - y^2}$.

77 [32] Es ist nämlich bei Benutzung der Bezeichnung von 6b nach 5 und 5a:

$$X' = X,$$
$$Y' = Ye^{h\,l\,\eta},$$
$$Z' = Ze^{-h\,l\,\eta},$$

also:

$$Y'Z = YZ$$

oder wenn:

$$Y = \bar{Y} + \bar{Z},$$
$$Z = \bar{Y} - \bar{Z}$$

gesetzt wird:

$$\bar{Z}'^2 - \bar{Y}'^2 = \bar{Z}^2 - \bar{Y}^2.$$

Nehmen wir nur Drehungen um die X-Achse als möglich an, so können wir die Betrachtung auf Punkte in der Ebene $X = 0$ beschränken.

Der Einfachheit halber betrachten wir einen zweidimensionalen festen Körper.

Die Punkte also, die der Gleichung:

$$\overline{Z}{}^2 - \overline{Y}{}^2 = \text{const.} \quad \text{z. B.} = 1$$

genügen, liegen auf einer Hyperbel. Da sie ineinander übergeführt werden können, so schreibt man ihnen dieselbe Entfernung vom Nullpunkt z. B. 1 zu. Allgemein setzt man als Quadrat der Entfernung vom Nullpunkt den Ausdruck:

$$\overline{Z}{}^2 - \overline{X}{}^2$$

an und als Quadrat des Linienelementes:

$$ds^2 = d\overline{Z}{}^2 - d\overline{Y}{}^2 \,.$$

Wir wollen die Bezeichnung der vorigen Anm. beibehalten und setzen:

$$ds^2 = dx^2 - dy^2$$

und für das Entfernungsquadrat: $x^2 - y^2$.

Dann besitzt jeder Punkt auf den Geraden $x = \pm\, y$ – wir wollen sie OQ und OQ' nennen – vom Ursprung die Entfernung 0.

Erteilen wir dem starren Körper eine Drehung, durch die eine in ihm feste Gerade $\mathfrak{G}$ von OA_1 (verschieden von OQ und OQ') nach OA_2 gelangt. Wird der Vorgang mehrfach wiederholt, so kommt $\mathfrak{G}$ nach OA_3, OA_4 usw., und man wird die Winkel A_2OA_1, A_3OA_2 usw. gleich nennen. Sind ferner P_1, P_2, P_3 usw. Punkte, die von einem materiellen Punkte auf $\mathfrak{G}$ in deren verschiedenen Lagen angenommen werden, so muß $OP_1 = OP_2 = OP_3$ usw. sein.

Die Geraden OQ und OQ' können somit nie überschritten werden, da auf ihnen jeder Punkt vom Ursprung die Entfernung 0 hat. Flächenhafte Wesen also, in deren Ebene starre Körper dieses Verhalten zeigen, würden sagen: Durch dauernde Drehung kann doch eine Gerade ihre Anfangslage nicht wieder erreichen (Geometrie des steifen Halses), das Monodromieprinzip ist nicht erfüllt.

F. Klein hat als den Bestandteil, der auch für Geometrien von mehr als zwei Dimensionen unentbehrlich ist, die Forderung erkannt, daß jede Gerade bei Drehungen wieder einmal in die alte Richtung zurückkehrt.

Die oben (Anm. 24) erwähnte *Liesche* Forderung schließt für Geometrien von mehr als zwei Dimensionen auch den Fall des indefiniten Bogenelementes aus. Liegt dieser nämlich vor, so bleibt bei allen

Drehungen des Körpers die Gerade OQ von selbst erhalten, so daß man ein OQ enthaltendes Flächenelement festhalten und den Körper *doch* drehen kann.

Geometrien mit indefinitem Bogenelement haben neuerdings ein besonderes Interesse gewonnen. Bezeichnet man mit t die Zeit, mit x_1, x_2, x_3 die Raumkoordinaten, so charakterisiert die Gleichung

$$dt^2 - dx_1^2 - dx_2^2 - dx_3^2 = 0$$

diejenigen Raumzeitpunkte, die vom gegebenen Punkte Lichtsignale empfangen können. Ob einem Raumzeitpunkt diese Eigenschaft zukommt, ist vom Koordinatensystem unabhängig. So ist auch die Gleichung

$$dt'^2 - dx_1'^2 - dx_2'^2 - dx_3'^2 = dt^2 - dx_1^2 - dx_2^2 - dx_3^2$$

die Bedingung dafür, daß zwei Koordinatensysteme t', x_1', x_2', x_3' und t, x_1, x_2, x_3 gleichberechtigt sind; von zwei gleichberechtigten Systemen läßt sich keines durch Aussagen über den Erfolg von Experimenten begrifflich auszeichnen (Spezielle Relativitätstheorie).

III. Zählen und Messen, erkenntnistheoretisch betrachtet

Obgleich Zählen und Messen die Grundlagen der fruchtbarsten, sichersten und genauesten wissenschaftlichen Methoden sind, die wir überhaupt kennen, so ist über die erkenntnistheoretischen Grundlagen derselben doch verhältnismäßig wenig gearbeitet worden. Auf philosophischer Seite mußten strikte Anhänger *Kants,* die an seinem System, wie es sich unter den Anschauungen und Kenntnissen seiner Zeit historisch nun einmal entwickelt hatte, festhalten, allerdings die Axiome der Arithmetik für a priori gegebene Sätze halten, welche die transzendentale Anschauung der Zeit in demselben Sinne näher bestimmen, wie die Axiome der Geometrie die des Raumes. Durch diese Auffassung war in beiden Fällen die Frage nach einer weiteren Begründung und Ableitung dieser Sätze abgeschnitten.

Ich habe mich bemüht, in früheren Aufsätzen nachzuweisen, daß die Axiome der Geometrie keine a priori gegebenen Sätze seien, daß sie vielmehr durch Erfahrung zu bestätigen und zu widerlegen wären. Ich hebe hier nochmals hervor, daß dadurch Kants Ansicht vom Raume, als transzendentaler Anschauungsform, nicht aufgehoben wird; meines Erachtens wird dadurch nur eine einzelne unberechtigte Spezialbestimmung seiner Ansicht beseitigt, welche allerdings für die metaphysischen Bestrebungen seiner Nachfolger höchst verhängnisvoll geworden ist.

Nun ist es klar, daß die auch von mir vertretene empiristische Theorie, wenn sie die Axiome der Geometrie nicht mehr als unbeweisbare und keines Beweises bedürftige Sätze anerkennt, sich auch über den Ursprung der arithmetischen Axiome rechtfertigen muß, die zur Anschauungsform der Zeit in der entsprechenden Beziehung stehen[1].

Die Arithmetiker haben bisher an die Spitze ihrer Entwicklungen folgende Sätze als Axiome gestellt:

Axiom I.

Wenn zwei Größen einer dritten gleich sind, sind sie unter sich gleich.

Axiom II.

Assoziationsgesetz der Addition, nach *H. Grassmanns* Benennung:

$$(a + b) + c = a + (b + c).$$

Axiom III.

Kommutationsgesetz der Addition: $a + b = b + a$.

Axiom IV.

Gleiches zu Gleichem addiert gibt Gleiches.

Axiom V.

Gleiches zu Ungleichem addiert gibt Ungleiches.

Weiter als die übrigen Arithmetiker, deren Arbeiten ich kenne, und gleichzeitig philosophische Gesichtspunkte verfolgend, sind *Hermann* und *Robert Grassmann** in diese Untersuchung eingedrungen, und in der Ausführung der arithmetischen Schlußfolgerungen werde ich mich im folgenden ihrem Wege durchaus anzuschließen haben. Sie führen dabei die beiden Axiome II und III auf ein einziges zurück, was wir als *Grassmanns Axiom* bezeichnen wollen, nämlich:

$$(a + b) + 1 = a + (b + 1),$$

von dem aus sie durch den sogenannten $(n+1)$-Beweis die beiden obigen allgemeinen Sätze herleiten. Für die Lehre von der Addition der reinen Zahlen ist dadurch, wie ich im folgenden zu zeigen hoffe, in der Tat die richtige Grundlage gewonnen. Aber in die Frage nach der objektiven Anwendung der Arithmetik auf physische Größen kommt dadurch zu den beiden Begriffen der *Größe* und des *gleich groß*, deren Sinn im Gebiete der Tatsachen unerklärt bleibt, noch ein dritter hinzu, der der *Einheit;* und gleichzeitig scheint es mir eine unnötige Beschränkung des Gültigkeitsgebietes der gefundenen Sätze zu sein, wenn man von vornherein die physischen Größen nur als solche behandelt, die aus Einheiten zusammengesetzt seien.

An die Brüder Grassmann hat sich unter den neueren Arithmetikern auch *E. Schröder*** im wesentlichen angeschlossen, ist aber in einigen wichtigen Erörterungen noch tiefer gegangen. Während die früheren Arithmetiker den letzten Begriff der Zahl als den einer Anzahl von Gegenständen aufzufassen pflegten, konnten sie sich nicht ganz von den Gesetzen des Verhaltens dieser Gegenstände loslösen, und sie nahmen es einfach als Tatsache, daß die Anzahl einer Gruppe von Objekten unabhängig von der Reihenfolge, in der man sie zählt, zu finden ist. Schröder ist, soviel ich gefunden habe, der erste, welcher erkannt hat (l. c. S. 14), daß hierin ein

---

* Hermann Grassmann, Die Ausdehnungslehre, 1. Aufl., Leipzig 1844. Zweite Aufl. 1878. – Robert Grassmann, Die Formenlehre oder Mathematik. Stettin 1872.

** Lehrbuch der Arithmetik und Algebra. Leipzig 1873.

Problem verborgen ist: auch hat er, meines Erachtens mit Recht, anerkannt, daß hier eine Aufgabe der Psychologie vorliegt[2], und andererseits
die empirischen Eigenschaften zu definieren wären, welche den Objekten
zukommen müssen, damit sie zählbar seien[3].

Außerdem finden sich hierher gehörige Erörterungen, namentlich über
den Begriff der Größe, auch in *Paul du Bois-Reymonds allgemeiner Funktionentheorie* (Tübingen, 1882) T. I. Kap. 1 und in *A. Elsas'* Schrift „Über
die Psychophysik" (Marburg 1886) S. 49 ff.

Beide Bücher aber beschäftigen sich mit spezielleren Untersuchungen,
ohne die vollständigen Grundlagen der Arithmetik dabei zu erörtern. Beide glauben, den Begriff der Größe von dem der Linie ableiten zu dürfen,
ersteres im empirischen Sinne, letzteres im Sinne des strikten Kantianismus. Was ich gegen den letzteren Standpunkt einzuwenden habe, ist
schon oben erwähnt und von mir in früheren Schriften auseinandergge-
setzt. P. du Bois-Reymond endet seine Untersuchung mit einer Paradoxie,
wonach zwei entgegengesetzte Standpunkte, die beide in Widersprüche
verwickeln, gleich möglich seien.

Da der letztgenannte Autor ein höchst scharfsinniger Mathematiker ist,
der mit besonderem Interesse den tiefsten Grundlagen seiner Wissenschaft
nachgespürt hat, so hat mich das von ihm erhaltene Schlußergebnis um so
mehr ermutigt, meine eigenen Gedanken über das genannte Problem dar-
zulegen.

Um den Standpunkt, welcher zu einfachen folgerichtigen Ableitungen
und zur Auflösung der erwähnten Widersprüche führt, von vornherein
kurz zu bezeichnen, möge folgendes dienen: Ich betrachte die Arithmetik,
oder die Lehre von den reinen Zahlen, als eine auf rein psychologischen
Tatsachen aufgebaute Methode[4], durch die die folgerichtige Anwendung
eines Zeichensystems (nämlich der Zahlen) von unbegrenzter Ausdehnung und unbegrenzter Möglichkeit der Verfeinerung gelehrt wird. Die
Arithmetik untersucht namentlich, welche verschiedene Verbindungswei-
sen dieser Zeichen (Rechnungsoperationen) zu demselben Endergebnis
führen. Das lehrt unter anderem, auch außerordentlich verwickelte Rechnungen, selbst solche, die in keiner endlichen Zeit zu beenden wären,
durch einfachere zu ersetzen. Abgesehen von der damit gemachten Probe
auf die innere Folgerichtigkeit unseres Denkens würde freilich ein solches
Verfahren zunächst ein reines Spiel des Scharfsinns mit eingebildeten
Objekten sein, welches P. du Bois-Reymond spottend dem Rösselsprung
auf dem Schachbrett vergleicht, wenn es nicht so außerordentlich nützli-
che Anwendungen zuließe. Denn mittels dieses Zeichensystems der Zahlen geben wir Beschreibungen der Verhältnisse reeller Objekte, die, wo sie
anwendbar sind, jeden geforderten Grad der Genauigkeit erreichen kön-

nen, und mittels desselben werden in einer großen Anzahl von Fällen, wo Naturkörper unter der Herrschaft bekannter Naturgesetze zusammentreffen oder zusammenwirken, die den Erfolg messenden Zahlenwerte durch Rechnung vorausgefunden.

Dann muß aber gefragt werden: Was ist der objektive Sinn davon, daß wir Verhältnisse reeller Objekte durch benannte Zahlen als Größen ausdrücken, und unter welchen Bedingungen können wir dies tun? Diese Frage löst sich, wie wir finden werden, in zwei einfachere auf, nämlich:

1. Was ist der objektive Sinn davon, daß wir zwei Objekte in gewisser Beziehung für *gleich* erklären?

2. Welchen Charakter muß die physische Verknüpfung zweier Objekte haben, damit wir vergleichbare Attribute derselben als *additiv* verbunden, und diese Attribute demzufolge als *Größen,* die durch benannte Zahlen ausgedrückt werden können, ansehen dürfen? Benannte Zahlen nämlich betrachten wir aus ihren Teilen, beziehlich Einheiten, durch Addition zusammengesetzt.

Die gesetzmäßige Reihe der Zahlen.

Das Zählen ist ein Verfahren, welches darauf beruht, daß wir uns imstande finden, die Reihenfolge, in der Bewußtseinsakte zeitlich nacheinander eingetreten sind, im Gedächtnis zu behalten. Die Zahlen dürfen wir zunächst als eine Reihe willkürlich gewählter Zeichen betrachten, für welche nur eine bestimmte Art des Aufeinanderfolgens als die gesetzmäßige, oder nach gewöhnlicher Ausdrucksweise „natürliche" von uns festgehalten wird. Die Bezeichnung der „natürlichen" Zahlenreihe hat sich wohl nur an eine bestimmte Anwendung des Zählens geknüpft, nämlich an die Ermittlung der *Anzahl* gegebener reeller Dinge. Indem wir von diesen eines nach dem anderen dem gezählten Haufen zuwerfen, folgen die Zahlen bei einem natürlichen Vorgang aufeinander in ihrer gesetzmäßigen Reihe. Mit der Reihenfolge der Zahlzeichen hat dies nichts zu tun; wie die Zeichen in den verschiedenen Sprachen verschieden sind, so könnte auch ihre Reihenfolge willkürlich bestimmt werden, wenn nur unabänderlich irgendeine bestimmte Reihenfolge als die normale oder gesetzmäßige festgehalten wird. Diese Reihenfolge ist in der Tat eine von Menschen, unseren Voreltern, die die Sprache ausgearbeitet haben, gegebene Norm oder Gesetz. Ich betone diesen Unterschied, weil das angeblich „Natürliche" der Zahlenreihe mit der unvollständigeren Analyse des Begriffs der Zahl zusammenhängt. Die Mathematiker bezeichnen diese gesetzmäßige Zahlenreihe als die der *positiven ganzen Zahlen.*

Die Zahlenreihe ist unserem Gedächtnis außerordentlich viel fester eingeprägt als jede andere Reihe, was unzweifelhaft auf ihrer viel häufigeren Wiederholung beruht. Wir brauchen sie deshalb auch vorzugsweise, um durch Anknüpfung an sie die Erinnerung anderer Reihenfolgen in unserem Gedächtnis zu festigen; d.h. wir brauchen die Zahlen als *Ordnungszahlen*.

Eindeutigkeit der Folge.

In der Zahlenreihe sind Vorwärtsschreiten und Rückwärtsschreiten nicht gleichwertige, sondern wesentlich verschiedene Vorgänge, wie die Folge der Wahrnehmungen in der Zeit, während bei Linien, die im Raume dauernd und ohne Änderung in der Zeit bestehen, keine der beiden möglichen Richtungen des Fortschreitens vor der anderen ausgezeichnet ist.

Tatsächlich wirkt in unserem Bewußtsein jeder gegenwärtige Akt desselben, sei es Wahrnehmung, Gefühl oder Wille, zusammen mit den Erinnerungsbildern vergangener Akte, nicht aber zukünftiger, die zur Zeit im Bewußtsein noch gar nicht vorhanden sind, und der gegenwärtige Akt ist uns bewußt als spezifisch verschieden von den Erinnerungsbildern, die neben ihm bestehen. Dadurch ist die gegenwärtige Vorstellung in einen der Anschauungsform der Zeit angehörigen Gegensatz als die nachfolgende den vorausgegangenen gegenüber gestellt, ein Verhältnis, welches nicht umkehrbar ist, und dem notwendig jede in unser Bewußtsein eintretende Vorstellung unterworfen ist. In diesem Sinne ist die Einordnung in die Zeitfolge die unausweichliche Form unserer inneren Anschauung.

Sinn der Bezeichnung.

Nach den vorausgegangenen Erörterungen ist jede Zahl nur durch ihre Stellung in der gesetzmäßigen Reihe bestimmt.

Das Zeichen *Eins* legen wir demjenigen Gliede der Reihenfolge bei, mit dem wir beginnen.

Zwei ist die Zahl, welche unmittelbar, d.h. ohne Zwischenschiebung einer anderen Zahl in der gesetzmäßigen Reihe auf Eins folgt.[5]

Drei ist die Zahl, die ebenso unmittelbar auf Zwei folgt usw.[6]

Ein Grund, diese Reihe irgendwo abzubrechen, oder in ihr zu einem schon früher gebrauchten Zeichen zurückzukehren, ist nicht vorhanden. Das dekadische System macht es in der Tat möglich, durch Kombination von nur zehn verschiedenen Zahlzeichen in einfacher und leicht verständlicher Weise die Reihe unbegrenzt fortzusetzen, ohne je ein Zahlzeichen zu wiederholen*[7].

Die Zahlen, welche einer gegebenen Zahl in der gesetzmäßigen Reihe folgen, nennen wir *höher* als jene, die, welche ihr vorangehen, *niedriger***.
Es gibt das eine vollständige Disjunktion, die in dem Wesen der Zeitfolge begründet ist, und die wir aussprechen können als:

Axiom VI. Wenn zwei Zahlen verschieden sind, muß eine von ihnen höher sein als die andere.

Addition reiner Zahlen.

Um allgemeine Sätze über die Zahlen aufzustellen, brauche ich die bekannten Bezeichnungen der Buchstabenrechnung. Jeder Buchstabe des kleinen lateinischen Alphabets soll jede beliebige Zahl bezeichnen können, aber innerhalb jedes einzelnen Theorems oder jeder einzelnen Rechnung immer dieselbe.

Zeichenerklärung: Wenn ich irgendeine Zahl mit einem Buchstaben, z. B. a bezeichnet habe, will ich die in der normalen Reihe darauf folgende mit $(a+1)$ bezeichnen.

Dieses Zeichen $(a+1)$ soll also hier zunächst keine andere Bedeutung haben, als die angegebene. Überhaupt aber bedeuten, wie üblich, die Parenthesen, daß die von ihnen umschlossenen Zahlen zuerst in eine Zahl zusammengefaßt werden sollen, ehe man die übrigen vorgeschriebenen Operationen ausführt.

Das Gleichheitszeichen $a = b$ soll hier in der reinen Zahlenlehre nur bezeichnen: „*a* ist dieselbe Zahl wie *b*." Daher folgt aus

$$a = b,$$
$$c = b$$

unmittelbar $a = c$, denn die oberen beiden Gleichungen sagen aus, daß beide, *a* wie *c* dieselbe Zahl *b* sind. Dies stellt die Gültigkeit von Axiom (I) für die Reihe der ganzen Zahlen in der reinen Zahlenlehre fest.

---

* Die „*Zahlentheorie*" untersucht Zahlenreihen, in denen nach einer bestimmten Zahl immer wieder die Eins folgt, die sich also periodisch wiederholen.

** Ich vermeide hier noch *größer* und *kleiner;* dieser Unterschied schließt sich passender an den Begriff der Anzahl; davon später.

Zählen der Zahlen.

Wir betrachten nunmehr die normale Zahlenreihe als festgestellt und gegeben. Jetzt können wir ihre Glieder selbst als eine in unserem Bewußtsein gegebene Reihe von Vorstellungen betrachten, deren Ordnung von einem beliebig gewählten Gliede ab wir wieder durch die von Eins beginnende normale Zahlenreihe bezeichnen können.

Definition: Ich bezeichne als $(a+b)$ diejenige Zahl der Hauptreihe, auf welche ich stoße, wenn ich bei $(a+1)$ Eins, bei $[(a+1)+1]$ Zwei usw. zähle, bis ich bis b gezählt habe.

Die *Beschreibung dieses Verfahrens* läßt sich zusammenfassen in folgender Gleichung (*H. Grassmanns* Axiom der Addition):

$$(a+b)+1 = a+(b+1). \tag{1}$$

Erläuterung: Diese Gleichung sagt aus, daß, wenn ich von $(a+1)$ als Eins ausgehend bis b gezählt, und dabei die mit $(a+b)$ bezeichnete Zahl gefunden habe, ich um eines weiter zählend in der ersteren Reihe auf $(b+1)$ komme, in der zweiten auf die dem $(a+b)$ folgende Zahl, nämlich $[(a+b)+1]$. So bezeichne ich also das in der Definition erwähnte $[(a+1)+1]$ auch mit $[a+(1+1)]$ oder $(a+2)$, weiter das $[(a+2)+1]$ mit $(a+3)$, und so fort ohne Grenzen.

In der Sprache der Arithmetik würden wir dies Verfahren *Addition* und die Zahl $(a+b)$ die *Summe* von a und b, a und b selbst die *Summanden* nennen; aber ich mache darauf aufmerksam, daß in dem angegebenen Verfahren die Größen a und b nicht gleiche Rolle spielen, und es also erst bewiesen werden muß, daß sie vertauscht werden können, ohne die Summe zu ändern, was weiter unten geschehen soll. Indessen, wenn wir dieses Bedenken im Auge behalten, können wir diese Bezeichnung akzeptieren und sagen, daß die Form $(a+b)$ vorschreibt, es solle b zu a addiert werden, und $(a+b)$ sei die Summe von a und b, wobei aber die Ordnung, daß b hinter a steht, zunächst festgehalten werden muß. Es mag deshalb a der *erste, b* der *zweite Summandus* genannt werden. Dem entsprechend kann in folgerichtiger Anwendung dieser Bezeichnung jede Zahl $(a+1)$ als die Summe der vorausgehenden a und der Zahl Eins bezeichnet werden.

Das angegebene Verfahren der Addition wird in der gesetzmäßigen Zahlenreihe stets ein Resultat ergeben müssen, und zwar für dieselben Zahlen a und b stets dasselbe. Denn jeder der Schritte, aus denen wir die Addition

$(a+b)$ zusammengesetzt haben, ist ein Fortschritt in der Reihe der positiven ganzen Zahlen um eine Stufe, von $(a+b)$ zu $(a+b)+1$, und von b zu $(b+1)$. Jeder einzelne ist ausführbar, und jeder einzelne muß nach unseren Voraussetzungen über die unabänderliche Bewahrung der Zahlenreihe in unserem Bewußtsein immer wieder denselben Erfolg geben.

Es wird also sicher eine Zahl geben, die der Zahl $(a+b)$ entspricht, und nur eine. Dieser Satz würde dem Inhalt des *Axiom* IV entsprechen, wenn dieses auf die reinen Zahlen und die hier vorgeschriebene Art der Addition angewendet wird.

Andererseits folgt aus der angegebenen Beschreibung des Verfahrens, daß $(a+b)$ notwendig von a verschieden, und zwar höher als a ist, wenn b eine von den ganzen positiven Zahlen ist.

Wenn c eine höhere Zahl ist als $a,$ werde ich, von a stufenweise aufwärts zählend, notwendig c erreichen müssen, und abzählen können, die wievielte Zahl c von a aus gezählt ist. Sie sei die b-te, dann ist

$$c = (a+b).$$

Wir wollen diesen Satz für spätere Zitation bezeichnen als *Axiom* VII. *Wenn eine Zahl c höher ist, als eine andere a, so kann ich c als die Summe von a und einer zu findenden ganzen positiven Zahl b darstellen.*

Theorem I: Von der Reihenfolge der Ausführung mehrerer Additionsakte. (Assoziationsgesetz nach Grassmann.)

Wenn ich zu einer Summe $(a+b)$ eine Zahl c addieren soll, so erhalte ich dasselbe Resultat, wenn ich zur Zahl a die Summe $(b+c)$ addiere. Oder als Gleichung geschrieben:

$$(a+b)+c = a+(b+c). \tag{2}$$

Beweis:
Der Satz ist, wie Gleichung (1) ausspricht, gültig für $c = 1$. Es soll gezeigt werden, daß, wenn er für irgendeinen Wert von c richtig ist, er auch für den darauf folgenden $(c+1)$ richtig ist.
Es ist nämlich nach Gleichung (1):

$$[(a+b)+c]+1 = (a+b)+(c+1),$$
$$[a+(b+c)]+1 = a+[(b+c)+1]$$
$$= a+[b+(c+1)].$$

Letzteres nach Satz 1.
Also wenn der Satz 2 für den hier vorkommenden Wert von c gilt, so

sind die links stehenden Ausdrücke der ersten beiden Gleichungen dieselben Zahlen, und es ist also auch

$$(a+b)+(c+1) = a+[b+(c+1)],$$

d. h. der Satz gilt auch für $(c+1)$.

Da er nun, wie vorher bemerkt, für $c = 1$ gilt, so gilt er auch für $c = 2$. Wenn er für $c = 2$ gilt, so gilt er auch für $c = 3$ usw. ohne Grenzen[8].

Zusatz: Da die beiden in Gleichung (2) gesetzten Formen dieselbe Bedeutung haben, können wir für beide auch mit Weglassung der Klammern die Bezeichnung einführen:

$$a+b+c = (a+b)+c = a+(b+c). \tag{2a}$$

Nur dürfen wir zunächst die Reihenfolge von a, b, c in diesen Ausdrücken nicht verändern, ehe wir nicht die Zulässigkeit einer solchen Vertauschung erwiesen haben.

Verallgemeinerung des Assoziationsgesetzes.

Wir verallgemeinern zuerst die in (2a) gegebene Bezeichnung.

$$R = a+b+c+d+\text{etc.}+k+l \tag{2b}$$

soll eine Summe bezeichnen, in der die einzelnen Additionen in der Reihe, wie sie geschrieben sind, ausgeführt werden, und zu kürzerer Bezeichnung sei

$$m+R = m+a+b+c+d+\text{etc.}+k+l,$$

während

$$m+(R) = m+(a+b+c+d+\text{etc.}+k+l);$$

dagegen ist nach dem Sinn dieser Schreibweise:

$$(R)+m = R+m.$$

Andere große lateinische Buchstaben sollen in demselben Sinne gebraucht werden wie R.

Dann ist

$$R + b + c + S = [(R) + b + c] + S,$$

weil es gleichbedeutende Ausdrücke sind. Andererseits ist nach Gleichung (2a)

$$(R) + b + c = (R) + (b + c).$$

Also

$$R + b + c + S = [R + (b + c] + S$$
$$= R + (b + c) + S,$$

d.h. statt alle Glieder der Reihe nach zu addieren, kann man zuerst zwei beliebige mittlere in eine Summe zusammenfassen.

Nachdem dies geschehen, ist die eben gebildete Summe $(b + c)$ nur durch eine einzige Zahl vertreten, und man kann in derselben Weise weitergehen, und irgendein beliebiges anderes Paar aufeinander folgender Zahlen verbinden und so fort.

Also auch bei beliebig vielen Gliedern kann die Reihenfolge, in der die durch die einzelnen + Zeichen vorgeschriebenen Additionen ausgeführt werden, geändert werden, ohne daß sich die Gesamtsumme ändert.

Theorem II (Kommutationsgesetz nach H. Grassmann):

Wenn in einer Summe aus zwei Summanden einer der Summanden Eins ist, kann die Ordnung derselben vertauscht werden. Dem entspricht die Gleichung:

$$1 + a = a + 1. \tag{3}$$

Beweis: Die Gleichung ist richtig für $a = 1$. Wiederum ist zu zeigen, daß wenn sie für irgendeinen bestimmten Wert von a richtig ist, sie auch für $(a + 1)$ richtig ist. Denn nach Gleichung (1) ist

$$(1 + a) + 1 = 1 + (a + 1).$$

Nach der Annahme soll für a Gleichung (3) gelten, folglich

$$(1 + a) + 1 = (a + 1) + 1.$$

Aus diesen beiden Gleichungen folgt:

$$1 + (a + 1) = (a + 1) + 1, \tag{3a}$$

was zu erweisen war.

Da der Satz für $a = 1$ richtig, ist er auch für $a = 2$ richtig, und da er für $a = 2$ richtig ist, ist er auch für $a = 3$ richtig usw. ohne Grenzen.

Theorem III: In jeder Summe aus zwei Summanden kann die Reihenfolge der Summanden geändert werden, ohne die der Summe entsprechende Zahl zu ändern. Geschrieben:

$$a + b = b + a. \tag{4}$$

Der Satz ist nach Theorem II richtig für $b = 1$. Wenn er für einen bestimmten Wert von b richtig ist, ist er auch für $(b+1)$ richtig. Denn nach Theorem I ist:

$$(a + b) + 1 = a + (b + 1),$$

nach unserer Voraussetzung ist

$$\begin{aligned}(a + b) + 1 &= (b + a) + 1 = 1 + (b + a) \\ &= (1 + b) + a = (b + 1) + a.\end{aligned}$$

Von den letzten drei Schritten ist der erste und letzte nach Theorem II, Gleichung (3) gemacht, der mittlere nach Theorem I, Gleichung (2). Folglich ist

$$a + (b + 1) = (b + 1) + a$$

wie zu beweisen war. Aus dem Satze

$$a + 1 = 1 + a,$$

folgt also

$$a + 2 = 2 + a,$$

aus diesem wieder

$$a + 3 = 3 + a,$$

und so fort ohne Ende.

Beweis von Axiom V. Wenn a und f verschiedene Zahlen sind, können wir, wie in *Axiom* VII gezeigt ist, immer eine positive ganze Zahl b bestimmen, so daß

$$(a + b) = f.$$

Dann ist

$$c + f = c + (a + b) = (c + a) + b.$$

Danach ist $(c+a)$ dann notwendig verschieden von $(c+f)$, *d. h.: Verschiedene Zahlen zu derselben Zahl addiert, geben verschiedene Summen.*

Da aber nach Theorem III

$$c + f = f + c,$$
$$a + c = c + a,$$

so läßt sich die letzte Folgerung auch schreiben

$$(f + c) = (a + c) + b,$$

d. h. dieselbe Zahl zu verschiedenen Zahlen addiert, gibt verschiedene Summen.

Daraus folgt der für die Theorie der Subtraktion und der Gleichungen wichtige Satz, daß zwei Zahlen, die bei der Addition derselben Zahl zu jeder von ihnen dieselbe Summe ergeben, identisch sein müssen.

Vertauschung der Ordnung beliebig vieler Elemente.

Bei der bisher beschriebenen Art des Abzählens behufs der Addition waren zwei Reihen von Zahlen, die in ihrer normalen Reihenfolge stehen geblieben waren, miteinander paarweise kombiniert, so daß $(n+1)$ der 1, $(n+2)$ der 2 usw. zugeordnet wurde. Nur die Anfangspunkte beider Folgen in der Zahlenreihe waren verschieden.

Wir wollen jetzt den allgemeineren Fall einer Zuordnung der Elemente zweier Reihen betrachten, von denen die eine eine bestimmte Folge bewahren soll, und daher durch die Zahlzeichen dargestellt werden kann, die andere aber veränderliche Folge habe. Für die letztere wollen wir hier als Zeichen die Buchstaben des griechischen Alphabets benutzen. Die letzteren haben allerdings auch eine unserem Gedächtnisse eingeprägte Reihenfolge, wie sie in der gewöhnlichen Aufstellung des Alphabets gegeben ist; wir wollen diese aber nur als eine unter vielen möglichen anderen durch zufällige Momente ausgezeichnete Reihe benutzen, deren festere Erinnerung uns die Übersicht erleichtert, übrigens uns vorbehalten sie beliebig zu verändern. Andererseits aber verlangen wir, daß bei den auszuführenden Änderungen der Folge dieser Elemente keines ausgelassen, und keines wiederholt werde. Das kontrollieren wir in unserem Gedächtnis am leichtesten, wenn wir festsetzen, daß die Gruppe als Elemente alle Buchstaben enthalten soll, die in der überlieferten Ordnung des Alphabets einem bestimmten z. B. $\varkappa$ vorausgehen.

Umstellung zweier aufeinander folgender Elemente einer Reihe.

Wenn zweien aufeinander folgenden Zahlen n und $(n+1)$ zwei Elemente z. B. ϵ und ζ zugeordnet sind, so kann n entweder mit ϵ oder mit ζ verbunden werden; dies gibt die beiden Arten der Zuordnung

$$
\begin{array}{ccc}
 & n & (n+1) \\
 & \epsilon & \zeta \\
\text{oder} \quad & n & (n+1) \\
 & \zeta & \epsilon
\end{array}
$$

Indem wir statt der ersten dieser beiden Ordnungen die andere einführen, und alle übrigen zugeordneten Paare von je einer Zahl und einem Buchstaben unverändert lassen, so verliert keine Zahl den zugeordneten Buchstaben, kein Buchstabe die zugeordnete Zahl, wir wiederholen keinen Buchstaben und lassen auch keinen ausfallen. Wenn also die Reihe, welche die beiden ersten oben angeführten Paare enthielt, vor der Umstellung einer Gruppe ohne Lücken und ohne Wiederholungen war, so ist es auch die durch die Umstellung gewonnene.

Durch eine passende Wiederholung solcher Umstellungen benachbarter Elemente kann ich jedes beliebig gewählte Element der Gruppe zum ersten in der Reihe machen, ohne Wiederholungen oder Lücken in der Reihe zu erzeugen. Denn wenn das gewählte Element ξ das $n$te ist, kann ich es mit dem $(n-1)$ten, dann mit dem $(n-2)$ten usw. vertauschen, so daß seine Stellenzahl immer niedriger wird, bis ich endlich bei der niedrigsten Stellenzahl der Gruppe, nämlich 1, ankomme.

In derselben Weise kann ich jedes Element der Reihe, dessen Stellenzahl höher als m ist, zum $m$ten Gliede der Gruppe machen, ohne Lücken oder Wiederholungen zu erzeugen. Bei diesem letzteren Verfahren behalten diejenigen Glieder der Reihe, deren Stellenzahl niedriger als m ist, dieselbe unverändert bei.

Daraus folgt: *Durch fortgesetzte Vertauschung benachbarter Glieder einer Gruppe kann ich jede mögliche Reihenfolge ihrer Glieder hervorbringen, ohne Elemente ausfallen zu lassen oder solche zu wiederholen.* Denn ich kann beliebig vorschreiben, welches das erste Glied der Reihe werden soll und dies nach dem angegebenen Verfahren ausführen. Dann kann ich vorschreiben, welches das zweite werden soll, und dies ebenso ausführen. Hierbei wird das eben zum ersten gewordene Element nicht aus seiner Stellung gebracht. Dann kann ich das dritte bestimmen usw. bis zum letzten.

Theorem IV: Attribute einer Reihe von Elementen, die sich nicht verändern, wenn beliebige benachbarte Elemente miteinander in ihrer Folge vertauscht werden, ändern sich bei keiner möglichen Änderung der Reihenfolge der Elemente.

Dies führt uns zunächst auf die *Verallgemeinerung des Kommutationsgesetzes der Addition.*

Die großen Buchstaben mögen wieder, wie bei der Verallgemeinerung des Assoziationsgesetzes, Summen von beliebig vielen Zahlen bedeuten. Dann ist nach dem verallgemeinerten Assoziationsgesetz

$$R + a + b + S \;=\; R + (a + b) + S.$$

Nach dem Kommutationsgesetz für zwei Summanden ist

$$a + b \;=\; b + a.$$

Also da hiernach $(a+b)$ dieselbe Zahl wie $(b+a)$ ist:

$$\begin{aligned} R + a + b + S &= R + (b + a) + S \\ &= R + b + a + S. \end{aligned}$$

Letzteres wieder nach dem Assoziationsgesetz.

Da man hiernach in der gegebenen Summe beliebige zwei aufeinander folgende Elemente miteinander vertauschen kann, ohne den Betrag der Summe zu ändern, so kann man nach Theorem IV sie alle miteinander vertauschen und in beliebige Reihenfolge bringen, ohne die Summe zu ändern.

Damit sind die fünf grundlegenden Axiome der Addition für den von uns zugrunde gelegten Begriff der Addition erwiesen und aus ihm hergeleitet. Nun ist noch nachzuweisen, daß dieser Begriff übereinstimmt mit demjenigen, der von der Ermittelung der Anzahl zählbarer Objekte ausgeht.

Dies führt uns zunächst zum Begriff der *Anzahl*[9] der Elemente einer Gruppe. Wenn ich die vollständige Zahlenreihe von 1 bis *n* brauche, um jedem Element der Gruppe eine Zahl zuzuordnen, so nenne ich *n* die *Anzahl* der Glieder der Gruppe. Die der Aufstellung von Theorem IV vorausgegangenen Erörterungen zeigen, daß die *Anzahl der Glieder durch Änderungen der Reihenfolge der Glieder unverändert bleibt,* wenn Auslassungen und Wiederholungen derselben vermieden werden.

Dieser Satz ist nun anwendbar auf reele Objekte, als deren zeitweilig gegebene Namen man die α, β, γ usw. betrachten kann. Nur müssen diese Objekte, wenigstens so lange das Ergebnis einer ausgeführten Zählung gültig sein soll, gewissen Bedingungen tatsächlich genügen, damit sie zählbar seien. Sie dürfen nicht verschwinden, oder mit anderen verschmelzen, es darf keines sich in zwei teilen, kein neues hinzukommen, so daß jedem in Form eines griechischen Buchstaben gegebenen Namen auch dauernd ein und nur ein abgegrenztes, und als einzelnes erkennbar bleibendes Objekt entspricht. Ob diese Bedingungen bei einer bestimmten Klasse von Objekten eingehalten seien, läßt sich natürlich nur durch Erfahrung bestimmen*[10].

Daß die Gesamtzahl der Glieder zweier Gruppen, denen kein Glied gemeinsam ist, nach dem vorher aufgestellten Begriff der Addition gleich der Summe der Anzahlen der Glieder beider Einzelgruppen ist, ergibt sich sogleich aus der oben beschriebenen Methode des Zählens. Man würde, um die Gesamtzahl zu finden, erst die eine Gruppe durchzählen können. Wenn sie *p* Glieder hat, würde die Zahl (p+1) auf das erste Glied der anderen Gruppe, (p+2) auf das zweite kommen, und so fort, so daß die Gesamtzahl der Glieder beider Gruppen genau durch dasselbe Verfahren des Zählens gefunden wird, wie die oben definierte Summe der beiden Zahlen, welche die Anzahl der Elemente jeder Gruppe angeben.

Der oben beschriebene Begriff der Addition deckt sich also in der Tat mit dem Begriff derselben, der aus der Bestimmung der Gesamtanzahl mehrerer Gruppen zählbarer Objekte hervorgeht, hat aber den Vorteil, daß er ohne Beziehung auf äußere Erfahrung gewonnen werden kann.

Hiermit ist die Reihe der für die Begründung der Arithmetik notwendigen Axiome der Addition für den nur aus innerer Anschauung entnomme-

---

* Während des Druckes erfahre ich, daß *L. Kronecker* die Begriffe der Zahl und Anzahl in einer Vorlesung des letzten Wintersemesters (1886/87) ähnlich entwickelt hat.

nen Begriff der Zahlen und der Summe, von dem wir ausgegangen sind, erwiesen, und zugleich die Übereinstimmung des Ergebnisses dieser Art der Addition mit der, welche aus dem Zählen von äußeren zählbaren Objekten hergeleitet werden kann.

Die Theorie der Subtraktion und Multiplikation entwickelt sich von hier aus ohne weitere Schwierigkeiten, indem die *Differenz* $(a-b)$ definiert wird als diejenige Zahl, die man zu b addieren muß, um a als Summe zu erhalten, und die Multiplikation als Addition einer Anzahl gleicher Zahlen. Hier brauche ich nur auf *Grassmann* zu verweisen, der die Multiplikation reiner Zahlen durch die beiden Gleichungen definiert:

$$1 \cdot a = a,$$
$$(b+1) \cdot a = b \cdot a + a.$$

In bezug auf die Subtraktion ist nur zu bemerken, daß man die Zahlen als Zeichen einer Reihenfolge auch in absteigender Richtung in das Unbegrenzte fortsetzen kann, indem man von der 1 rückwärts zur 0, von da zu (-1), (-2) usw. übergeht, und diese neuen Zeichen ebenso wie die früher allein gebrauchten positiven ganzen Zahlen behandelt. Dann hat die Differenz zweier Zahlen immer eine Bedeutung, und zwar nur eine; sie ist also eindeutig bestimmt.

Die Übereinstimmung, wie der Unterschied zwischen den Gesetzen der Addition und Multiplikation ist wegen des folgenden hier noch zu besprechen.

Das Assoziationsgesetz und Kommutationsgesetz gelten für beide Operationen. Es ist, wie wir gesehen:

$$(a+b)+c = a+(b+c)$$
$$a+b = b+a.$$

Aber auch ebenso:

$$(a \cdot b) \cdot c = a \cdot (b \cdot c)$$
$$a \cdot b = b \cdot a.$$

Ein Unterschied zwischen den Grundeigenschaften beider Operationen zeigt sich erst, wenn man durch jede derselben eine Anzahl n gleicher Zahlen a verknüpft. Durch Addition verbunden geben diese das Produkt $n \cdot a$, welches selbst wieder dem Kommutationsgesetz unterliegt:

$$n \cdot a = a \cdot n.$$

Durch Multiplikation von *n* gleichen Faktoren dagegen erhält man die Potenz a^n, in welcher *a* und *n,* besondere Fälle ausgenommen, nicht miteinander vertauscht werden können, ohne den Wert der Potenz zu ändern.

Ebenso zeigt sich für das Verhältnis jeder dieser Operationen in ihrer Verbindung mit der nächst höheren in einem Falle eine Analogie:

$$(a+b) \cdot c = (a \cdot c) + (b \cdot c)^{11}$$
$$c^{a+b} = c^a \cdot c^b.$$

Aber die Analogie fehlt bei der Kommutation; denn es gilt nicht die gleiche Beziehung mehr für $(a+b)^c$ einerseits und $a^c \cdot b^c$ andererseits.

Benannte Zahlen.

Zählung ungleicher Stücke, wie wir sie oben besprochen haben, brauchen wir der Regel nach nur zur Feststellung ihrer Vollzähligkeit.

Von viel größerer Bedeutung und ausgedehnterer Anwendung ist das Zählen gleicher Objekte. Solche Objekte, die in irgendeiner bestimmten Beziehung gleich sind und gezählt werden, nennen wir die *Einheiten* der Zählung, die Anzahl derselben bezeichnen wir als eine *benannte Zahl,* die besondere Art der Einheiten, die sie zusammenfaßt, die *Bennenung der Zahl.*

Eine Anzahl ist, wie wir oben gesehen haben, zerlegbar in Teile, welche im ganzen *additiv* zusammengefaßt sind. Die Summe zweier benannten Zahlen von gleicher Benennung ist die Gesamtzahl aller ihrer Einheiten, also notwendig wieder eine benannte Zahl derselben Benennung. Wenn wir zwei verschiedene Gruppen von verschiedener Anzahl zu vergleichen haben, so bezeichnen wir die, welcher die höhere Anzahl zukommt, als die *größere,* die von niederer Anzahl als die *kleinere.* Haben beide dieselbe Anzahl, so bezeichnen wir sie als *gleich.*

Objekte oder Attribute von Objekten, die mit ähnlichen verglichen den Unterschied des größer, gleich oder kleiner zulassen, nennen wir *Größen.* Können wir sie durch eine benannte Zahl ausdrücken, so nennen wir diese den *Wert* der Größe, das Verfahren, wodurch wir die benannte Zahl finden, *Messung* der Größe. Übrigens gelangen wir in vielen tatsächlich ausgeführten Untersuchungen nur dazu, die Messung auf willkürlich gewählte, oder durch das gebrauchte Instrument gegebene Einheiten zurückzuführen; dann haben die Zahlen, die wir finden, nur den Wert von *Verhältniszahlen,* bis jene Einheiten auf allgemein bekannte *(absolute Einheiten der Physik)* zurückgeführt sind. Diese allgemein bekannten Einheiten sind aber nicht etwa durch ihren Begriff zu definieren[12], sondern nur an bestimmten Naturkörpern (Gewichten, Maßstäben) oder bestimmten Naturvorgängen (Tag, Pendelschlag) aufzuweisen. Daß sie allgemeiner bekannt sind durch Überlieferung unter den Menschen, ändert das Geschäft und den Begriff des Messens nicht, und erscheint diesem gegenüber nur als eine Zufälligkeit.

Im folgenden werden wir zu untersuchen haben, unter welchen Umständen wir Größen durch benannte Zahlen ausdrücken, d.h. ihren Wert finden können, und was wir damit an tatsächlichem Wissen erreichen.

Dazu müssen wir aber vorher den Begriff der Gleichheit und der Größe nach ihrer objektiven Bedeutung erörtern.

Physische Gleichheit.

Das besondere Verhältnis, welches zwischen den Attributen zweier Objekte bestehen kann und welches von uns durch den Namen „Gleichheit" bezeichnet wird, ist durch das schon oben angeführte Axiom I charakterisiert: *Wenn zwei Größen einer dritten gleich sind, sind sie unter sich gleich.* Darin liegt gleichzeitig, daß das Verhältnis der Gleichheit ein wechselseitiges ist. Denn aus

$$a = c,$$
$$b = c$$

folgt ebenso gut $a = b$, wie $b = a$.

Gleichheit zwischen den vergleichbaren Attributen zweier Objekte ist ein ausnahmsweise eintretender Fall, und wird also in tatsächlicher Beobachtung nur dadurch angezeigt werden können, daß die zwei gleichen Objekte unter geeigneten Bedingungen zusammentreffend oder zusammenwirkend einen besonderen Erfolg beobachten lassen, der in der Regel zwischen anderen Paaren ähnlicher Objekte nicht eintritt.

Wir wollen das Verfahren, durch welches wir die beiden Objekte unter geeignete Bedingungen versetzen, um den genannten Erfolg beobachten und sein Eintreffen oder Nichteintreffen feststellen zu können, als die *Methode der Vergleichung* bezeichnen.

Wenn dieses Verfahren der Vergleichung sicheren Aufschluß geben soll über Gleichheit oder Verschiedenheit eines bestimmten Attributs der beiden Objekte, so wird der Erfolg desselben ausschließlich und allein von der Bedingung abhängen müssen, daß beide Objekte das betreffende Attribut in dem bestimmten Maße besitzen, immer vorausgesetzt, daß das

Vertauschung der beiden Punktpaare in jeder beliebigen Weise immer wieder stattfindet, daß zwei Punktpaare, die einem dritten kongruent sind, auch unter sich kongruent sind, bestätigt die Erfahrung. So können wir den Begriff gleicher Abstände oder Entfernungen bilden[16].

Von da aus kann man zum Begriff der geraden Linie und deren Länge fortschreiten. Man denke sich zwei festliegende Punkte, durch die die Linie gehen soll. Eine *gerade Linie* ist eine solche, in der kein Punkt seine Lage ändern kann, ohne mindestens einen seiner Abstände von den festliegenden Punkten zu ändern. Eine *krumme* Linie dagegen können wir um zwei ihrer Punkte drehen, wobei sich wohl die Lage, aber nicht der Abstand der übrigen Punkte von jenen beiden ändert. Die *Länge* zweier begrenzter gerader Linien setzen wir gleich, wenn ihre Endpunkte gleichen Abstand haben, also kongruent gelagert werden können, wobei auch die Linien kongruent zusammenfallen. Der Begriff der Länge gibt insofern etwas mehr, als der Begriff des Abstandes. Wenn wir zwei Punktpaare von verschiedenem Abstand a, b und a, c in a zusammenfallend, und in gerader Linie gelagert denken, so daß ein Stück dieser Linie beiden gemeinsam ist, so fällt entweder b in die Linie ac, oder c in die Linie ab. Dies gibt einen Gegensatz, der dem des größer und kleiner entspricht; während der Begriff des Abstandes unmittelbar nur den des gleich oder ungleich gibt.

Zeitmessung setzt voraus, daß physische Vorgänge gefunden seien, die, in unverändert gleicher Weise und unter gleichen Bedingungen sich wiederholend, wenn sie in demselben Moment begonnen haben, auch wieder gleichzeitig enden, wie z. B. Tage, Pendelschläge, Ablaufen von Sand- und Wasseruhren. Die Berechtigung für die Annahme der unveränderten Dauer bei der Wiederholung liegt hierbei nur in dem Umstande, daß alle verschiedenen Methoden der Zeitmessung, sorgfältig ausgeführt, immer wieder übereinstimmende Resultate liefern. Wenn zwei solche Vorgänge a und b gleichzeitig beginnen und gleichzeitig enden, so gehen sie nicht nur in der gleichen, sondern in derselben Zeit vor sich. In bezug auf die Zeit ist zwischen beiden kein Unterschied, und deshalb auch keine Vertauschung möglich. Und wenn ein dritter Vorgang c, mit a gleichzeitig beginnend, in derselben Zeit sich beendet, tut er es auch mit dem gleichzeitig vorgehenden b.

Wir vergleichen *Helligkeiten* zweier sichtbarer Felder, indem wir sie aneinander rücken, so daß jede andere Abgrenzung zwischen ihnen wegfällt außer dem Unterschiede der Helligkeit, und nachsehen, ob noch eine erkennbare Grenze zwischen ihnen bleibt[17].

Wir vergleichen *Tonhöhen,* wenn es sich um kleine Unterschiede handelt, durch das Phänomen der Schwebungen, welche fehlen müssen, wenn die Höhen gleich sind. Wir vergleichen die *Intensitäten elektrischer Ströme* am Differentialgalvanometer, welches sie in Ruhe lassen müssen, wenn sie gleich sind[18] usw.

Es müssen also für die Aufgabe, Gleichheit in verschiedenen Beziehungen zu konstatieren, höchst verschiedene physische Mittel aufgesucht werden, die aber alle den oben gestellten Forderungen genügen müssen, wenn sie eine Gleichheit beweisen sollen.

Das erste Axiom: „Wenn zwei Größen einer dritten gleich sind, sind sie unter sich gleich", ist also nicht ein Gesetz von objektiver Bedeutung, sondern es bestimmt nur, welche physische Beziehungen wir als Gleichheit anerkennen dürfen.

Um Beispiele zu zitieren, wo der Satz von der Gleichheit des Dritten geradezu einer mechanischen Ausführung zugrunde liegt, erinnere ich an das Schleifen ebener Glasflächen. Wenn zwei solche unter fortdauernder Rotation der einen gegeneinander abgeschliffen werden, können beide kugelig werden, die eine konkav und die andere konvex. Wenn drei abwechselnd gegeneinander abgeschliffen werden, müssen sie schließlich eben werden. Ebenso macht man die Kanten genauer metallener Lineale gerade, indem man je drei gegeneinander abschleift.

Über additive physische Verknüpfung* gleichartiger Größen.

Die Vergleichung von Größen, so weit wir sie bisher behandelt, gibt Aufschluß über die Frage, ob sie gleich oder ungleich sind, aber noch kein Maß für die Größe ihres Unterschiedes, falls sie verschieden sein sollten. Sollen aber die betreffenden Größen durch benannte Zahlen vollständig bestimmt werden können, so muß die größere der beiden Zahlen als Summe der kleineren und ihres Unterschiedes darstellbar sein. Zu untersuchen ist also, unter welchen Bedingungen wir eine physische Verknüpfung gleichartiger Größen als Addition ausdrücken dürfen.

Die Verknüpfungsweise, um die es sich hierbei handelt, wird im allgemeinen von der Art der Größen, die verknüpft werden sollen, abhängen. Wir addieren z. B. Gewichte, indem wir sie einfach in dieselbe Waagschale legen. Wie addieren Zeitperioden, indem wir die zweite genau in dem Augenblick beginnen lassen, wo die erste aufhört; wir addieren Längen, indem wir sie in bestimmter Weise, nämlich *in gerader Linie,* aneinander setzen usw.

---

* „Verknüpfung" ist ein *Grassmannscher* Terminus, dort freilich überwiegend subjektiv gewendet, hier nur objektiv.

1. *Gleichartigkeit der Summe und der Summanden.* Da die besprochene Verknüpfung *Größen einer bestimmten Art* betreffen soll, so wird ihr Resultat nicht geändert werden dürfen, wenn ich eine oder mehrere der Größen mit gleichgroßen gleichartigen Größen vertausche. Denn diese werden dann nur durch dieselbe Zahl mit derselben Benennung ersetzt, die sie schon selbst hatten. Aber auch das Ergebnis der Verknüpfung muß, wenn es die Summe der verknüpften Größen darstellen soll, gleichartig den Teilen sein, da die Summe zweier benannten Zahlen wieder eine Zahl derselben Benennung ist, wie schon oben bemerkt. *Also über das Gleichbleiben des Ergebnisses der Verknüpfung bei Vertauschung der Teile muß durch dieselbe Methode der Vergleichung entschieden werden, mit der wir die Gleichheit der zu vertauschenden Teile festgestellt haben.* Das ist der tatsächliche Sinn der Forderung, daß die Summe gleichartiger Größen den Summanden gleichartig sein muß.

So kann ich z. B. in einer Summe von Gewichten die einzelnen Stücke durch solche von anderem Material, aber gleichem Gewicht ersetzen. Die Summe behält dann gleiches Gewicht; ihre übrigen physikalischen Attribute aber können sich ändern.

2. *Kommutationsgesetz.* Das Resultat der Addition ist unabhängig von der Reihenfolge, in der die Summanden verknüpft werden. Dasselbe muß gelten von physischen Verknüpfungen, die als Additionen zu betrachten sein sollen.

3. *Assoziationsgesetz.* Die Verbindung zweier gleichartiger Größen kann auch physisch geschehen, indem statt beider eine ungeteilte Größe derselben Art eingesetzt wird, die ihrer Summe gleich ist. Dadurch sind jene beiden dann vor allen anderen additiv vereinigt.

So kann z. B. beim Wägen ein Fünfgrammstück statt fünf einzelner Grammstücke gesetzt werden.

Das Ergebnis der Verknüpfung also darf dadurch nicht geändert werden, daß ich statt einiger der zu verknüpfenden Größen andere einführe, die der Summe derselben gleich sind.

Übrigens läßt sich zeigen, daß, wenn die beiden ersten Forderungen allgemein erfüllt sind, auch die dritte erfüllt ist.

Man denke sich die Elemente in der Reihenfolge hintereinander geordnet, wie sie in einem ersten Falle miteinander verknüpft werden sollen, so daß jedes einzelne dem Ergebnis der Verknüpfung der ihm vorausgehenden angefügt wird, in derselben Weise, wie wir es oben für die Addition von $[a+b+c+\text{etc.}]$ vorgeschrieben haben. Wenn nun in einem zweiten Falle verlangt wird, irgendwelche von diesen Größen vor den anderen zu verknüpfen, so können wir diese nach dem Kommutationsgesetz, welches der Voraussetzung nach gelten soll, in erste und zweite Stelle setzen, wo sie dann vor den anderen zu verknüpfen sind, ohne daß wir das Resultat ändern. Alsdann können wir nach der ersten unserer obigen Bedingungen das Ergebnis dieser Verknüpfung auch ersetzen durch ein anderes ungeteiltes Objekt, welches als Größe gleicher Art betrachtet, gleich groß ist.

Nachdem dies geschehen ist, können wir wiederum die beiden nächst zu verknüpfenden Größen oder Summen von Größen an die beiden ersten Stellen bringen usf., bis alle in vorgeschriebener Reihenfolge verknüpft sind. Bei keiner dieser Operationen ändern wir die Größe des endlichen Ergebnisses der Verknüpfungen.

Eine physikalische Verknüpfungsweise von Größen gleicher Art kann als Addition angesehen werden, wenn das Ergebnis der Verknüpfung, als Größe derselben Art verglichen, nicht geändert wird, weder durch Vertauschung der einzelnen Elemente unter sich, noch durch Vertauschung von Gliedern der Verknüpfung mit gleichen Größen gleicher Art.

Wenn wir in eben beschriebener Weise die Verknüpfungsmethode der betreffenden Größen gefunden haben, so ergibt sich nun auch, welche größer, welche kleiner sind. Das Produkt der additiven Verknüpfung, das Ganze, ist größer als die Teile, aus denen es hergestellt ist. Bei den einfachsten Größen, mit denen wir von frühester Jugend her zu tun hatten, wie Zeiten, Längen, Gewichten, haben wir nie gezweifelt, was größer und was kleiner sei, weil wir eben von jeher additive Verknüpfungsmethoden derselben kannten. Hier ist aber zu überlegen, daß die Methode der Vergleichung, wie wir sie oben beschrieben haben, uns im allgemeinen nur belehrt, ob die Größen gleich oder ungleich seien. Wenn zwei Größen x einander gleich sind, sind auch alle in gleicher Weise durch Rechnung gebildete Funktionen derselben gleich. Von diesen werden einige bei steigendem x zunehmen, andere abnehmen. Welche von diesen Funktionen eine additive physische Verknüpfung zulassen, ist erst durch besondere Erfahrung zu entscheiden. Lehrreich sind dann solche Fälle, wo zweierlei Arten der additiven Verknüpfung möglich sind. So bestimmen wir genau durch dieselbe Methode der Vergleichung, ob zwei Drähte gleichen galvanischen Widerstand w, beziehlich gleiches Leitungsvermögen λ haben, denn es ist

$$w = \frac{1}{\lambda}.$$

Widerstände addieren wir, wenn wir die Drähte hintereinander verbinden, so daß die durchgeleitete Elektrizität nacheinander jeden einzelnen durchströmen muß. Das Leitungsvermögen der Drähte addieren wir, wenn wir die Drähte nebeneinander legen, und alle ihre Anfänge untereinander, alle ihre Enden auch untereinander verbinden. So objektivieren wir hier als physikalische Größen zwei verschiedene Funktionen derselben Variablen. Hat ein Draht größeren Widerstand, so hat er geringeres Leitungsvermögen und umgekehrt. Die Frage, was größer, was kleiner sei, wird also bei beiden in entgegengesetztem Sinne beantwortet. Ebenso lassen sich elektrische Kondensatoren (Leydener Flaschen) nebeneinander und hintereinander verbinden. Im ersteren Falle addieren sie die Kapazität, im letzteren Falle die Spannung (Potential) für gleiche Ladung. Erstere wächst, wenn letztere abnimmt.

Wiederum dürfen wir uns nicht wundern, wenn die Axiome der Addition sich im Naturlaufe bewahrheiten, da wir als Addition nur solche physische Verknüpfungen anerkennen, die den Axiomen der Addition genügen.

Teilbarkeit der Größen und Einheiten.

Bisher haben wir die Größen noch nicht in Einheiten zu zerlegen gebraucht. Der Begriff der Größe, sowie ihrer Gleichheit und ihrer Addition, konnte ohne eine solche Zerlegung gewonnen werden. Die höchste Vereinfachung der Darstellung der Größen erhalten wir aber in der Tat erst, wenn wir sie in Einheiten auflösen und als benannte Zahlen ausdrücken.

Größen, welche addiert werden können, sind im allgemeinen auch zu teilen. Kann eine jede der vorkommenden Größen als additiv nach dem für Größen dieser Art gültigen Additionsverfahren aus einer Anzahl gleicher Teile zusammengesetzt angesehen werden, so kann jede von ihnen nach dem Assoziationsgesetz der Addition überall, wo nur der Wert dieser Größe entscheidet, durch die Summe ihrer Teile vertreten werden. So wird sie dann durch eine benannte Zahl ersetzt, andere Größen der gleichen Art durch andere Anzahlen derselben Teile. Die Beschreibung der einzelnen Größen gleicher Art kann dann einem Zuhörer, der die als Einheit gewählten gleichen Teile kennt, durch bloße Angabe der Zahlen überliefert werden.

Sind die vorkommenden Größen nicht ohne Rest durch die gewählten Einheiten auszudrücken, so teilt man die Einheiten wieder in bekannter Weise und kann auf diese Art eine Wertbestimmung jeder der vorkommenden Größen bis zu beliebiger Genauigkeit geben. Vollkommene Genauigkeit ist allerdings nur für rationale Verhältnisse zu erreichen.

Irrationale Verhältnisse können an den reellen Objekten vorkommen[19]; in Zahlen aber können sie nie vollständig genau dargestellt, sondern ihr Wert nur zwischen beliebig zu verengernde Grenzen eingeschlossen werden[20]. Diese Einengung zwischen Grenzen genügt für alle Berechnungen solcher Funktionen, deren Werte bei immer kleiner werdenden Änderungen der Größen, von denen sie abhängen, ebenfalls immer kleinere Änderungen erleiden, welche schließlich unter jeden angebbaren endlichen Betrag fallen können. Namentlich gilt dies für die Berechnung aller differentiierbaren Funktionen der irrationalen Größen. Dagegen lassen sich allerdings auch diskontinuierliche Funktionen bilden, zu deren Berechnung die Kenntnis der noch so eng gezogenen Grenzen, zwischen denen der irrationale Wert liegt, nicht genügt. Diesen gegenüber bleibt die Darstellung irrationaler Größen durch unser Zahlensystem immer ungenügend. In der Geometrie und Physik aber sind wir solchen Arten der Diskontinuität noch nicht begegnet.

Wertbestimmungen von Eigenschaften. (Physikalische Konstanten, Koeffizienten.) Außer den bisher besprochenen Größen, welche direkt als solche zu erkennen sind, weil sie additive Verbindung zulassen, gibt es aber noch eine Reihe von anderen, auch durch benannte oder unbenannte Zahlen ausdrückbaren Verhältnissen, für welche noch keine additive Verbindung mit gleichartigen bekannt ist. Sie werden gefunden, so oft sich ein naturgesetzlicher Zusammenhang zwischen additiven Größen bei Vorgängen zeigt, die durch die Besonderheiten irgendeiner bestimmten Substanz, oder eines bestimmten Körpers, oder die vorausgegangene Art der Einleitung des betreffenden Vorgangs beeinflußt werden.

So z. B. zeigt das Brechungsgesetz des Lichtes an, daß zwischen dem Sinus des Einfalls- und Brechungswinkels eines Lichtstrahls bestimmter Wellenlänge, der aus dem Leeren in eine gegebene durchsichtige Substanz eintritt, ein bestimmtes Verhältnis bestehe. Die Zahl, welche dieses Verhältnis ausdrückt, ist aber verschieden für verschiedene durchsichtige Stoffe, bezeichnet also eine Eigenschaft derselben, ihr Brechungsvermögen. Ähnliche Größen sind das spezifische Gewicht, Wärmeleitungsvermögen, elektrische Leitungsvermögen, Wärmekapazität usw. Daran schließen sich diejenigen Werte (Integrationskonstanten der Dynamik), die während des ungestörten Ablaufs einer einmal eingeleiteten Bewegung eines begrenzten Körpersystems unverändert bleiben[21].

Es ist der Physik nach und nach gelungen, alle diese Werte auf Einheiten zurückzuführen, die aus den drei fundamentalen Maßeinheiten der Zeit, der Länge und der Masse durch Multiplikation, Potenzierung und ihren inversen Operationen zusammenzusetzen sind[22].

Der Unterschied zwischen diesen Werten und den additiven Größen wird in der Sprache der Physiker und Mathematiker nicht streng festgehalten. Auch die ersteren werden oft Größen genannt, da sie durch benannte Zahlen auszudrücken sind; der Terminus *Koeffizient* bezeichnet ihre physikalische Natur verhältnismäßig besser. Der Unterschied ist aber nicht wesentlich; denn gelegentlich können neue Entdeckungen auf additive Verbindungen solcher Koeffizienten führen, wodurch sie in die Reihe der direkt bestimmbaren Größen einrücken würden. Einigermaßen entspricht der genannte Unterschied wohl dem, den ältere Metaphysiker in dem Gegensatz der *extensiven* und *intensiven* Größen anzuzeigen wünschten. *P. du Bois-Reymond* nennt die ersteren *lineäre Größen,* die letzteren *nicht-lineäre.*[23]

Andererseits geht aber aus der gegebenen Ableitung hervor, daß man erst additive Größen gebildet haben muß, ehe man Koeffizienten bestimmen kann. Denn die Gleichung, welche ein Naturgesetz ausdrückt, kann die Wertbestimmung eines Koeffizienten nur geben, wenn alle anderen darin vorkommenden Größen schon als Größen bestimmt sind. Die Bestimmung von additiven Größen muß also stets vorangehen, ehe man die Werte nichtadditiver finden kann.

Addition ungleichartiger Größen.

Eine große Rolle in der Physik spielen solche Objekte, die bei verschiedenen Methoden der Vergleichung gleichzeitig zwei oder drei, auch mehrere verschiedenartige Größen darstellen, welche alle bei derselben Art physischer Verknüpfung der Objekte addiert werden. Dahin gehört zunächst die sehr große Zahl der im Raume gerichteten Größen, die in der Physik vorkommen, d. h. Größen, die einen bestimmten Wert und zugleich eine bestimmte Richtung anzeigen, die man aber aus mehreren Komponenten von fester Richtung (zwei in der Ebene, drei im Raume) zusammengesetzt sich vorstellen kann. Am einfachsten wird im allgemeinen die Übersicht der Verhältnisse, wenn man die Komponenten, die in derselben Weise zur Resultante zu verknüpfen sind, wie das im Gesetz vom Parallelogramm der Kräfte vorgeschrieben ist, drei rechtwinkeligen Koordinatenachsen parallel wählt[24]. In diese Klasse gehören Verschiebungen eines Punktes im Raume, seine Geschwindigkeit, Beschleunigung, dieser entsprechend die ihn bewegende Kraft, ferner Rotationsgeschwindigkeiten[25] und verschwindend kleine Drehungen, Strömungsgeschwindigkeiten von schweren Flüssigkeiten, Elektrizität und Wärme, magnetische Momente usw.

Bei additiven Verbindungen summieren sich die gleichgerichteten Komponenten; diese Summen können wieder in eine Resultante zusammengefaßt werden. Alle physischen Verknüpfungen solcher Größen, bei denen der Erfolg nur von der Größe und Richtung der endlichen Resultante abhängt, können als beruhend auf solchen additiven Verknüpfungen angesehen werden, wie dies für zwei Dimensionen *Gauß* in der geometrischen Deutung der imaginären Größen[26], für mehrere *H. Grassmann*[27] als Addition geometrischer Strecken, und *R. Hamilton* in der Lehre der Quaternionen durchgeführt hat[28]. Dabei muß wieder das Kommutationsgesetz erfüllt sein; so können wir unendlich kleine Drehungen eines festen Körpers um zwei verschiedene Achsen in eine resultierende Drehung zusammensetzen, ebenso Rotationsgeschwindigkeiten, aber nicht endliche Drehungen, weil bei solchen es nicht mehr gleichgültig ist, ob man erst um die Achse a und dann um die Achse b dreht, oder umgekehrt.

Aber auch in der Mischung farbigen Lichtes kommt ein ähnliches Verhältnis vor. Jede Quantität farbigen Lichtes kann in Beziehung auf ihren sinnlichen Eindruck dargestellt werden als die Vereinigung dreier Lichtquanta von passend gewählten Grundfarben. Mischung mehrerer Farben wirkt dann auf das Auge, wie drei Lichtquanta der drei Grundfarben vereinigt wirken würden, welche man für jede einzelne Grundfarbe erhält, wenn man die entsprechenden Quanta, die in sämtlichen vereinigten Einzelfarben vorkommen, addiert. Hierauf beruht die Möglichkeit der geometrischen Darstellung der Gesetze der Farbenmischung durch Schwerpunktskonstruktionen, wie sie *Newton* zuerst vorgeschlagen hat[29].

Multiplikation benannter Zahlen.

Eine benannte Zahl $(a \cdot x)$, worin x die Art der Einheiten bezeichnen soll, a deren Anzahl, kann man mit einer reinen Zahl n multiplizieren. Dies fällt einfach unter die oben angeführte Definition des Produktes als der Summe von n gleichen Summanden a. Da die Summe gleichartiger Summanden eine ihnen gleichartige Größe ist, so ist auch das Produkt $(n \cdot a)$ eine Größe von derselben Benennung, wie a. Das Kommutationsgesetz paßt auf dieses Produkt, insofern

$$n \cdot (a \cdot x) = a \cdot (n \cdot x),$$

d. h. man kann auch a als reine Zahl betrachten, und neue benannte Summanden $(n \cdot x)$ bilden.

Ebenso ist das Gesetz der Multiplikation einer Summe unmittelbar gegeben:

$$(m + n) \cdot (a \cdot x) = m \cdot (a \cdot x) + n (a \cdot x),$$
$$n \cdot (a \cdot x + b \cdot x) = n \cdot (a \cdot x) + n (b \cdot x).$$

Die Multiplikation benannter Zahlen mit reinen Zahlen bleibt also ganz in dem Rahmen der Definitionen und Sätze, die oben für die Multiplikation reiner Zahlen unter sich abgeleitet sind.

Anders ist es mit der Multiplikation zweier oder mehrerer benannter Zahlen. Diese hat nur in bestimmten Fällen einen Sinn, wenn besondere physische Verknüpfungen unter den betreffenden Einheiten möglich sind, die den drei Gesetzen der Multiplikation unterworfen sind:

$$a \cdot b = b \cdot a,$$
$$a \cdot (b \cdot c) = (a \cdot b) \cdot c,$$
$$a \cdot (b + c) = a \cdot b + a \cdot c.$$

Das bekannteste Beispiel solcher multiplikativer Verbindungen aus der Geometrie ist der Wert des Inhalts von Parallelogrammen und Parallelepipeden, ausgedrückt durch das Produkt zweier oder dreier Längen, nämlich einer Seite und einer oder zweier Höhen. Die Physik bildet aber eine große Anzahl solcher Produkte verschiedener Einheiten, und dementsprechend auch Beispiele von Quotienten, Potenzen und Wurzeln derselben. Bezeichnen wir eine Länge mit l, eine Zeit mit t, eine Masse mit m, so ist die Benennung

einer Fläche	l^2
eines Volumens	l^3
einer Geschwindigkeit	$\dfrac{l}{t}$
einer Bewegungskraft	$\dfrac{m \cdot l}{t^2}$
einer Arbeit	$\dfrac{m \cdot l^2}{t^2}$
des Drucks auf eine Fläche	$\dfrac{m}{l \cdot t^2}$
der Spannung in einer Fläche	$\dfrac{m}{t^2}$
einer Dichtigkeit	$\dfrac{m}{l^3}$
eines magnetischen Quantum	$\dfrac{l}{t}\sqrt{m \cdot l}$
einer magnetischen Kraft	$\dfrac{l}{t}\sqrt{\dfrac{m}{l}}$

usw.[30]

Die meisten dieser Verbindungen beruhen auf der Bestimmung von Koeffizienten; aber viele dieser Größen können doch auch addditive physische Verknüpfungen liefern, wie Geschwindigkeiten, Strömungen, Kräfte, Drucke, Dichtigkeiten usw.

Alle diese multiplikativ definierten Einheiten sind aber ungleichartig denen, aus denen sie erzeugt sind, und bekommen einen Sinn nur durch die Kenntnis besonderer geometrischer oder physikalischer Gesetze.

Zu erwähnen ist hier die besondere Abart der Multiplikation, welche *H. Grassmann* in seiner Ausdehnungslehre für gerichtete Größen aufgestellt hat, und die auch in der Theorie der Quaternions[31] zugrunde gelegt ist. Diese stellt ein anderes Kommutationsgesetz auf, nämlich

$$a \cdot b = - \; b \cdot a$$

und gibt in der Tat eine so große Vereinfachung in der Bezeichnung, wenn auch nicht in der Berechnung der Werte, welche durch Zusammenwirken verschieden gerichteter Größen erzeugt werden.

Das Produkt zweier Strecken ist in dieser Rechnungsart der Inhalt des Parallelogramms, was beide als Seiten hat; aber die parallelogrammatische Fläche wird auf der einen Seite als positiv, auf der anderen als negativ angesehen. Die eine Seite der Fläche ansehend, muß ich, um von der Seite *a* durch den Winkel zur Seite *b* überzugehen, den Winkel rechtsdrehend durchlaufen; die andere Seite ansehend, komme ich umgekehrt linksdrehend von *b* nach *a*. Darauf beruht der Unterschied in der Folge ($b \cdot a$) und ($a \cdot b$)[32].

Es genügt hier, diese Rechnungsformen erwähnt zu haben und ihre Stellung zu den Rechnungsformen der reinen Zahlenlehre bezeichnet zu haben, da die Aufgabe der vorliegenden Arbeit nur erfordert, die Bedeutung und Berechtigung der Rechnung mit reinen Zahlen und die Möglichkeit von deren Anwendung auf physische Größen zu zeigen.

Daß wir irgendein physisches Verhältnis als Größe hinstellen, kann also immer nur auf empirischer Kenntnis gewisser Seiten seines physischen Verhaltens beim Zusammentreffen und Zusammenwirken mit anderen beruhen. Ich fasse dabei die Kongruenz zweier Raumgrößen, die an Körpern vorkommen, oder durch Körper abgegrenzt sind, im Sinne meiner früheren Arbeiten über die Axiome der Geometrie ebenfalls als ein physisches Verhältnis auf, welches empirisch zu konstatieren ist. Wir müssen *erstens* die Methode der Vergleichung der betreffenden Größen, wodurch ihre Art charakterisiert ist, und *zweitens* entweder die Methoden der additiven Verknüpfung oder die Naturgesetze kennen, in denen sie als Koeffizienten vorkommen, um sie durch benannte Zahlen ausdrücken zu können.

Die große Vereinfachung und Übersichtlichkeit der Auffassung, die wir durch Rückführung der bunten Mannigfaltigkeit der uns vorliegenden Dinge und Veränderungen auf quantitative Verhältnisse erreichen, ist tief im Wesen unserer Begriffsbildung begründet. Wenn wir den Begriff einer Klasse bilden, fassen wir in ihm alles zusammen, was bei den Objekten, die in die Klasse gehören, gleich ist. Wenn wir ein physisches Verhältnis als benannte Zahl auffassen, haben wir aus dem Begriff ihrer Einheiten auch alles entfernt, was ihnen als verschieden in der Wirklichkeit anhaftet. Sie sind Objekte, die wir nur noch als Exemplare ihrer Klasse betrachten, und deren Wirksamkeit nach der untersuchten Richtung hin auch nur davon abhängt, daß sie solche Exemplare sind. In den aus ihnen gebildeten Größen bleibt dann nur der zufälligste der Unterschiede, der der Anzahl stehen.

Philosophische Aufsätze,
Eduard Zeller zu seinem
fünfzigjährigen Doktorjubiläum
gewidmet. Leipzig 1887

Erläuterungen

99 [1]   Aus dieser Stelle geht zunächst hervor, daß *Helmholtz'* Theorie der
Arithmetik Empirismus sein will. Weiter unten (S. 101) nennt er
die Arithmetik eine „auf psychologische Tatsachen aufgebaute
Methode". Er sieht also als Quelle der Axiome nicht nur die äußere, sondern die innere Erfahrung an. Aber die hier gegebene Charakterisierung seiner Theorie als Empirismus, sowie der Vergleich
der vorliegenden Arbeit mit denen über Geometrie, zeigt, daß seiner Ansicht nach die arithmetischen Sätze eine von unseren subjektiven Anlagen unabhängige Bedeutung besitzen.

Der auch von *Kant* vertretenen Ansicht (Prolegomena, § 10), daß
die arithmetischen Axiome zur Anschauungsform der Zeit gehören,
wird man nicht zustimmen können; der Grund für diese Meinung
dürfte die Eindimensionalität sowohl der Zahlenreihe als auch der
Zeit sein; ferner der Umstand, daß die arithmetischen Axiome auch
auf Gegenstände (Erlebnisse) angewandt werden können, die keine
Beziehung zu etwas Räumlichem haben; da nämlich alles, was uns
sinnlich gegeben ist, uns zeitlich gegeben ist, so liegt es nahe, die
arithmetischen Axiome zu der Anschauungsform der Zeit in Beziehung zu setzen. Aber auch räumlich gegebene gleichzeitige Dinge
können gezählt werden. Ja, es ist auch die Auffassung in Betracht zu
ziehen, daß Gegenstände gezählt werden können, die weder räumlich noch zeitlich sind, z. B. Naturgesetze, Begriffe usw. Es muß also
wohl geschlossen werden, daß die Sätze der Arithmetik eine höhere
Allgemeinheit besitzen als die der Geometrie.

101 [2] Die Ansicht, daß allgemein gültige Sätze durch Psychologie ihre
Erklärung finden müssen, oder ihre Gültigkeit nur psychologischen Ursprungs sei, bezeichnet man als Psychologismus. Wer den
Grund für die Gültigkeit solcher Gesetze nicht in der Ordnung der
Gegenstände (im allgemeinsten Sinne des Wortes) sieht, muß ihn
auf Seiten des Subjekts suchen, entweder in der Form des Erkennens überhaupt (Apriorismus) oder in der besonderen Anlage des

Verstandes (Psychologismus). Insofern aber der Psychologismus wirklich an der Allgemeingültigkeit der betreffenden Sätze festhalten will, führt er nur ein Rätsel auf ein anderes zurück und vermag nicht, die Bewährung jener Gesetze im wirklichen Geschehen zu erklären (z.B. die Gültigkeit der physischen Geometrie für das Wirkliche in Raum und Zeit). Gerade *Helmholtz* hat in bezug auf die physische Geometrie in den beiden vorhergehenden Abhandlungen eine entschieden antipsychologische Ansicht entwickelt. Zunächst könnte es nötig scheinen, diesen Standpunkt der Arithmetik gegenüber zu verlassen, denn Arithmetik und Geometrie unterscheiden sich in folgenden, für unsere Frage wesentlichen Punkten:

1. Die Gegenstände der Geometrie sind äußere Dinge oder doch Vorstellungsbilder, die zu äußeren Dingen in gewissen Beziehungen stehen. Dagegen sind einige zählbare Dinge nur psychisch realisiert. Man kann z.B. Erlebnisse rein affektiver Natur ebensogut zählen wie Vorstellungsbilder.

2. Für die Grundbeziehung, von der die Arithmetik handelt, die Zuordnung, ist die Zurückführung auf physische Relationen nicht ebenso einleuchtend wie die Zurückführbarkeit des Begriffes der Streckengleichheit auf den Begriff der Koinzidenz.

Dennoch wir man aus den oben angeführten Gründen bei einer psychologistischen Theorie der Arithmetik nicht stehen bleiben können. Vielmehr ist das Psychische in bezug auf die arithmetischen Axiome dem Physischen vollkommen koordiniert und kommt nur als *Objekt* unseres Erkennens in Frage. Wir werden nicht behaupten dürfen, daß die Art unseres Erkennens Grund für die Gültigkeit jener Axiome sei. Das scheint auch die Ansicht von Helmholtz zu sein.

101 [3]   Diese empirischen Eigenschaften werden von *Helmholtz* S. 113 angegeben; siehe auch *Schröder,* 1. c. S. 15.

101 [4]   Will die *Helmholtzsche* Theorie der Arithmetik in demselben Sinne Empirismus sein wie seine Theorie der Geometrie, so kann diese Stelle nur bedeuten: In der Reflexion auf Erlebnisse gewinnen wir die Begriffe, die eine über das Psychische hinausragende Bedeutung besitzen und daher u.a. auf Physisches angewandt werden können.

103 [5]   Man braucht an keine zeitliche Folge zu denken und kann die Zahlenreihe aus einer ein für allemal festgelegten Zuordnung gewinnen. Das einem Element zugeordnete nennen wir das auf dieses Element folgende (*Dedekind:* Was sind und was sollen die Zahlen, Braunschweig, 3. Aufl., 1911, 21; siehe auch Anm. 8 und 9).

103 [6] Durch diese Erklärung gelangen wir zu dem Verständnis des Begriffes des nächsten Zahlzeichens. Eine Definition für den Begriff der Zahl überhaupt ist damit noch nicht gegeben. Das erkennt man schon aus der Notwendigkeit, die Worte usw. zu gebrauchen (siehe Anm. 9).

104 [7] Die einfachste Darstellung einer Zahl besteht in einer Produktion der entsprechenden Anzahl von Gegenständen, etwa einer Reihe von Punkten. Durch das dekadische Zahlensystem wird keine grundsätzliche Verbesserung erzielt, sondern nur eine Erleichterung quantitativer Art. Sehr hohen Zahlen gegenüber versagt praktisch die dekadische Darstellung. Dann bedient man sich der Darstellung durch Zehnerpotenzen. Auch statt dieses Verfahrens muß einmal ein neues unter Benutzung einer anderen Bezeichnungsweise eingeführt werden usw. ad infinitum. Jede Bezeichnungsweise wird an einem Punkte unbrauchbar und keine ist prinzipiell besser als die einfache Darstellung durch Punkte.

107 [8] Hier ist Gebrauch gemacht von dem Prinzip der „vollständigen Induktion", das jedoch durchaus des Beweises bedarf. Ein solcher wurde z. B. von *R. Dedekind* in seiner Schrift „Was sind und was sollen die Zahlen", 3. Aufl., Braunschweig 1911 gegeben für die von ihm durch eine Definition aus einer beliebigen unendlichen Menge ausgesonderte Menge der natürlichen Zahlen. *E. Zermelo* gibt eine Definition der endlichen Menge (siehe Anm. 9) und kann dann den Induktionssatz für die Menge aller endlichen Mengen (Zahlen) beweisen.

113 [9] Man sieht, *Helmholtz* führt den Begriff der Kardinalzahl auf den Begriff der Ordinalzahl zurück. Eine Definition der endlichen Menge ist in seiner Darstellung nicht enthalten, im Sinne eines Kriteriums, das zu entscheiden gestattete, ob etwas endliche Menge sei oder nicht. Erinnern wir uns, wie der Begriff des Zahlzeichens eingeführt wurde (S. 103), und beachten wir besonders, daß in der betreffenden Erklärung die Worte usw. vorkamen. Wir werden also nur sagen können, daß eine Menge endlich ist, wenn es die um 1 verminderte Menge ist; diese ist aber wieder endlich, wenn es die abermals verminderte ist. Man hätte also zu sehen, ob man durch fortgesetzte Verminderung zu 1 gelangt, d. h. man muß den Begriff der endlichen Menge schon besitzen. Wir müssen somit den Begriff „endliche Menge" wohl als einen Grundbegriff voraussetzen.

Ausgehend von den Begriffsbildungen der Mengenlehre hat *E. Zermelo* (Atti del IV Congresso dei Matematici, Rom 1908, Bd. 2,

S. 8) eine einfache Definition für endliche Mengen aufgestellt. Wir wollen an einem Beispiel zeigen, worauf es ankommt.

Denken wir uns eine endliche Menge von Dingen:

a b c d e f g.

Diese können wir ordnen, also etwa so, wie wir sie oben hingeschrieben haben: *b* folgt auf *a*, *c* auf *b*, *d* auf *c* usw. Oder allgemein: In diesem Schema

a b c d e f
b c d e f g

folgt die unten stehende Zahl auf die oben stehende, so daß man die Paare erhält:

ab, bc, cd usw.

Wir wollen nun unsere Menge irgendwie in zwei Teile zerlegen, z. B.:

a g f | *b c d e*;

dann kann ich immer von den obigen Paaren mindestens eines finden, das sich auf beide Teilmengen verteilt, z. B. in unserem Falle: *ab, ef*. Wenn das nämlich nicht möglich wäre, müßte ja ein Teil *ab* enthalten, also auch *bc*, also auch *ed* usw., also die ganze Menge, und für den übrigen Teil bliebe nichts übrig.

Wenn nun die Menge so geordnet werden kann, daß bei jeder Zerlegung mindestens ein Paar getrennt wird, ist sie nach Zermelo endlich. Die Definition erweist sich als sehr fruchtbar insofern, als die wichtigsten Sätze der Zahlenlehre sofort aus ihr gewonnen werden können (siehe Anm. 8).

Die Bedeutung des Zuordnungsbegriffes für die Grundlegung der Zahlenlehre wurde zuerst von *R. Dedekind* erkannt in seiner Schrift: Was sind und was sollen die Zahlen? Er geht von dem Vorhandensein einer *unendlichen* Menge aus und gewinnt durch eine Zuordnung die Menge der natürlichen Zahlen. Die Existenz einer unendlichen Menge wird aber von Zermelo nicht vorausgesetzt.

Auch sonst ist der Zuordnungsbegriff unentbehrlich, denn auf ihn läßt sich eine allgemeine Definition des Anzahlbegriffs gründen: Man stellt nämlich die Gleichzahligkeit zweier endlicher Mengen fest, indem man beide zählt. Offenbar ist es aber ein Umweg, die zu zählende Menge erst der Menge der Zahlen zuzuordnen; vielmehr werden wir versuchen, ob beide unmittelbar einander zuzuordnen sind; und wenn das der Fall ist, sie nach *G. Cantor* äquivalent nennen. Die Wichtigkeit aber dieser direkten Vergleichsmethode erhellt aus der Überlegung, daß unendliche Mengen überhaupt auf keine andere Weise verglichen werden können, wie durch Cantors Arbeiten klar wurde.

Der Äquivalenzbegriff führt nun auch zur Definition der endlichen Anzahl. Da der Satz gilt, daß, wenn zwei Mengen einer dritten äquivalent sind, sie auch untereinander äquivalent sind, so wird man von allen unter sich äquivalenten Mengen sagen, sie haben dieselbe „Mächtigkeit“, oder, wenn sie endlich sind, dieselbe Anzahl. In diesem Sinne definiert *G. Frege* (Grundlagen der Arithmetik, Breslau 1884, S. 79; siehe auch Grundzüge der Arithmetik, Jena 1893, S. 57–58, § 40–42): Die Anzahl, welche dem Begriffe F zukommt, ist der Umfang des Begriffes „gleichzahlig dem Begriffe F“. Diese Definition wird von *B. Russell* im wesentlichen übernommen (B. Russell, Principles of mathematics, Cambridge 1903, S. 111–116; *A. N. Whitehead* und B. Russell, Principia mathematica, Cambridge 1912, Bd. 2, S. 4): Die Anzahl einer Menge ist die Menge aller ihr äquivalenten Mengen. So ist z. B. die Zahl der Finger einer Hand die Menge aller derjenigen Mengen, die sich eindeutig den Fingern einer Hand zuordnen lassen.

Es ist aber zu bemerken, daß sich Russell in dieser Definition auf eine vorausgehende vorsichtigere Definition des Mengenbegriffes stützt. Um nämlich die Paradoxien der Mengenlehre zu vermeiden, hat er die logische Theorie der Arithmetik von Frege durch eine andere ersetzt (Theorie der logischen Typen), in der von selbst der Mengenbegriff eine engere Bedeutung erhält*.

113 [10] Siehe auch *E. Schröder:* Lehrbuch der Arithmetik und Algebra, Leipzig 1873, S. 15.

115 [11] Dieses Gesetz heißt das distributive. Dem assoziativen und kommutativen Gesetz der Addition und Multiplikation, sowie dem distributiven genügt auch das System der gewöhnlichen komplexen Zahlen, ferner das System der Quaternionen (Anm. 28) allen außer dem kommutativen Gesetz der Multiplikation. Ganz ähnli-

---

* z. B. dürfen nicht Mengen betrachtet werden, deren Elemente teils einfache Dinge, teils Mengen sind. – Übrigens bedeuten nach Russell Aussagen über Mengen gar nichts anderes als Aussagen über Dinge, denen gewisse Eigenschaften zukommen.

che Gesetze gelten endlich im Logikkalkül: Versteht man unter der Summe zweier Begriffsumfänge a und b den Umfang alles dessen, was entweder a oder b ist (a = Mann, b = Frau, $a+b$ = Mensch), unter ab den Umfang dessen, was sowohl unter a als auch unter b fällt (a = rot, b = Rose, ab = rote Rose), so gilt:

$$(a+b)+c = a+(b+c)$$
$$a+b = b+a$$
$$(ab)c = a(bc)$$
$$ab = ba$$
$$(a+b)c = ac+bc$$
$$a+bc = (a+c)(b+c)$$

Es gibt also *zwei* distributive Gesetze.

116 [12] Zwar läßt sich auch ein Begriff letzten Endes dem Hörer nur durch Aufweisung verständlich machen; aber in anderer Weise als z. B. eine Länge. An und für sich wäre es denkbar, daß zwischen allen Gattungen in der Natur Übergänge existierten. So ist es aber nicht. Von gewissen Gattungen zu anderen kann man keine stetigen Übergänge finden, und daher ist es möglich, eine solche nach einmaliger Bekanntschaft in der Erinnerung wieder zu erkennen, ohne das Original leibhaftig zur Verfügung zu haben, ohne zu messen. So können wir z. B. Wasser wiedererkennen, den Zustand des Frierens und Siedens, und dadurch auch zu einer begrifflichen Definition der Temperaturgrade gelangen.

Auf solche Weise nun können die Einheiten der Länge, Maße und Zeit nicht festgestellt werden.

Wir werden aber sehen, daß diese Auffassung vielleicht modifiziert werden muß (Anm. 30).

117 [13] Man nennt eine Relation $a\,R\,b$ zwischen a und b symmetrisch, wenn aus $a\,R\,b$ auch $b\,R\,a$ folgt, transitiv, wenn aus $a\,R\,b$ und $b\,R\,c$ auch $a\,R\,c$ folgt: Gleichheit ist also eine symmetrisch-transitive Relation. Umgekehrt kann man in allen Fällen, wo eine symmetrisch-transitive Relation besteht, sich so ausdrücken, als käme den in Relation stehenden Dingen eine gemeinsame Eigenschaft zu (Definition durch Abstraktion; *G. Peano,* Notations de logique mathematique, Turin 1894, p. 45). Symmetrisch-transitiv z. B. ist die Relation zwischen Punktepaaren, die darin besteht, daß die Enden eines Stabes, die mit dem einen Paar koinzidieren, auch mit dem anderen Paar koinzidieren können. Solche Streckenpaare nennt man gleich groß. Ebenso ist symmetrisch-transitiv die Rela-

tion zwischen Körpern, sich berühren zu können, ohne daß ein Wärmeaustausch stattfindet. Solche Körper nennen wir gleich warm und sagen von ihnen, sie haben dieselbe Temperatur.

In entsprechender Weise haben *G. Frege* und *B. Russell* den Begriff der Anzahl definiert (Anm. 9). In allen solchen Fällen liegen die Vermutungen nahe:

a) die betreffenden Gegenstände hätten wirklich eine Eigenschaft gemein, aus der jene Relation folgt.

b) Sie seien *quantitativ* in etwas gleich.

So erklärt sich z.B. die Eigenschaft zweier Körper, bei der Berührung keinen Anlaß zum Wärmeaustausch zu geben, dadurch, daß sie gleich viel Energie pro Freiheitsgrad haben.

Vermutungen der ersten Art gegenüber kann man sich auf den Standpunkt stellen: Der Besitz einer gemeinsamen Eigenschaft bedeutet auch nichts anderes als eine physische Relation zwischen den Körpern unter Hinziehung eventuell von anderen Körpern (z.B. Gleichheit der Strecken, ein Verhalten der Körper gegenüber den Maßstäben).

In diesem Sinne kann man dem Beweis für das Prinzip der Abstraktion von B. Russell (Principles, S. 162, Anm.; Principia vol. I, S. 474, Nr. 72.66) eine nicht nur formale Bedeutung zuschreiben: Alle Dinge, zwischen denen die symmetrisch-transitiven Relationen bestehen und die zusammen die Menge *M* bilden, haben die Eigenschaft gemein, Element der Menge *M* zu sein (bei Russell etwas anders ausgedrückt).

117 [14] Vgl. *Leibniz**: Eadem sunt, quorum unum potest substitui alteri salva veritate.

118 [15] Die Proportionalität zwischen träger Masse und Gravitationsmasse wurde durch Pendelversuche von *Newton* und *Bessel* und durch Versuche mit der Drehwaage von *R. Eötvos, Pekar* und *Fekete*** nachgewiesen. Da die beobachtete Schwerkraft sich aus der Anziehungskraft der Erde und der Zentrifugalkraft zusammensetzt, so müßte sie, wenn Proportionalität nicht bestünde, je nach Wahl des Körpers verschiedene Richtungen zeigen, und eine horizontale Torsionswaage, an deren Enden sich verschiedene Stoffe befänden, müßte gedrillt werden. Die genannten Forscher fanden nun keinen derartigen Effekt.

---

* Non inelegans specimen demonstrandi in abstractis. Opera ed. Erdmann pars I, S. 94.

** Siehe z.B. Naturwissenschaften 7, 1919, S. 326.

Diese Feststellungen gewannen erhöhtes Interesse durch die *Einsteinsche* Entdeckung, daß nach der Relativitätstheorie jede Energieform Trägheit besitzen muß. Nun war von vorn herein anzunehmen, daß ihr auch schwere Masse zukommen würde, was sich auch wieder theoretisch begründen ließ.

Die allgemeine Relativitätstheorie läßt uns den Grund des Zusammenhangs zwischen träger und schwerer Masse klar erkennen. In der Tat: Im Gravitationsfeld wird ein schwerer Körper an einer Federwaage einen Ausschlag hervorbringen. Man kann aber das Vorhandensein eines Schwerefeldes leugnen und statt dessen eine Beschleunigung der Waage annehmen. Dann wird man in dem Ausschlag der Federwaage eine Folge der Trägheit des Körpers sehen. Daher müssen träge und schwere Masse einander gleich sein.

Von der schweren Masse ist begrifflich noch zu unterscheiden die ihr ebenfalls proportionale aktive Gravitationsmasse, die die Größe der von ihr ausgehenden Gravitationswirkungen mißt.

119 [16] Siehe Anm. 13.

119 [17] Die Flächen werden nicht selbst aneinander gerückt, sondern die von ihnen ausgehenden Strahlen werden im Photometer so geleitet, daß sie als benachbarte das Auge treffen (*Helmholtz*, Physiol. Optik, II. Aufl., 1892, S. 419–422).

Sehr wenig verschiedene Lichter verschiedener Farbe gelten nach *E. Schrödinger** dann als gleich hell, wenn Intensitätsänderungen eines oder des anderen die Unähnlichkeit verstärkt. Nur unter gewissen Bedingungen, die ebenfalls E. Schrödinger aufgestellt hat, kann man von gleicher Helligkeit endlich verschiedener Lichter verschiedener Farben sprechen.

120 [18] Das Differentialgalvanometer enthält zwei entgegengesetzt gewickelte Spulen, so daß die sie durchfließenden Ströme auf dieselbe Magnetnadel wirken. Haben die beiden Ströme gleiche Intensität, so heben sich ihre Wirkungen auf.

123 [19] Es ist unmöglich, reelle Objekte begrifflich oder durch Aufweisung so zu bezeichnen, daß die Frage, ob ihre Abmessungen in einem rationalen oder irrationalen Verhältnis stehen, auch nur einen Sinn hätte. Kann man nun sagen, es gäbe in der Natur irrationale Verhältnisse? Dagegen kann zwischen Rationalität und Irrationalität prinzipiell bei allen Strecken entschieden werden, die durch eine mathematische Konstruktion auseinander hervorgehen.

---

* E. Schrödinger, Ann. d. Phys. 63, 1920, 397, 427, 481.

123 [20] Die Theorien von *Weierstraß, Cantor, Dedekind* (wenigstens so wie sie heute meist verstanden werden: siehe *M. Pasch,* Einleitung in die Differential- und Integralrechnung, Leipzig 1882, S. 3. *B. Russell,* Principles of mathematics, Cambridge 1903, S. 286. *L. Couturat:* Les principes des Mathematiques, Paris 1905, S. 85; Deutsch: Philosophische Prinzipien der Mathematik, Leipzig 1908, S. 90) sehen in einer solchen Einengung nicht eine *Bestimmung* der an sich vorhandenen irrationalen Größe, sondern auch ihre *Definition*. Aussagen über Irrationalzahlen sind danach schließlich Aussagen über unendliche Folgen der Menge ganzer Zahlen.

124 [21] Bei der Bewegung eines Systems freier Punkte, zwischen denen nur Zentralkräfte wirken, werden erhalten:

1. die Energie,
2. die Geschwindigkeitskomponenten des Schwerpunktes,
3. die Flächengeschwindigkeiten.

Die Flächengeschwindigkeiten sind folgendermaßen definiert: Man projiziert das System auf eine Ebene und verbindet einen festen Punkt in ihr durch bewegliche Strahlen mit den Fußpunkten der materiellen Punkte. Die von diesen Strahlen in der Sekunde überstrichenen Flächen sind mit der Masse der betreffenden materiellen Punkte zu multiplizieren und zu addieren. So erhält man die Flächengeschwindigkeit in der betreffenden Ebene.

124 [22] Man vergleiche hierzu zunächst die Anm. 30, wo das Wesen des Dimensionsbegriffes erklärt wird. Da die *n*-fache Kraft durch Zusammensetzung aus *n* gleichen Kräften gewonnen wird, so ist Kraft nach *Helmholtz* eine additive Größe, nach *P. du Bois-Reymond* eine lineare Größe und ihr Wert nach *T. Ehrenfest-Afanasjewa* (Math.-Naturw. Blätter 8, 1905; Math. Ann. 77, 1916, S. 259–276) eine Größenzahl. Zwischen Größen solcher Art können noch Gleichungen bestehen, die noch Zahlen enthalten werden. Aber diese Zahlen müssen durch andere ersetzt werden, wenn wir die Maßeinheit der additiven Größen ändern: Die in den Gleichungen auftretenden Größen haben also auch eine Dimension wie z.B. die Gravitationskonstante in der Gleichung

$$K = f \cdot \frac{m_1 \, m_2}{r_2} \, .$$

Solche Größen nennt Helmholtz Konstanten, Ehrenfest Parameter. Dabei sind noch zwei Fälle zu unterscheiden:

1. Es kommt nur eine einzige Gleichung in Frage, die betreffende

Konstante ist dann eine Universalkonstante, so z. B. die durch das Newtonsche Gesetz bestimmte Gravitationskonstante und die universelle Gaskonstante.

2. Die Gleichung ist eine verschiedene je nach der Art des Stoffes oder Dinges, dessen Eigenschaften durch die Gleichung in Beziehung gesetzt werden. Die betreffende Konstante ist dann Stoff- oder Dingkonstante (spezifisches Leitvermögen, individuelle Gaskonstante; Leitvermögen).

125 [23]   *P. du Bois-Reymond* (l. c. S. 44–45) definiert die linearen Größen im wesentlichen durch folgende Forderung: Zwei oder mehrere Größen derselben Art zusammengefügt ergeben wiederum eine Größe derselben Art, die größer ist als ihre Bestandteile … Wenn eine Größe größer ist als eine andere zweite, so gibt es stets eine dritte von derselben Art wie jene beiden, mit welcher vereinigt die zweite die erste ergibt. Lineare Größen sind die Kräfte (S. 24, S. 28), die physikalischen Tonhöhen (S. 34) und Intensitätsempfindungen (S. 29); Beispiele nichtlinearer Größen sind komplexe Zahlen (S. 39), Farbentöne und empfundene Tonhöhen (S. 34). Daß die Kraft linear genannt wird, ist einleuchtend, da sich mehrere Kräfte zu einer einzigen zusammensetzen lassen. Nun kann man aber auch zwei neue Farben zu einer neuen vereinigen (siehe z. B. Anm. 29). Aber von den Komponenten ist in dem empfundenen Farbentone nichts enthalten. Darum sind empfundene Farbentöne nichtlineare Größen. Doch warum nennt dann du Bois-Reymond auch die Intensitätsempfindungen lineare Größen? In der stärkeren ist doch die schwächere nicht real enthalten. Der Grund ist, daß wir durch häufige Erfahrungen in der Vorstellung zwei Empfindungen einer dritten zuordnen, derart, daß wirklich von den entsprechenden Reizen der erste aus dem zweiten und dritten sich *real* zusammensetzen läßt (S. 29).

Man sieht, nach P. du Bois-Reymond genügt dazu, daß wir eine Art von Größen linear nennen dürfen, nicht daß sie sich eindeutig den Zahlen zuordnen lassen. Daher wird man auch verstehen, daß *Helmholtz* die Konstanten oder Parameter als nichtlinear bezeichnet. In der Tat ergeben zwei Körper von gleichem Volumen, gleicher Masse und gleicher Massendichte vereinigt einen Körper von doppeltem Volumen, der doppelten Masse, aber *derselben* Dichte. Ähnliches gilt für das spezifische Leitvermögen, aber bei Parallelschaltung nicht für das auch unter den Konstanten aufgeführte Leitvermögen. Indes wurde die Relativität der Einteilung von Helmholtz ja zugestanden.

Nun wird man auch verstehen, warum der Begriff der nichtlinearen Größe mit dem der intensiven in Verbindung gebracht wird. Helmholtz mag da etwa an die Massendichte gedacht haben. Diese intensive Größe zu nennen, erscheint in der Tat ganz passend, hängt doch auch der Druck eines Gases von seiner Dichte ab. Befremdlich mutet uns dagegen zunächst die Bezeichnung der Kraft als extensive Größe an. Man kann sich aber die in der Natur vorkommenden Kräfte als Volumkräfte vorstellen. Dann greift an jedem Punkte eine Kraftdichte an und diese ist als intensive Größe anzusehen, während die Gesamtkraft auf einen Körper durch Integration gewonnen wird und daher als extensive Größe gelten mag.

125 [24] Gerichtete Größen nennt man Vektoren. Man findet nun z.B. die Vektorsumme geometrisch durch die bekannte Parallelogrammkonstruktion, analytisch durch Addition der Komponenten, und zwar gilt: Wenn ein Vektor bei *einer* Komponentenzerlegung sich als die Summe von zwei anderen ergibt, so muß das auch bei jeder anderen der Fall sein. Die Summe hängt also nicht vom Koordinatensystem ab. Die Vektorrechnung aber will von vorn herein die Beziehung auf ein Koordinatensystem vermeiden.

125 [25] Man ordnet der Rotationsgeschwindigkeit eine Strecke zu, deren Richtung die Drehachse ist, deren Länge gleich dem in der Sekunde zurückgelegten Winkel ist und die so gerichtet ist, daß vom Endpunkt des Vektors aus gesehen die Drehung in demselben Sinne erfolgt wie von der Z-Achse gesehen die Drehung von der X-Achse zur Y-Achse. Bei Spiegelung des Koordinatensystems vertauscht der Vektor also seine Richtung. Solche Vektoren, die man *axiale* Vektoren nennt und zu denen auch die magnetische Feldstärke gehört, werden am besten durch Flächenstücke dargestellt, für die ein Umlaufsinn vorgeschrieben ist.

125 [26] Die bei der Auflösung algebraischer Gleichungen auftretenden Quadratwurzeln aus negativen Zahlen galten früher als unmöglich oder imaginär. Trotzdem rechnete man mit ihnen. *Wallis, Bueé, Caspar Wessel, I. R. Argand* und *Gauß* haben für den Ausdruck:

$$a + \sqrt{-b} = a + b\sqrt{-1} = a + bi,$$

den man komplexe Zahl nennt, eine geometrische Darstellung gegeben. Man sieht als Repräsentanten der Zahl einen Punkt an, dessen x-Koordinate dem „reellen Teil" a und dessen y-Koordinate dem „imaginären Teil" b gleich ist. Wir können die komplexe Zahl aber auch durch die Verbindungsstrecke vom Nullpunkt zu diesem Punkt darstellen, durch einen Vektor.

Indes ist die geometrische Betrachtung nicht erforderlich, um komplexe Zahlen als widerspruchsfreie Objekte nachzuweisen. Sie werden nämlich nach *R. W. Hamilton* am besten als Zahlenpaare definiert; natürlich muß man durch besondere Definitionen die Rechnungsregel für solche Zahlenpaare festsetzen.

Im Zusammenhang des vorliegenden Aufsatzes kommt es vor allem auf die Addition der komplexen Zahlen an. Wir setzen:

$$(a_1 + ib_1) + (a_2 + ib_2) = (a_1 + a_2) + i(b_1 + b_2).$$

Das bedeutet: Um die Summe zweier komplexer Zahlen zu erhalten, bildet man aus den repräsentierenden Vektoren das Parallelogramm, oder verschiebt den einen Vektor längs des anderen. So erhält man den Vektor oder den Punkt, der der Summe entspricht. Komplexe Zahlen werden multipliziert wie gewöhnliche Zahlen, indem i^2 durch -1 ersetzt wird.

125 [27] Die Ausdehnungslehre von *H. Grassmann* erschien 1844 und blieb 23 Jahre unbeachtet, bis im Jahre 1867 *Hermann Hankel* die Aufmerksamkeit der Mathematiker auf sie zog. Sie enthielt die Prinzipien der heute dem Physiker unentbehrlich gewordenen Vektorrechnung.

126 [28] *W. R. Hamilton*, der auch zuerst eine arithmetische Interpretation der komplexen Zahlen gegeben hat, suchte nach Zahlensystemen, die aus noch mehr als zwei Einheiten zusammengesetzt sind. Er nannte Quaternionen Zahlen der Form:

$$a_0 + a_1 i + a_2 j + a_3 k,$$

die in gewöhnlicher Weise addiert werden, während für die Einheiten j, i, k die Multiplikationsgesetze gelten:

$$i^2 = j^2 = k^2 = -1$$
$$ij = -ji = k$$
$$jk = -kj = i$$
$$ki = -ik = j.$$

Das System der Quaternionen befriedigt das assoziative und kommutative Gesetz der Addition, das assoziative Gesetz der Multiplikation, das distributive, aber nicht das kommutative Gesetz der Multiplikation. Es ist neben dem der reellen und der komplexen

Zahlen das einzige, das den genannten Axiomen genügt und so beschaffen ist, daß ein Produkt nur verschwindet, wenn einer der Faktoren verschwindet (Satz von *Frobenius*).

Quaternionen, in denen das erste Glied fehlt, lassen sich als Vektoren deuten und verhalten sich bei der Addition wie diese.

126 [29] *Newton:* optice lib. I prop. VI probl. II; vgl. auch *Helmholtz,* Physiologische Optik, 2. Aufl., S. 326ff.

Der *Newton-Helmholtzschen* Darstellung liegt die empirische Gesetzmäßigkeit zugrunde, daß gleich aussehende Mischungen gemischt, gleiche Farben ergeben *(H. Grassmann)* (genau so wie wir ein Kräftesystem nicht nur an sich, sondern auch bei Zusammensetzungen durch seine Resultante ersetzen können). Wir wählen drei Grundfarben und ordnen ihnen drei Grundpunkte zu. Eine Mischung, die die Anteile m_1, m_2, m_3 von den Grundfarben enthält, wird durch einen Punkt vertreten, der Schwerpunkt ist aus den drei in einem der Grundpunkte angebrachten Massen m_1, m_2, m_3 und den wir selbst mit der Masse $m_1 + m_2 + m_3$ belegen (die Mischung hat also die Intensität $m_1 + m_2 + m_3$). Daraus, daß bei der Schwerpunktsbestimmung beliebige punktförmige Massen in ihrem Schwerpunkt vereinigt werden können, und aus dem erwähnten Mischungsgesetz für Farben folgt nun, daß allgemein die repräsentierenden Punkte irgendwelcher Mischungen als Schwerpunkte der repräsentierenden Punkte der Komponenten gefunden werden.

Eine Farbe ist somit charakterisiert durch einen Punkt P und eine Maßzahl m. Man kann aber auch außerhalb des durch die Grundpunkte bestimmten Dreiecks einen Punkt O wählen, und die Farbe durch den Vektor $m \cdot OP$ repräsentieren. Sind also $x_1 \ldots z_3$ die Koordinaten der Grundpunkte, bezogen auf ein Koordinatensystem mit O als Ursprung und werden die Anteile m_1, m_2, m_3 gemischt, so erhält der repräsentierende Schwerpunkt die Koordinaten:

$$\frac{m_1 x_1 + m_2 x_2 + m_3 x_3}{m_1 + m_2 + m_3}; \qquad \frac{y_1 m_1 + y_2 m_2 + y_3 m_3}{m_1 + m_2 + m_3}; \qquad \frac{m_1 z_1 + m_2 z_2 + m_3 z_3}{m_1 + m_2 + m_3}$$

der Endpunkt des neu konstruierten Vektors also:

$$m_1 x_1 + m_2 x_2 + m_3 x_3; \qquad m_1 y_1 + m_2 y_2 + m_3 y_3; \qquad m_1 z_1 + m_2 z_2 + m_3 z_3$$

mithin die Koordinaten m_1, m_2, m_3, bezogen auf ein schiefwinkliges Koordinatensystem, dessen Achsen durch die Grundpunkte gehen und dessen Ursprung in O liegt.

In der neuen Darstellung entsteht also der der Mischung m_1, m_2, m_3 entsprechende Vektor, indem die Grundvektoren mit m_1, m_2, m_3 multipliziert und addiert werden (siehe Anm. II, 8).

127 [30] Den rechts stehenden Ausdruck in dieser Zusammenstellung bezeichnet man als Dimension. Wir erläutern diesen Begriff am Beispiel der Kraft. Man definiert zunächst den Begriff der n fachen Kraft nicht etwa durch die bekannte Gleichung:

$$K = m \cdot \frac{d^2 l}{dt^2}$$

(K = Kraft; m = Masse eines materiellen Punktes, l = zurückgelegter Weg, t = Zeit), sondern so: Gleiche Kräfte sind solche, die sich ersetzen oder aufheben können. Die n fache Kraft zu einer gegebenen ist eine solche, die n der gegebenen gleichen Kräfte ersetzen oder aufheben können. Dann *findet* man, daß die Kraft proportional einer Masse (des materiellen Punktes nämlich), einer Länge und der -2. Potenz einer Zeit ist. Daher benutzt man die Gleichung:

$$K = m \cdot \frac{d^2 l}{dt^2}$$

um die Krafteinheit zu definieren (nicht den Begriff „n fache Kraft"), womit nicht im Widerspruch steht, daß K auch anderen Potenzen anderer Massen, Längen und Zeiten proportional sein kann. In der Tat ist nach dem Gravitationsgesetz die Kraft proportional einem Ausdruck: $\frac{m_1 \cdot m_2}{r^2}$

(m_1, m_2 Massen, r ihre Entfernung)*.

Wenn man die Einheit der Kraft so definiert, daß die Gleichung:

$$K = m \cdot \frac{d^2 l}{dt^2}$$

besteht, so gilt: Werden die Einheiten der Masse, Länge und Zeit abgeändert, so daß sich die entsprechenden Maßzahlen mit μ, λ, τ multiplizieren, so multipliziert sich die Maßzahl der Kraft mit:

$$\mu \lambda \tau^{-2},$$

---

* *T. Ehrenfest-Afanasjewa,* l. c.

daher der Ausdruck: $m \cdot l \cdot t^{-2}$ in diesem System die Dimension der Kraft heißt. Schon die Besinnung aber auf das obige Beispiel widerlegt die Ansicht, daß in physikalischen Gleichungen von Natur aus nur gleich dimensionierte Größen vorkommen dürften. Freilich kann diese Bedingung erzwungen werden, indem man den in diesen Gleichungen vorkommenden Zahlen, Parametern oder Koeffizienten (siehe *Helmholtz,* diese Ausgabe S. 124) eine Dimension beilegt*.

Die Wichtigkeit des Dimensionsbegriffes beruht darauf, daß tatsächlich die Einheiten der Länge, Masse und Zeit etwas durchaus Willkürliches sind und wir deshalb Grund haben, nach den Folgen einer Änderung von ihnen zu fragen. Bezeichnend dafür ist, daß man Temperatur und Winkelgrößen keine Dimensionen beizulegen pflegt. Dennoch werden die mit ihnen zusammenhängenden Größen (Gaskonstante, Rotationsgeschwindigkeit) ihre Maßzahlen ändern, wenn man andere Einheiten für sie wählt (Reaumur statt Celsius; gewöhnliches Gradmaß statt Bogenmaß). Das Entscheidende ist: Man kann für diese eine Maßeinheit durch Definition (100° = Temperaturunterschied zwischen Eis und Dampf) oder Konstruktion (für den Winkel 1 Grad) ein für allemal einführen (siehe Anm. 12). Ein solches Verfahren schien für die Konstruktion einer Einheitslänge zu fehlen, weshalb man zum Normalmeter und Normalkilogramm seine Zuflucht nehmen mußte.

Später erkannte man jedoch, daß man in den Wellenlängen des Lichtes unveränderliche Längen besitzt. So wertete *A. A. Michelson* das Meter genau in den Wellenlängen des Kadmiums aus**. Rein theoretisch kann man etwa den Radius des Elektrons wählen.

Es gibt also begrifflich festzulegende Längen.

Nun unterscheidet sich der euklidische vom sphärischen oder elliptischen Raum dadurch, daß in ihm alle Längen gleich berechtigt sind; daher auch in den Lehrsätzen der elementaren Geometrie Längen und Winkel eine verschiedene Rolle spielen und ähnliche Figuren möglich sind. Anders in der elliptischen Geometrie (Anm. II, 30, unter 1): in jedem ihrer Lehrsätze können Gerade und Winkel vertauscht werden; es gibt eine größte Länge, es gibt keine ähnlichen Figuren, und durch Vorschrift sind gewisse Längen wiederzufinden (Anm. I, 17).

---

* *T. Ehrenfest-Afanasjewa,* l. c.

** A. A. Michelson, Traveaux et mém. du bureau des poids et mesures, 11, 1894.

Sollte nun nicht in der Tatsache, daß es Klassen von Körpern mit stets gleichen Abmessungen gibt (Elektronen, Wasserstoffkerne) ein Hinweis auf den nichteuklidischen Charakter des Raumes enthalten sein? In diesem Zusammenhang erinnern wir uns auch, daß sich *Einstein* die Welt als einen endlichen Raum von elliptischer Maßbestimmung vorstellt. Bestätigte sich diese Auffassung, so wären Längen grundsätzlich nicht anders als Winkel zu behandeln und die Notwendigkeit würde entfallen, irgendwelche Größen zu dimensionieren. Zugleich würden wir auch verstehen, warum die Gattungen sich diskontinuierlich unterscheiden. Sehen wir aber auch von diesen Spekulationen ab, so könnte doch manches an unserem Maßsystem geändert werden. Die Masse könnte nach dem Gravitationsgesetz durch Länge und Zeit ausgedrückt werden. Eine theoretisch mögliche Festlegung der Einheiten wäre auch: Radius des Elektrons, Masse des Elektrons, Zeit, die das Licht braucht, um den Elektronenradius zu überstreichen. Freilich ist der Elektronenradius nicht genau bekannt; durch spektroskopische Messungen sind aber ziemlich genau zu ermitteln*: Elektronenladung, Elektronenmasse und eine von *Planck* in die Strahlungs- und Quantentheorie eingeführte Konstante h. Setzt man diese drei Konstanten = 1, so erhält man indirekt dadurch die Einheiten von Masse, Länge und Zeit.

128 [31] Siehe Anm. 28 und 32.

128 [32] Das Vektorprodukt zweier Vektoren mit den Komponenten $ax\,ay\,az$ und $bx\,by\,bz$ ist ein axialer Vektor (Anm. 24) und besitzt die Komponenten:

$$ay\,bz - az\,by$$
$$az\,bx - ax\,bz$$
$$ax\,by - ay\,bx.$$

Zu diesen Formeln führt auch die Quaternionentheorie. Denn die Quaternionen $ax\,i + ay\,j + az\,k,\ bx\,i + by\,j + bz\,k$ ergeben nach dem Multiplikationsgesetz (Anm. 28) multipliziert:

$$(ay\,bz - az\,by)\,i + (az\,bx - ax\,bz)\,j + (ax\,by - ay\,bx)\,k.$$

---

* *A. Sommerfeld*, Atombau und Spektrallinien. Braunschweig, 1921, S. 367.

IV. Die Tatsachen in der Wahrnehmung[1]

Wir feiern heute das Stiftungsfest unserer Universität an dem Jahrestage der Geburt ihres Stifters, des vielgeprüften Königs *Friedrich Wilhelm III.* Das Jahr dieser Stiftung 1810 fiel in die Zeit der größten äußeren Bedrängnis unseres Staates; ein erheblicher Teil des Gebietes war verloren, das Land durch den vorausgegangenen Krieg und die feindliche Besetzung erschöpft; der kriegerische Stolz, der ihm aus den Zeiten des Kurfürsten und des großen Königs geblieben, war tief gedemütigt. Und doch erscheint uns jetzt, wenn wir rückwärts blicken, dieselbe Zeit so reich an Gütern geistiger Art, an Begeisterung, Energie, idealen Hoffnungen und schöpferischen Gedanken, daß wir trotz der verhältnismäßig glänzenden äußeren Lage, in der heute Staat und Nation sich befinden, fast mit Neid auf jene Periode zurücksehen möchten. Daß der König in der bedrängten Lage vor anderen materiellen Anforderungen zunächst an die Gründung der Universität dachte, daß er dann Thron und Leben auf das Spiel setzte, um sich der entschlossenen Begeisterung der Nation im Kampfe gegen den Überwinder anzuvertrauen, zeigt, wie tief auch bei ihm, dem schlichten, lebhaften Gefühlsäußerungen abgeneigten Manne, das Vertrauen auf die geistigen Kräfte seines Volkes wirkte.

Eine stattliche Reihe ruhmwürdiger Namen hatte Deutschland damals in der Kunst, wie in der Wissenschaft aufzuweisen, Namen, deren Träger in der Geschichte menschlicher Geistesbildung zum Teil zu den Ersten aller Zeiten und Völker zu zählen sind.

Es lebte *Goethe* und lebte *Beethoven; Schiller, Kant, Herder* und *Haydn* hatten noch die ersten Jahre des Jahrhunderts erlebt. *Wilhelm von Humboldt* entwarf die neue Wissenschaft der vergleichenden Sprachkunde, *Niebuhr, Fr. Aug. Wolf, Savigny* lehrten alte Geschichte, Poesie und Recht mit lebendigem Verständnis durchdringen, *Schleiermacher* suchte den geistigen Inhalt der Religion tiefsinnig zu erfassen und *Joh. Gottlieb Fichte,* der zweite Rektor unserer Universität, der gewaltige unerschrockene Redner, riß seine Zuhörerschaft fort durch den Strom seiner sittlichen Begeisterung und den kühnen Gedankenflug seines Idealismus.

Selbst die Abirrungen dieser Sinnesweise, die sich in den leicht erkennbaren Schwächen der Romantik aussprechen, haben etwas Anziehendes dem trocken rechnenden Egoismus gegenüber. Man bewunderte sich selbst in den schönsten Gefühlen, in denen man zu schwelgen wußte; man suchte die Kunst, solche Gefühle zu haben, auszubilden; man glaubte die Phantasie um so mehr als schöpferische Kraft bewundern zu dürfen, je mehr sie sich von den Regeln des Verstandes losgemacht hatte. Darin steckte viel Eitelkeit, aber immerhin war es eine Eitelkeit, die für hohe Ideale schwärmte.

Die Älteren unter uns haben noch die Männer jener Periode gekannt, die einst als die ersten Freiwilligen in das Heer traten, stets bereit, sich in die Erörterung metaphysischer Probleme zu versenken, wohlbelesen in den Werken der großen Dichter Deutschlands, noch glühend von Zorn, wenn vom ersten *Napoleon,* von Begeisterung und Stolz, wenn von den Taten des Befreiungskrieges die Rede war.

Wie ist es anders geworden! Das mögen wir wohl erstaunt ausrufen in einer Zeit, wo sich die zynische Verachtung aller idealen Güter des Menschengeschlechts auf den Straßen und in der Presse breit macht, und in zwei scheußlichen Verbrechen gegipfelt hat, welche das Haupt unseres Kaisers offenbar nur deshalb zu ihrem Ziele wählten, weil in ihm sich Alles vereinigte, was die Menschheit bisher als würdig der Verehrung und der Dankbarkeit betrachtet hat.

Fast mit Mühe müssen wir uns daran erinnern, daß erst acht Jahre verflossen sind seit der großen Stunde, wo alle Stände unseres Volkes auf den Ruf desselben Monarchen ohne Zaudern, voll opferfreudiger und begeisterter Vaterlandsliebe in einen gefährlichen Krieg zogen gegen einen Gegner, dessen Macht und Tapferkeit uns nicht unbekannt war. Fast mit Mühe müssen wir des breiten Spielraums gedenken, den die politischen und humanen Bestrebungen, auch den ärmeren Ständen unseres Volkes ein sorgenfreieres und menschenwürdigeres Dasein zu bereiten, in der Tätigkeit und in den Gedanken der gebildeten Klasse eingenommen haben, daran denken, wie sehr ihr Los in materieller und rechtlicher Beziehung wirklich gebessert ist.

Es scheint die Art der Menschheit einmal zu sein, daß neben viel Licht immer viel Schatten zu finden ist; politische Freiheit gibt zunächst den gemeinen Motiven mehr Schrankenlosigkeit sich zu zeigen und sich gegenseitig Mut zu machen, so lange ihnen nicht eine zu energischem Widerspruch gerüstete öffentliche Meinung gegenübersteht. Auch in den Jahren vor dem Befreiungskriege, als *Fichte* seinem Zeitalter Bußpredigten hielt, fehlten diese Elemente nicht. Er schildert Zustände und Gesinnungen als herrschend, die an die schlimmsten unserer Zeit erinnern. „Das gegenwärtige Zeitalter stellt in seinem Grundprinzip sich hin hochmütig herabsehend auf diejenigen, die durch einen Traum von Tugend sich Genüsse entwinden lassen, und seiner sich freuend, daß es über solche Dinge hinweg sei, und in dieser Weise sich nichts aufbinden lasse."* Die einzige Freude, die über das rein Sinnliche hinausgehe, welche den Repräsentanten des Zeitalters bekannt sei, nennt er „das Laben an der eigenen Pfiffigkeit". Und doch bereitete sich in dieser selben Zeit ein mächtiger Aufschwung vor, der zu den ruhmreichsten Ereignissen unserer Geschichte gehört.

Wenn wir also unsere Zeit auch nicht für hoffnungslos verloren zu halten brauchen, so dürfen wir uns doch nicht allzu leichtfertig mit dem Troste beruhigen, daß es in anderen Zeiten eben nicht besser war als jetzt. Immerhin ist es ratsam, daß bei so bedenklichen Vorgängen ein jeder in dem Kreise, in dem er zu arbeiten hat und den er kennt, Umschau halte, wie es mit der Arbeit für die ewigen Ziele der Menschheit bestellt ist, ob sie im Auge gehalten werden, ob man sich ihnen genähert habe. Im Jugendzeitalter unserer Universität war auch die Wissenschaft jugendlich kühn und hoffnungskräftig, ihr Auge war vorzugsweise den höchsten Zielen zugewendet. Wenn diese auch nicht so leicht zu erreichen waren, wie jene Generation hoffte, wenn sich auch zeigte, daß weitläufige Einzelarbeit den Weg dahin vorbereiten mußte, und somit durch die Natur der Aufgaben selbst zunächst eine andere weniger enthusiastische, weniger unmittelbar den idealen Zielen zugewendete Art der Arbeit gefordert wurde, so wäre es doch zweifellos ein Verderben, wenn unsere Generation über den untergeordneten und praktisch nützlichen Aufgaben die ewigen Ideale der Menschheit aus dem Auge verloren haben sollte.

Das Grundproblem, welches jene Zeit an den Anfang aller Wissenschaft stellte, war das der Erkenntnistheorie: „Was ist Wahrheit[2] in unserem Anschauen und Denken? In welchem Sinne entsprechen unsere Vorstellungen der Wirklichkeit?"[3] Auf dieses Problem stoßen Philosophie und Naturwissenschaft von zwei entgegengesetzten Seiten; es ist eine gemeinsame Aufgabe beider. Die erstere, welche die geistige Seite betrachtet, sucht aus unserem Wissen und Vorstellen auszuscheiden was aus den Einwirkungen der Körperwelt herrührt, um rein hinzustellen, was der eigenen Tätigkeit des Geistes angehört. Die Naturwissenschaft im Gegenteil sucht abzuscheiden, was Definition, Bezeichnung, Vorstellungsform, Hypothese ist, um rein übrig zu behalten, was der Welt der Wirklichkeit angehört, deren Gesetze sie sucht. Beide suchen dieselbe Scheidung zu vollziehen, wenn auch jede für einen anderen Teil der Geschichte interessiert ist[4].

---

*_Fichtes_ Werke VII, S. 40.

In der Theorie der Sinneswahrnehmungen und in den Untersuchungen über die Grundprinzipien der Geometrie, Mechanik, Physik kann auch der Naturforscher diesen Fragen nicht aus dem Wege gehen. Da meine eigenen Arbeiten vielfach in beide Gebiete eingetreten sind, so will ich versuchen, Ihnen einen Überblick von dem zu geben, was von Seiten der Naturforschung in dieser Richtung getan ist. Natürlich sind schließlich die Gesetze des Denkens bei den naturforschenden Menschen keine anderen als bei den philosophierenden. In allen Fällen, wo die Tatsachen der täglichen Erfahrung, deren Fülle doch schon sehr groß ist, hinreichten, um einem scharfsinnigen Denker von unbefangenem Wahrheitsgefühl einigermaßen genügendes Material für ein richtiges Urteil zu geben, muß der Naturforscher sich damit begnügen, anzuerkennen, daß die methodisch vollendete Sammlung der Erfahrungstatsachen das früher gewonnene Resultat einfach bestätigt. Aber es kommen auch gegenteilige Fälle vor. Dies als Entschuldigung dafür, wenn es entschuldigt werden muß, – daß im Folgenden nicht überall neue, sondern großenteils längst gegebene Antworten auf die betreffenden Fragen wiedergegeben werden. Oft genug gewinnt ja auch ein alter Begriff, an neuen Tatsachen gemessen, eine lebhaftere Beleuchtung und ein neues Ansehen.

Kurz vor dem Beginn des neuen Jahrhunderts hatte *Kant* die Lehre von den vor aller Erfahrung[5] gegebenen, oder wie er sie deshalb nannte *„transzendentalen"*[6] Formen des Anschauens und Denkens ausgebildet, in welche aller Inhalt unseres Vorstellens notwendig aufgenommen werden muß, wenn er zur Vorstellung werden soll. Für die Qualitäten der Empfindung hatte schon *Locke* den Anteil geltend gemacht, den unsere körperliche und geistige Organisation an der Art hat, wie die Dinge uns erscheinen[7]. In dieser Richtung nun haben die Untersuchungen über die Physiologie der Sinne, welche namentlich *Johannes Müller* vervollständigte, kritisch sichtete und dann in das Gesetz von den *spezifischen Energien der Sinnesnerven* zusammenfaßte, die vollste Bestätigung, man kann fast sagen in einem unerwarteten Grade, gebracht und dadurch zugleich das Wesen und die Bedeutung einer solchen von vorn herein gegebenen, subjektiven Form des Empfindens in sehr entscheidender und greifbarer Weise dargelegt und anschaulich gemacht. Dieses Thema ist schon oft besprochen worden; ich kann mich deshalb heute darüber kurz fassen.

Zwischen den Sinnesempfindungen verschiedener Art kommen zwei verschiedene Grade des Unterschieds vor. Der am tiefsten eingreifende ist der Unterschied zwischen Empfindungen, die verschiedenen Sinnen angehören, wie zwischen blau, süß, warm, hochtönend; ich habe mir erlaubt, diesen als Unterschied in der *Modalität* der Empfindung zu bezeichnen. Er ist so eingreifend, daß er jeden Übergang vom einen zum anderen, jedes Verhältnis größerer oder geringerer Ähnlichkeit ausschließt. Ob z. B. Süß dem Blau oder Rot ähnlicher sei, kann man gar nicht fragen. Die zweite Art des Unterschieds dagegen, die minder eingreifende, ist die zwischen verschiedenen Empfindungen desselben Sinnes; ich beschränke auf ihn die Bezeichnung einer Unterschiedes der *Qualität. Fichte* faßt diese Qualitäten je eines Sinnes zusammen als Qualitätenkreis, und bezeichnet, was ich eben Unterschied der Modalität nannte, als *Unterschied der Qualitätenkreise.* Innerhalb jedes solchen Kreises ist Übergang und Vergleichung möglich. Von Blau können wir durch Violett und Karminrot in Scharlachrot übergehen, und z. B. aussagen, daß Gelb dem Orangerot ähnlicher sei als dem Blau. Die physiologischen Untersuchungen lehren nun, daß jener tief eingreifende Unterschied ganz und gar nicht abhängt von der Art des äußeren Eindrucks, durch den die Empfindung erregt ist, sondern ganz allein und ausschließlich bestimmt wird durch den Sinnesnerven, der von dem Eindrucke getroffen worden ist. Erregung des Sehnerven erzeugt nur Lichtempfindungen, gleichviel ob er nun von objektivem Licht, d. h. von Ätherschwingungen, getroffen werde oder von elektrischen Strömen, die man durch das Auge leitet, oder von Druck auf den Augapfel, oder von Zerrung des Nervenstammes bei schneller Bewegung des Blickes. Die Empfindung, die bei den letzteren Einwirkungen entsteht, ist der des objektiven Lichtes so ähnlich, daß man lange Zeit an eine wirkliche Lichtentwickelung im Auge geglaubt hat. *Johannes Müller* zeigte, daß eine solche durchaus nicht stattfinde, daß eben nur die Empfindung des Lichtes da sei, weil der Sehnerv erregt werde[8].

Wie nun einerseits jeder Sinnesnerv, durch die mannigfachsten Einwirkungen erregt, immer nur Empfindungen aus dem ihm eigentümlichen Qualitätskreise gibt: so erzeugen andererseits dieselben äußeren Einwirkungen, wenn sie verschiedene Sinnesnerven treffen, die verschiedenartigsten Empfindungen, diese immer schon entnommen aus dem Qualitätskreise des betreffenden Nerven. Dieselben Ätherschwingungen, welche das Auge als Licht fühlt, fühlt die Haut als Wärme. Dieselben Luftschwingungen, welche die Haut als Schwirren fühlt, fühlt das Ohr als Ton. Hier ist wiederum die Verschiedenartigkeit des Eindruckes so groß, daß die Physiker sich bei der Vorstellung, Agentien, die so verschieden erschienen wie Licht und strahlende Wärme, seien gleichartig und zum Teil identisch, erst beruhigten, nachdem durch mühsame Experimentaluntersuchungen nach allen Richtungen hin die vollständige Gleichartigkeit ihres physikalischen Verhaltens festgestellt war.

Aber auch innerhalb des Qualitätenkreises jedes einzelnen Sinnes, wo die Art des einwirkenden Objektes die Qualität der erzeugten Empfindung wenigstens mitbestimmt, kommen die unerwartetsten Inkongruenzen vor. Lehrreich ist in dieser Beziehung die Vergleichung von Auge und Ohr, da die Objekte beider, Licht und Schall, schwingende Bewegungen sind[9], die je nach der Schnelligkeit ihrer Schwingungen verschiedene Empfindungen erregen, im Auge verschiedener Farben, im Ohr verschiedener Tonhöhen. Wenn wir uns zur größeren Übersichtlichkeit erlauben, die Schwingungsverhältnisse des Lichtes mit den Namen der durch entsprechende Tonschwingungen gebildeten musikalischen Intervalle zu bezeichnen, so ergibt sich folgendes: Das Ohr empfindet etwa 10 Oktaven verschiedener Töne, das Auge nur eine Sexte, obgleich die jenseits dieser Grenzen liegenden Schwingungen beim Schall wie beim Lichte vorkommen und physikalisch nachgewiesen werden können. Das Auge hat nur drei voneinander verschiedene Grundempfindungen in seiner kurzen Skala, aus denen sich alle seine Qualitäten durch Addition zusammensetzen, nämlich Rot, Grün, Blauviolett. Diese mischen sich in der Empfindung, ohne sich zu stören[10]. Das Ohr dagegen unterscheidet eine ungeheure Zahl von Tönen verschiedener Höhe. Kein Akkord klingt gleich einem anderen Akkorde, der aus anderen Tönen zusammengesetzt ist, während doch beim Auge gerade das Analoge der Fall ist; denn gleich aussehendes Weiß kann hervorgebracht werden durch Rot und Grünblau des Spektrum, durch Gelb und Ultramarinblau, durch Grüngelb und Violett, oder durch je zwei, drei oder alle diese Mischungen zusammen. Wären im Ohre die Verhältnisse die gleichen, so wäre gleichtönend der Zusammenklang C und F mit D und G, mit E und A, oder mit C, D, E, F, G, A usw. Und, was in bezug auf die objektive Bedeutung der Farbe bemerkenswert ist: außer der Wirkung auf das Auge hat noch keine einzige physikalische Beziehung aufgefunden werden können, in der gleich aussehendes Licht regelmäßig gleichwertig wäre. Endlich hängt die ganze Grundlage der musikalischen Wirkung der Konsonanz und Dissonanz von dem eigentümlichen Phänomen der Schwebungen ab. Diese beruhen auf einem schnellen Wechsel in der Intensität des Tones, welcher dadurch entsteht, daß zwei nahe gleichhohe Töne abwechselnd mit gleichen und entgegengesetzten Phasen zusammenwirken, und demgemäß bald starke, bald schwache Schwingungen der mitschwingenden Körper erregen. Das physikalische Phänomen würde beim Zusammenwirken zweier Lichtwellenzüge ganz ebenso vorkommen können, wie beim Zusammenwirken zweier Tonwellenzüge. Aber der Nerv muß erstens fähig sein, von beiden Wellenzügen affiziert zu werden, und zweitens muß er dem Wechsel von starker und schwacher Intensität schnell genug folgen können. In letzterer Beziehung ist der Gehörnerv dem Sehnerven erheblich überlegen. Gleichzeitig ist jede Faser des Hörnerven nur für Töne aus einem engen Intervall der Skala empfindlich, so daß nur ganz nahe gelegene Töne in ihr überhaupt zusammenwirken können, weit voneinander entfernte nicht oder nicht unmittelbar. Wenn sie es tun, so rührt dies von begleitenden Obertönen oder Kombinationstönen her. Daher tritt beim Ohr dieser Unterschied von schwirrendem und nicht schwirrendem Intervalle, d.h. von Konsonanz und Dissonanz ein. Jede Sehnervenfaser dagegen empfindet durch das ganze Spektrum, wenn auch verschieden stark in verschiedenen Teilen. Könnte der Sehnerv überhaupt den ungeheuer schnellen Schwebungen der Lichtoszillationen in der Empfindung folgen, so würde jede Mischfarbe als Dissonanz wirken[11].

Sie sehen, wie alle diese Unterschiede in der Wirkungsweise von Licht und Ton bedingt sind durch die Art, wie der Nervenapparat gegen sie reagiert.

Unsere Empfindungen sind eben Wirkungen, welche durch äußere Ursachen in unseren Organen hervorgebracht werden[12], und wie eine solche Wirkung sich äußert[13], hängt natürlich wesentlich von der Art des Apparates ab, auf den gewirkt wird. Insofern die Qualität unserer Empfindung uns von der Eigentümlichkeit der äußeren Einwirkung, durch welche sie erregt ist, eine Nachricht gibt, kann sie als ein *Zeichen* derselben gelten, aber nicht als ein *Abbild*. Denn vom Bilde verlangt man irgend eine Art der Gleichheit mit dem abgebildeten Gegenstande, von einer Statue Gleichheit der Form, von einer Zeichnung Gleichheit der perspektivischen Projektion im Gesichtsfelde, von einem Gemälde auch noch Gleichheit der Farben. Ein Zeichen aber braucht gar keine Art der Ähnlichkeit mit dem zu haben, dessen Zeichen es ist. Die Beziehung zwischen beiden beschränkt sich darauf, daß das gleiche Objekt, unter gleichen Umständen zur Einwirkung kommend, das gleiche Zeichen hervorruft, und daß also ungleiche Zeichen immer ungleicher Einwirkung entsprechen.

Der populären Meinung gegenüber, welche auf Treu und Glauben die volle Wahrheit der Bilder[14] annimmt, die uns unsere Sinne von den Dingen liefern, mag dieser Rest von Ähnlichkeit, den wir anerkennen, sehr geringfügig erscheinen. In Wahrheit ist er es nicht; denn mit ihm kann noch eine Sache von der allergrößten Tragweite geleistet werden, nämlich die Abbildung der Gesetzmäßigkeit in den Vorgängen der wirklichen Welt[15]. Jedes Naturgesetz sagt aus, daß auf Vorbedingungen, die in gewisser Beziehung gleich sind, immer Folgen eintreten, die in gewisser anderer Beziehung gleich sind. Da Gleiches in unserer Empfindungswelt durch gleiche Zeichen angezeigt wird, so wird der naturgesetzlichen Folge gleicher Wirkungen auf gleiche Ursachen, auch eine ebenso regelmäßige Folge im Gebiete unserer Empfindungen entsprechen.

Wenn Beeren einer gewissen Art beim Reifen zugleich rotes Pigment und Zucker ausbilden, so werden in unserer Empfindung bei Beeren dieser Form rote Farbe und süßer Geschmack sich immer zusammen finden.

Wenn also unsere Sinnesempfindungen in ihrer Qualität auch nur *Zeichen* sind, deren besondere Art ganz von unserer Organisation abhängt, so sind sie doch nicht als leerer Schein zu verwerfen, sondern sie sind eben Zeichen von *Etwas,* sei es etwas Bestehendem oder Geschehendem, und was das Wichtigste ist, das *Gesetz* dieses Geschehens können sie uns abbilden.

Die Qualitäten der Empfindung also erkennt auch die Physiologie als bloße Form der Anschauung an[16]. *Kant* aber ging weiter. Nicht nur die Qualitäten der Sinnesempfindungen sprach er an, als gegeben durch die Eigentümlichkeiten unseres Anschauungsvermögens, sondern auch Zeit und Raum, da wir nichts in der Außenwelt wahrnehmen können, ohne daß es zu einer bestimmten Zeit geschieht und an einen bestimmten Ort gesetzt wird; die Zeitbestimmung kommt sogar auch jeder innerlichen Wahrnehmung zu. Er bezeichnete deshalb die Zeit als die gegebene und notwendige, *transzendentale Form der inneren,* den Raum als die entsprechende Form der *äußeren Anschauung.* Auch die räumlichen Bestimmungen also betrachtet Kant als ebenso wenig der Welt des Wirklichen, oder dem „Dinge an sich" angehörig, wie die Farben, die wir sehen, den Körpern an sich zukommen, sondern durch unser Auge in sie hineingetragen sind. Selbst hier wird die naturwissenschaftliche Betrachtung bis zu einer gewissen Grenze mitgehen können. Wenn wir nämlich fragen, ob es ein gemeinsames und in unmittelbarer Empfindung wahrnehmbares Kennzeichen gibt, durch welches sich für uns jede auf Gegenstände im Raum bezügliche Wahrnehmung charakterisiert: so finden wir in der Tat ein solches in dem Umstande, daß Bewegung unseres Körpers uns in andere räumliche Beziehungen zu den wahrgenommenen Objekten setzt, und dadurch auch den Eindruck, den sie auf uns machen, verändert. Der Impuls zur Bewegung aber, den wir durch Innervation unserer motorischen Nerven geben, ist etwas unmittelbar Wahrnehmbares[17]. Daß wir etwas tun, indem wir einen solchen Impuls geben, fühlen wir. Was wir tun, wissen wir nicht unmittelbar. Daß wir die motorischen Nerven in Erregungszustand versetzen oder *innervieren,* daß deren Reizung auf die Muskeln übergeleitet wird, diese sich infolgedessen zusammenziehen und die Glieder bewegen, lehrt uns erst die Physiologie. Wiederum aber wissen wir auch ohne wissenschaftliches Studium, welche wahrnehmbare Wirkung jeder verschiedenen Innervation folgt, die wir einzuleiten imstande sind. Daß wir dies durch häufig wiederholte Versuche und Beobachtungen lernen, ist in einer großen Reihe von Fällen sicher nachweisbar. Wir können noch im erwachsenen Alter lernen, die Innervationen zu finden, die zum Aussprechen der Buchstaben einer fremden Sprache oder für eine besondere Art der Stimmbildung beim Singen nötig sind; wir können Innervationen lernen, um die Ohren zu bewegen, um mit den Augen einwärts oder auswärts, selbst auf- und abwärts zu schielen usw. Die Schwierigkeit dergleichen zu vollführen, besteht nur darin, daß wir durch Versuche die noch unbekannten Innervationen zu finden suchen müssen, die zu solchen bisher nicht ausgeführten Bewegungen nötig sind. Übrigens wissen wir selbst von diesen Impulsen unter keiner anderen Form und durch kein anderes definierbares Merkmal, als dadurch, daß sie eben die beabsichtigte beobachtbare Wirkung hervorbringen; diese letztere dient also auch allein zur Unterscheidung der verschiedenen Impulse in unserem eigenen Vorstellen.[18]

Wenn wir nun Impulse solcher Art geben (den Blick wenden, die Hände bewegen, hin- und hergehen), so finden wir, daß die gewissen Qualitätskreisen angehörigen Empfindungen (nämlich, die auf räumliche Objekte bezüglichen) dadurch geändert werden können; andere psychische Zustände, deren wir uns bewußt sind, Erinnerungen, Absichten, Wünsche, Stimmungen durchaus nicht. Dadurch ist in unmittelbarer Wahrnehmung ein durchgreifender Unterschied zwischen den ersteren und letzteren gesetzt. Wenn wir also dasjenige Verhältnis, welches wir durch unsere Willensimpulse unmittelbar ändern, dessen Art uns übrigens noch ganz unbekannt sein könnte, ein *räumliches* nennen wollen, so treten die Wahrnehmungen *psychischer* Tätigkeiten gar nicht in ein solches ein; wohl aber müssen alle Empfindungen der äußeren Sinne unter irgend welcher Art der Innervation vor sich gehen, d.h. räumlich bestimmt sein[19]. Demnach wird uns der Raum auch sinnlich erscheinen, behaftet mit den Qualitäten unserer Bewegungsempfindungen, als das, durch welches hin wir uns bewegen, durch welches hin wir blicken können. Die Raumanschauung würde also in diesem Sinne eine subjektive *Anschauungsform* sein, wie die Empfindungsqualitäten Rot, Süß, Kalt[20]. Natürlich würde dies für jene ebenso wenig wie für diese, den Sinn haben, daß die Ortsbestimmung eines bestimmten einzelnen Gegenstandes ein *bloßer Schein*[21] sei.

Als die *notwendige* Form der äußeren Anschauung aber würde der Raum von diesem Standpunkt aus erscheinen, weil wir eben das, was wir als räumlich bestimmt wahrnehmen, als Außenwelt zusammenfassen. Dasjenige, an dem keine Raumbeziehung wahrzunehmen ist, begreifen wir als die Welt der inneren Anschauung, als die Welt des Selbstbewußtseins[22].

Und eine gegebene, *vor aller Erfahrung mitgebrachte* Form der Anschauung würde der Raum sein, insofern seine Wahrnehmung an die Möglichkeit motorischer Willensimpulse geknüpft wäre, für die uns die geistige und körperliche Fähigkeit durch unsere Organisation gegeben sein muß, ehe wir Raumanschauung[23] haben können[24].

Darüber, daß das von uns besprochene Kennzeichen der Veränderung bei Bewegung allen auf räumliche Objekte bezüglichen Wahrnehmungen zukommt, wird nicht wohl ein Zweifel sein können*. Es wird dagegen die Frage zu beantworten sein, ob nun aus dieser Quelle alle eigentümlichen Bestimmungen unserer Raumanschauung herzuleiten sind. Zu dem Ende müssen wir überlegen, was mit den bisher besprochenen Hilfsmitteln des Wahrnehmens sich erreichen läßt.

Suchen wir uns auf den Standpunkt eines Menschen ohne alle Erfahrung zurückzuversetzen. Um ohne Raumanschauung zu beginnen, müssen wir annehmen, daß ein solcher Mensch auch die Wirkungen seiner Innervationen nicht weiter kenne, als insofern er gelernt habe, wie er durch Nachlaß einer ersten Innervation oder durch Ausführung eines zweiten Gegenimpulses sich in den Zustand wieder zurückversetzen könne, aus dem er durch den ersten Impuls sich entfernt hat. Da dieses gegenseitige Sichaufheben verschiedener Innervationen ganz unabhängig ist von dem, was dabei wahrgenommen wird: so kann der Beobachter finden, wie er das zu machen hat, ohne noch irgendein Verständnis der Außenwelt vorher erlangt zu haben.

Ein solcher Beobachter befinde sich zunächst einmal einer Umgebung von ruhenden Objekten gegenüber. Dies wird sich ihm erstens dadurch zu erkennen geben, daß, solange er keinen motorischen Impuls gibt, seine Empfindungen unverändert bleiben. Gibt er einen solchen (bewegt er zum Beispiel die Augen oder die Hände, schreitet er fort), so ändern sich die Empfindungen; und kehrt er dann, durch Nachlaß oder den zugehörigen Gegenimpuls, in den früheren Zustand zurück, so werden sämtliche Empfindungen wieder die früheren[25].

Nennen wir die ganze Gruppe von Empfindungsaggregaten, welche während der besprochenen Zeitperiode durch eine gewisse bestimmte und begrenzte Gruppe von Willensimpulsen herbeizuführen sind, die zeitweiligen *Präsentabilien,* dagegen *präsent* dasjenige Empfindungsaggregat aus dieser Gruppe, was gerade zur Perzeption kommt: so ist unser Beobachter zur Zeit an einen gewissen Kreis von Präsentabilien gebunden, aus dem er aber jedes Einzelne in jedem ihm beliebigen Augenblicke durch Ausführung der betreffenden Bewegung präsent machen kann. Dadurch erscheint ihm jedes Einzelne aus dieser Gruppe der Präsentabilien als *bestehend in jedem Augenblick* dieser Zeitperiode. Er hat es beobachtet in jedem einzelnen Augenblicke, wo er es gewollt hat. Die Behauptung, daß er es auch in jedem anderen zwischenliegenden Augenblicke würde haben beobachten können, wo er es gewollt haben würde, ist als ein Induktionsschluß

* Über die Lokalisation der Empfindungen innerer Organe siehe Beilage I, S. 177

anzusehen, der von jedem Augenblick eines gelungenen Versuches auf jeden Augenblick der betreffenden Zeitperiode schlechthin gezogen wird. So wird also die Vorstellung von einem *dauernden Bestehen von Verschiedenem gleichzeitig nebeneinander* gewonnen werden können. Das „Nebeneinander" ist eine Raumbezeichnung; aber sie ist gerechtfertigt, da wir das durch Willensimpulse geänderte Verhältnis als „räumlich" definiert haben. Bei dem, was da als nebeneinander bestehend gesetzt wird, braucht man noch nicht an substantielle Dinge zu denken. „Rechts ist es hell, links ist es dunkel; vorn ist ein Widerstand, hinten nicht", könnte zum Beispiel auf dieser Erkenntnisstufe gesagt werden, wobei das Rechts und Links nur Namen für bestimmte Augenbewegungen, Vorn und Hinten für bestimmte Handbewegungen sind.

Zu anderen Zeiten nun ist der Kreis der Präsentabilien für dieselbe Gruppe von Willensimpulsen ein anderer geworden. Dadurch tritt uns dieser Kreis mit dem Einzelnen, was er enthält, als ein Gegebenes, ein *„objectum"* entgegen. Es scheiden sich diejenigen Veränderungen, die wir durch bewußte Willensimpulse hervorbringen und rückgängig machen können, von solchen, die nicht Folge von Willensimpulsen sind und durch solche nicht beseitigt werden können. Die letztere Bestimmung ist negativ. *Fichtes* passender Ausdruck dafür ist, daß sich ein „Nicht-Ich" dem „Ich" gegenüber Anerkennung erzwingt[26].

Wenn wir nach den empirischen Bedingungen fragen, unter denen die Raumanschauung sich ausbildet, so müssen wir bei diesen Überlegungen hauptsächlich auf den Tastsinn Rücksicht nehmen, da Blinde ohne Hilfe des Gesichts die Raumanschauung[27] vollständig ausbilden können. Wenn auch die Ausfüllung des Raumes mit Objekten für sie weniger reich und fein ausfallen wird als für Sehende: so erscheint es doch im höchsten Grade unwahrscheinlich, daß die Grundlagen der Raumanschauung bei beiden Klassen von Menschen gänzlich verschieden sein sollten. Versuchen wir selbst im Dunkeln oder mit geschlossenen Augen tastend zu beobachten: so können wir sehr wohl mit einem Finger, selbst mit einem in der Hand gehaltenen Stifte, wie der Chirurg mit der Sonde, tasten und doch die Körperform des vorliegenden Objekts fein und sicher ermitteln. Gewöhnlich betasten wir größere Gegenstände, wenn wir uns im Dunkeln zurechtfinden wollen, mit fünf oder zehn Fingerspitzen gleichzeitig. Wir bekommen dann fünf- bis zehnmal soviel Nachrichten in gleicher Zeit als mit einem Finger, und brauchen die Finger auch zu Größenmessungen an den Objekten wie die Spitzen eines geöffneten Zirkels. Jedenfalls tritt beim Tasten der Umstand, daß wir eine ausgebreitete empfindende Hautfläche mit vielen empfindenden Punkten haben, ganz in den Hintergrund. Was wir bei ruhigem Auflegen der Hand, etwa auf das Gepräge einer Medaille, durch das Hautgefühl zu ermitteln imstande sind, ist außerordentlich stumpf und dürftig im Vergleich mit dem, was wir durch tastende Bewegung, wenn auch nur mit der Spitze eines Bleistiftes, herausfinden. Beim Gesichtssinn wird dieser Vorgang dadurch viel verwickelter, daß neben der am feinsten empfindenden Stelle der Netzhaut, ihrer zentralen Grube, welche beim Blicken gleichsam an dem Netzhautbilde herumgeführt wird, gleichzeitig noch eine große Menge anderer empfindender Punkte in viel ausgiebigerer Weise mitwirken, als dies beim Tastsinn der Fall ist.

Daß durch das Entlangführen des tastenden Fingers an den Objekten die Reihenfolge kennengelernt wird, in der sich ihre Eindrücke darbieten, daß diese Reihenfolge sich als unabhängig davon erweist, ob man mit diesem oder jenem Finger tastet, daß sie ferner nicht eine einläufig bestimmte Reihe ist, deren Elemente man immer wieder vor- oder rückwärts in derselben Ordnung durchlaufen müßte, um von einem zum anderen zu kommen, also keine linienförmige Reihe, sondern ein flächenhaftes Nebeneinander, oder nach *Riemanns* Terminologie, eine Mannigfaltigkeit zweiter Ordnung, das alles ist leicht einzusehen. Der tastende Finger freilich kann noch mittels anderer motorischer Impulse, als die sind, die ihn längs der tastbaren Fläche verschieben, von einem zum anderen Punkt derselben kommen, und verschiedene tastbare Flächen verlangen verschiedene Bewegungen, um an ihnen zu gleiten. Dadurch ist für den Raum, in dem sich das Tastende bewegt, eine höhere Mannigfaltigkeit verlangt als für die tastbare Fläche; es wird die dritte Dimension hinzutreten müssen. Diese aber genügt für alle vorliegenden Erfahrungen; denn eine geschlossene Fläche teilt den Raum, den wir kennen, vollständig[28]. Auch Gase und Flüssigkeiten, die doch nicht an die Form des menschlichen Vorstellungsvermögens gebunden sind[29], können durch eine rings geschlossene Fläche nicht entweichen; und wie nur eine Fläche, nicht ein Raum, also ein Raumgebilde von zwei, nicht eines von drei Dimensionen, durch eine geschlossene Linie zu begrenzen ist: so kann auch durch eine Fläche eben nur ein Raum von drei Dimensionen, nicht einer von vieren abgeschlossen werden.

So wäre die Kenntnis zu gewinnen von der Raumordnung des nebeneinander Bestehenden. Größenverschiebungen würden durch Beobachtungen von Kongruenz der tastenden Hand mit Teilen oder Punkten von Körperflächen, oder von Kongruenz der Netzhaut mit den Teilen und Punkten des Netzhautbildes dazukommen.

Davon, daß diese angeschaute Raumordnung der Dinge ursprünglich herrührt von der Reihenfolge, in der sich die Qualitäten des Empfindens dem bewegten Sinnesorgan darboten, bleibt schließlich auch im vollendeten Vorstellen des erfahrenen Beobachters eine wunderliche Folge stehen.

Nämlich die im Raume vorhandenen Objekte erscheinen uns mit den Qualitäten unserer Empfindungen bekleidet. Sie erscheinen uns rot oder grün, kalt oder warm, riechen oder schmecken usw., während diese Empfindungsqualitäten doch nur unserem Nervensystem angehören und gar nicht in den äußeren Raum hinausreichen[30]. Selbst wenn wir dies wissen, hört der Schein nicht auf, weil dieser Schein in der Tat die ursprüngliche Wahrheit ist; es sind eben die Empfindungen, die sich zuerst in räumlicher Ordnung uns darbieten[31].

Sie sehen, daß die wesentlichsten Züge[32] der Raumanschauung auf diese Weise abgeleitet werden können. Dem populären Bewußtsein aber erscheint eine Anschauung als etwas einfach Gegebenes, was ohne Nachdenken und Suchen zustande kommt, und überhaupt nicht weiter in andere psychische Vorgänge aufzulösen ist. Dieser populären Meinung schließt sich ein Teil der physiologischen Optiker an, und auch die Kantianer strikter Observanz, wenigstens betreffs der Raumanschauung. Bekanntlich nahm schon *Kant* an, nicht nur, daß die allgemeine Form der Raumanschauung transzendental gegeben sei, sondern daß dieselbe auch von vornherein und vor aller möglichen Erfahrung gewisse nähere Bestimmungen enthalte, wie sie in den Axiomen der Geometrie ausgesprochen sind[33]. Diese lassen sich auf folgende Sätze zurückführen[34]:

1) Zwischen zwei Punkten ist nur *eine* kürzeste Linie möglich. Wir nennen eine solche „*gerade*".

2) Durch je drei Punkte läßt sich eine *Ebene* legen. Eine Ebene ist eine Fläche, in die jede gerade Linie ganz hineinfällt, wenn sie mit zwei Punkten derselben zusammenfällt.

3) Durch jeden Punkt ist nur eine Linie möglich, die einer gegebenen geraden Linie parallel ist. *Parallel* sind zwei gerade Linien, die in derselben Ebene liegen und sich in keiner endlichen Entfernung schneiden.

Ja Kant benutzt die angebliche Tatsache, daß diese Sätze der Geometrie uns als *notwendig* richtig erschienen, und wir uns ein abweichendes Verhalten des Raumes auch gar nicht einmal vorstellen könnten, geradezu als Beweis dafür, daß sie vor aller Erfahrung gegeben sein müßten, und das deshalb auch die in ihnen enthaltene Raumanschauung eine transzendentale[35], von der Erfahrung unabhängige Form der Anschauung sei.

Ich möchte hier zunächst wegen der Streitigkeiten, die in den letzten Jahren über die Frage geführt worden sind, ob die Axiome der Geometrie transzendentale oder Erfahrungssätze seien, hervorheben, daß diese Frage ganz zu trennen ist von der erst besprochenen, ob der Raum überhaupt eine transzendentale Anschauungsform sei oder nicht*.

---

* Siehe Beilage II, S. 181

Unser Auge sieht alles, was es sieht, als ein Aggregat farbiger Flächen im Gesichtsfelde; das ist seine Anschauungsform[36]. Welche besonderen Farben bei dieser und jener Gelegenheit erscheinen, in welcher Zusammenstellung und in welcher Folge, ist Ergebnis der äußeren Einwirkungen und durch kein Gesetz der Organisation bestimmt. Ebensowenig folgt daraus, daß der Raum eine Form des Anschauens sei, irgend etwas über die Tatsachen, die in den Axiomen ausgesprochen sind. Wenn solche Sätze keine Erfahrungssätze sein, sondern der notwendigen Form der Anschauung angehören sollen, so ist dies eine weitere besondere Bestimmung der allgemeinen Form des Raumes, und diejenigen Gründe, welche schließen lassen, daß die Anschauungsform des Raumes transzendental sei, genügen darum noch nicht notwendig, um gleichzeitig zu beweisen, daß auch die Axiome transzendentalen Ursprungs seien[37].

Kant ist bei seiner Behauptung, daß räumliche Verhältnisse, die den Axiomen des *Euklid* widersprächen, überhaupt nicht einmal vorgestellt werden könnten, so wie in seiner gesamten Auffassung der Anschauung überhaupt, als eines einfachen, nicht weiter aufzulösenden psychischen Vorganges[38], durch den damaligen Entwicklungszustand der Mathematik und Sinnesphysiologie beeinflußt gewesen.

Wenn man eine vorher nie gesehene Sache sich vorzustellen versuchen will, so muß man sich die Reihe der Sinneseindrücke auszumalen wissen, welche nach den bekannten Gesetzen derselben zustande kommen müßten, wenn man jenes Objekt und seine allmählichen Veränderungen nacheinander von jedem möglichen Standpunkte aus mit allen Sinnen beobachtete[39]; und gleichzeitig müssen diese Eindrücke von der Art sein, daß dadurch jede andere Deutung ausgeschlossen ist[40]. Wenn diese Reihe der Sinneseindrücke vollständig und eindeutig angegeben werden kann, muß man meines Erachtens die Sache für anschaulich vorstellbar erklären. Da dieselbe der Voraussetzung nach noch nie beobachtet sein soll, kann keine frühere Erfahrung uns zu Hilfe kommen und bei der Auffindung der zu fordernden Reihe von Eindrücken unsere Phantasie leiten, sondern es kann dies nur durch den *Begriff* des vorzustellenden Objektes oder Verhältnisses geschehen. Ein solcher Begriff ist also zunächst auszuarbeiten und so weit zu spezialisieren, als es der angegebene Zweck erfordert. Der Begriff von Raumgebilden, die der gewöhnlichen Anschauung nicht entsprechen sollen, kann nur durch die rechnende analytische Geometrie sicher entwickelt werden. Für das vorliegende Problem hat zuerst *Gauß* 1828 durch seine Abhandlung über die Krümmung der Flächen die analytischen Hilfsmittel gegeben, und *Riemann* diese zur Auffindung der logisch möglichen, in sich konsequenten Systeme der Geometrie angewendet; diese Untersuchungen hat man nicht unpassend als *metamathematische*[41] bezeichnet. Zu bemerken ist übrigens, daß schon *Lobatschewskij* 1829 und 1840 eine Geometrie ohne den Parallelensatz auf dem gewöhnlichen synthetisch anschaulichen Wege durchgeführt hat, welche in vollkommener Übereinstimmung mit dem entsprechenden Teile der neueren analytischen Untersuchungen ist. Endlich hat *Beltrami* eine Methode der Abbildung metamathematischer Räume in Teilen des euklidischen Raumes angegeben, durch welche die Bestimmung ihrer Erscheinungsweise im perspektivischen Sehen ziemlich leicht gemacht wird. *Lipschitz* hat die Übertragbarkeit der allgemeinen Prinzipien der Mechanik auf solche Räume nachgewiesen, so daß die Reihe der Sinneseindrücke, die in ihnen zustande kommen würden, vollständig angegeben werden kann, womit die Anschaubarkeit solcher Räume im Sinne der vorangestellten Definition dieses Begriffes erwiesen ist*.

Hier aber tritt der Widerspruch ein. Ich verlange für den Beweis der Anschaubarkeit nur, daß für jede Beobachtungsweise bestimmt und unzweideutig die entstehenden Sinneseindrücke anzugeben seien, nötigenfalls unter Benutzung der wissenschaftlichen Kenntnis ihrer Gesetze, aus denen, wenigstens für den Kenner dieser Gesetze, hervorgehen würde, daß das betreffende Ding oder anzuschauende Verhältnis tatsächlich vorhanden sei[42]. Die Aufgabe, sich die Raumverhältnisse in metamathematischen Räumen vorzustellen, erfordert in der Tat einige Übung im Verständnis analytischer Methoden, perspektivischer Konstruktionen und optischer Erscheinungen.

Dies aber widerspricht dem älteren Begriff der Anschauung, welcher nur das als durch Anschauung gegeben anerkennt, dessen Vorstellung ohne Besinnen und Mühe sogleich mit dem sinnlichen Eindruck zum Bewußtsein kommt. Diese Leichtigkeit, Schnelligkeit, blitzähnliche Evidenz, mit der wir zum Beispiel die Form eines Zimmers, in welches wir zum ersten Male treten, die Anordnung und Form der darin enthaltenen Gegenstände, den Stoff, aus dem sie bestehen, und vieles andere wahrnehmen, haben unsere Versuche, mathematische Räume vorzustellen, in der Tat nicht. Wenn diese Art der Evidenz also eine ursprünglich gegebene, notwendige Eigentümlichkeit aller Anschauung wäre, so könnten wir bis jetzt die Anschaubarkeit solcher Räume nicht behaupten.

Da stoßen uns nun bei weiterer Überlegung Fälle in Menge auf, welche zeigen, daß Sicherheit und Schnelligkeit des Eintretens bestimmter Vorstellungen bei bestimmten Eindrücken auch erworben werden kann, selbst wo nichts von einer solchen Verbindung durch die Natur gegeben ist. Eines der schlagendsten Beispiele dieser Art ist das Verständnis unserer Muttersprache. Die Worte sind willkürlich oder zufällig gewählte Zeichen,

---

* Siehe meinen Vortrag über die Axiome der Geometrie.

jede andere Sprache hat andere; ihr Verständnis ist nicht angeerbt, denn für ein deutsches Kind, das zwischen Franzosen aufgewachsen ist und nie deutsch sprechen hörte, ist Deutsch eine fremde Sprache. Das Kind lernt die Bedeutung der Worte und Sätze nur durch Beispiele der Anwendung kennen, wobei man, ehe es die Sprache versteht, ihm nicht einmal verständlich machen kann, daß die Laute, die es hört, Zeichen sein sollen, die einen Sinn haben. Schließlich versteht es, herangewachsen, diese Worte und Sätze ohne Besinnen, ohne Mühe, ohne zu wissen, wann, wo und an welchen Beispielen es sie gelernt hat, es faßt die feinsten Abänderungen ihres Sinnes, oft solche, denen Versuche logischer Definition nur schwerfällig nachhinken.

Es wird nicht nötig sein, daß ich die Beispiele solcher Vorgänge häufe, das tägliche Leben ist reich genug daran. Die Kunst ist geradezu darauf begründet, am deutlichsten die Poesie und die bildende Kunst. Die höchste Art des Anschauens, wie wir sie im Schauen des Künstlers finden, ist ein solches Erfassen eines neuen Typus der ruhenden oder bewegten Erscheinung des Menschen und der Natur. Wenn sich die gleichartigen Spuren, welche oft wiederholte Wahrnehmungen in unserem Gedächtnisse zurücklassen, verstärken: so ist es gerade das Gesetzmäßige, was sich am regelmäßigsten gleichartig wiederholt, während das zufällig Wechselnde verwischt wird. Dem liebevollen und achtsamen Beobachter erwächst auf diese Weise ein Anschauungsbild des typischen Verhaltens der Objekte, die ihn interessierten, von dem er nachher ebensowenig weiß, wie es entstanden ist, als das Kind Rechenschaft davon geben kann, an welchen Beispielen es die Bedeutung der Worte kennengelernt hat. Daß der Künstler Wahres erschaut hat, geht daraus hervor, daß es uns wieder mit der Überzeugung der Wahrheit ergreift, wenn er es uns an einem von den Störungen des Zufalls gereinigten Beispiele vorträgt. Er aber ist uns darin überlegen, daß er es aus allem Zufall und aller Verwirrung des Treibens der Welt herauszulesen wußte.

Soviel nur zur Erinnerung daran, wie dieser psychische Prozess von den niedrigsten bis zu den höchsten Entwicklungsstufen unseres Geisteslebens wirksam ist. Ich habe die hierbei eintretenden Vorstellungsverbindungen in meinen früheren Arbeiten als *unbewußte Schlüsse* bezeichnet; als unbewußt, insofern der Major derselben aus einer Reihe von Erfahrungen gebildet ist, die einzeln längst dem Gedächtnis entschwunden sind und auch nur in Form von sinnlichen Beobachtungen, nicht notwendig als Sätze in Worte gefaßt, in unser Bewußtsein getreten waren. Der bei gegenwärtiger Wahrnehmung eintretende neue sinnliche Eindruck bildet den Minor, auf den die durch die früheren Beobachtungen eingeprägte Regel angewendet wird[43]. Ich habe später jenen Namen der unbewußten Schlüsse vermieden, um der Verwechslung mit der, wie mir scheint, gänzlich unklaren und ungerechtfertigten Vorstellung zu entgehen, die *Schopenhauer* und seine Nachfolger mit diesem Namen bezeichnen; aber offenbar haben wir es hier mit einem elementaren Prozesse zu tun, der allem eigentlich sogenannten Denken zugrunde liegt, wenn dabei auch noch die kritische Sichtung und Vervollständigung der einzelnen Schritte fehlt, wie sie in der wissenschaftlichen Bildung der Begriffe und Schlüsse eintritt[44].

Was also zunächst die Frage nach dem Ursprunge der geometrischen Axiome betrifft, so kann die bei mangelnder Erfahrung fehlende Leichtigkeit der Vorstellung metamathematischer Raumverhältnisse nicht als Grund gegen ihre Anschaubarkeit geltend gemacht werden. Übrigens ist die letztere vollkommen erweisbar. *Kants* Beweis für die transzendentale Natur der geometrischen Axiome ist also hinfällig. Andererseits zeigt die Untersuchung der Erfahrungstatsachen, daß die geometrischen Axiome, in demjenigen Sinne genommen, wie sie allein auf die wirkliche Welt angewendet werden dürfen, durch Erfahrung geprüft, erwiesen, eventualiter auch widerlegt werden können*.

Eine weitere und höchst einflußreiche Rolle spielen die Gedächtnisreste früherer Erfahrungen noch in der Beobachtung unseres Gesichtsfeldes.

Ein nicht mehr ganz unerfahrener Beobachter erhält auch ohne Bewegung der Augen, sei es bei momentaner Beleuchtung durch eine elektrische Entladung, sei es bei absichtlichem, starren Fixieren, ein verhältnismäßig reiches Bild von den vor ihm befindlichen Gegenständen. Doch überzeugt sich auch der Erwachsene noch leicht, daß dieses Bild viel reicher und namentlich viel genauer wird, wenn er den Blick im Gesichtsfelde herumführt und also diejenige Art der Raumbeobachtung anwendet, die ich vorher als die grundlegende beschrieben habe. Wir sind in der Tat auch so sehr daran gewöhnt, den Blick an den Gegenständen, die wir betrachten, wandern zu lassen, daß es ziemlich viel Übung erfordert, ehe es uns gelingt, ihn für physiologisch optische Versuche längere Zeit ohne Schwanken auf einem Punkte festzuhalten. Ich habe in meinen physiologisch optischen Arbeiten** auseinanderzusetzen gesucht, wie unsere Kenntnis des Gesichtsfeldes durch Beobachtung der Bilder während der Bewegungen des Auges erworben werden kann, wenn nur irgendwelcher wahrnehmbarer Unterschied zwischen übrigens qualitativ gleichen Netzhautempfindungen existiert, der dem Unterschiede verschiedener Orte auf

---

* Siehe meine „Wissenschaftlichen Abhandlungen", Bd. II, S. 640. Auszug daraus Beilage III, S. 183

* Handbuch der Physiologischen Optik. – Vorträge über das Sehen des Menschen. Bd. I, S. 85 und 265 der „Vorträge und Reden".

der Netzhaut entspricht. Nach *Lotzes* Terminologie wäre ein solcher Unterschied ein *Lokalzeichen*[45] zu nennen; nur, daß dieses Zeichen ein Lokalzeichen sei, d. h. einem örtlichen Unterschiede entspreche und welchem, braucht nicht von vorn herein bekannt zu sein. Daß Personen, die von Jugend auf blind waren und später durch Operation das Gesicht wieder erhielten, zunächst nicht einmal so einfache Formen, wie einen Kreis und ein Quadrat, durch das Auge unterscheiden konnten, ehe sie sie betastet hatten, ist auch durch neuere Beobachtungen wieder bestätigt worden*. Außerdem lehrt die physiologische Untersuchung, daß wir verhältnismäßig genaue und sichere Vergleichungen nach dem Augenmaß ausschließlich an solchen Linien und Winkeln im Sehfelde ausführen können, die sich durch die normalen Augenbewegungen schnell hintereinander auf denselben Stellen der Netzhaut abbilden lassen. Wir schätzen sogar die wahren Größen und Entfernungen der nicht allzu entfernten räumlichen Objekte viel sicherer, als die mit dem Standpunkt wechselnden perspektivischen im Gesichtsfelde des Beobachters, obgleich jene auf drei Dimensionen des Raumes bezügliche Aufgabe viel verwickelter ist, als diese, die sich nur auf ein flächenhaftes Bild bezieht. Eine der größten Schwierigkeiten beim Zeichnen ist bekanntlich sich frei zu machen von dem Einfluß, den die Vorstellung von der wahren Größe der gesehenen Objekte unwillkürlich ausübt. Genau die beschriebenen Verhältnisse sind es nun, welche wir erwarten müssen, wenn wir das Verständnis der Lokalzeichen erst durch Erfahrung erworben haben. Für das, was objektiv konstant bleibt, können wir die wechselnden sinnlichen Zeichen sicher kennen lernen, viel leichter als für das, was selbst bei jeder Bewegung unseres Körpers wechselt, wie es die perspektivischen Bilder tun.

Für eine große Zahl von Physiologen, deren Ansicht wir als die *nativistische* bezeichnen können, im Gegensatz zur *empiristischen,* die ich selbst zu verteidigen gesucht habe, erscheint indessen diese Vorstellung einer erworbenen Kenntnis des Gesichtsfeldes unannehmbar, weil sie sich nicht klar gemacht haben, was doch am Beispiel der Sprache so deutlich vorliegt, wie viel die gehäuften Gedächtniseindrücke zu leisten vermögen. Es sind deshalb eine Menge verschiedener Versuche gemacht worden, wenigstens einen gewissen Teil der Gesichtswahrnehmung auf einen angeborenen Mechanismus zurückzuführen in dem Sinne, daß bestimmte Empfindungseindrücke bestimmte fertige Raumvorstellungen auslösen sollten. Im Einzelnen habe ich den Nachweis geführt**, daß alle bisher aufgestellten Hypothesen dieser Art nicht ausreichen, weil sich schließlich doch

---

* *Dufour* (Lausanne) im Bulletin de la Société médicale de la Suisse Romande, 1876.
** Siehe mein Handbuch der Physiologischen Optik. 3. Ableitung. Leipzig 1867.

immer wieder Fälle auffinden lassen, wo unsere Gesichtswahrnehmung sich in genauerer Übereinstimmung mit der Wirklichkeit befindet, als jene Annahmen ergeben würden. Man ist dann zu der weiteren Hypothese gezwungen, daß die bei den Bewegungen gewonnene Erfahrung schließlich die angeborene Anschauung überwinden könne und also *gegen* diese das leiste, was sie nach der empiristischen Hypothese *ohne* ein solches Hindernis leisten soll.

Die nativistischen Hypothesen über die Kenntnis des Gesichtsfeldes erklären also *erstens* nicht, sondern nehmen nur an, daß das zu erklärende Faktum bestehe, indem sie gleichzeitig die mögliche Rückführung desselben auf sicher konstatierte psychische Prozesse zurückweisen, auf die sie doch selbst wiederum in anderen Fällen sich berufen müssen. *Zweitens* erscheint die Annahme sämtlicher nativistischer Theorien, daß fertige Vorstellungen von Objekten durch den organischen Mechanismus hervorgebracht werden, viel verwegener und bedenklicher, als die Annahme der empiristischen Theorie, daß nur das unverstandene Material von Empfindungen von den äußeren Einwirkungen herrühre, alle Vorstellungen aber daraus nach den Gesetzen des Denkens gebildet werden.

Drittens sind die nativistischen Annahmen unnötig. Der einzige Einwurf, der gegen die empiristische Erklärung vorgebracht werden konnte, ist die Sicherheit der Bewegung vieler neugeborener oder eben aus dem Ei gekrochener Tiere[46]. Je weniger geistig begabt dieselben sind, desto schneller lernen sie das, was sie überhaupt lernen können. Je enger die Wege sind, die ihre Gedanken gehen müssen, desto leichter finden sie dieselben. Das neugeborene menschliche Kind ist im Sehen äußerst ungeschickt; es braucht mehrere Tage, ehe es lernt, nach dem Gesichtsbilde die Richtung zu beurteilen, nach der es den Kopf wenden muß, um die Brust der Mutter zu erreichen. Junge Tiere sind allerdings von individueller Erfahrung viel unabhängiger. Was aber dieser Instinkt ist, der sie leitet, ob direkte Vererbung von Vorstellungskreisen der Eltern möglich ist, ob es sich nur um Lust oder Unlust, oder um einen motorischen Drang handelt, die sich an gewisse Empfindungsaggregate anknüpfen, darüber wissen wir Bestimmtes noch so gut wie nichts. Beim Menschen kommen deutlich erkennbar noch Reste der letztgenannten Phänomene vor. Sauber und kritisch angestellte Beobachtungen wären auf diesem Gebiete im höchsten Grade wünschenswert.

Höchstens könnte also für Einrichtungen, wie sie die nativistische Hypothese voraussetzt, ein gewisser pädagogischer Wert in Anspruch genommen werden, der das Auffinden der ersten gesetzmäßigen Verhältnisse erleichtert. Auch die empiristische Ansicht würde mit dahin zielenden Voraussetzungen vereinbar sein, daß zum Beispiel die Lokalzeichen benachbarter Netzhautstellen einander ähnlicher sind als die entfernter, diejenigen korrespondierenden Stellen beider Netzhäute ähnlicher als die disparater usw. Für unsere gegenwärtige Untersuchung ist es genügend, zu wissen, daß Raumanschauung vollständig auch beim Blinden entstehen kann, und das beim Sehenden, selbst wenn die nativistischen Hypothesen teilweise zuträfen, doch die letzte und genaueste Bestimmung der räumlichen Verhältnisse von den bei Bewegung gemachten Beobachtungen bedingt wird[47].

Ich kehre zurück zur Besprechung der ersten ursprünglichen Tatsachen unserer Wahrnehmung. Wir haben, wie wir gesehen, nicht nur wechselnde Sinneseindrücke, die über uns kommen, ohne daß wir etwas dazu tun, sondern wir beobachten unter fortdauernder eigener Tätigkeit, und gelangen dadurch zur Kenntnis des *Bestehens* eines gesetzlichen Verhältnisses zwischen unseren Innervationen und dem Präsentwerden der verschiedenen Eindrücke aus dem Kreise der zeitweiligen Präsentabilien. Jede unserer willkürlichen Bewegungen, durch die wir die Erscheinungsweise der Objekte abändern, ist als ein Experiment zu betrachten, durch welches wir prüfen, ob wir das gesetzliche Verhalten der vorliegenden Erscheinung, d. h. ihr vorausgesetztes Bestehen in bestimmter Raumordnung, richtig aufgefaßt haben.

Die überzeugende Kraft jedes Experimentes ist aber hauptsächlich deshalb so sehr viel größer, als die der Beobachtung eines ohne unser Zutun ablaufenden Vorganges, weil beim Experiment die Kette der Ursachen durch unser Selbstbewußtsein hindurchläuft. Ein Glied dieser Ursachen, unseren Willensimpuls, kennen wir aus innerer Anschauung und wissen, durch welche Motive er zustande gekommen ist[48]. Von ihm aus beginnt dann, als von einem uns bekannten Anfangsglied und zu einem uns bekannten Zeitpunkt, die Kette der physischen Ursachen zu wirken, die in den Erfolg des Versuches ausläuft. Aber eine wesentliche Voraussetzung für die zu gewinnende Überzeugung ist die, daß unser Willensimpuls weder selbst durch physische Ursachen, die gleichzeitig auch den physischen Prozeß bestimmten, schon mit beeinflußt worden sei, noch seinerseits psychisch die darauf folgenden Wahrnehmungen beeinflußt habe.

Der letztere Zweifel kann namentlich bei unserem Thema in Betracht kommen. Der Willensimpuls für eine bestimmte Bewegung ist ein psychischer Akt, die darauf wahrgenommene Änderung der Empfindung gleichfalls. Kann nun nicht der erste Akt den zweiten durch rein psychische Vermittlung zustande bringen? Unmöglich ist es nicht. Wenn wir träumen, geschieht so etwas. Wir glauben träumend eine Bewegung zu vollführen und wir träumen dann weiter, daß dasjenige geschieht, was davon die natürliche Folge sein sollte. Wir träumen in einen Kahn zu steigen, ihn vom Land abzustoßen, auf das Wasser hinaus zu gleiten, die umringenden Gegenstände sich verschieben zu sehen usw. Hierbei scheint die Erwartung des Träumenden, daß er die Folgen seiner Handlungen eintreten sehen werde, die geträumte Wahrnehmung auf rein psychischem Wege herbeizuführen. Wer weiß zu sagen, wie lang und fein ausgesponnen, wie folgerichtig durchgeführt ein solcher Traum werden könnte. Wenn alles darin im höchsten Grade gesetzmäßig der Naturordnung folgend geschähe, so würde kein anderer Unterschied vom Wachen bestehen, als die Möglichkeit des Erwachens, das Abreißen dieser geträumten Reihe von Anschauungen.

Ich sehe nicht, wie man ein System selbst des extremsten subjektiven Idealismus widerlegen könnte, welches das Leben als Traum betrachten wollte[49]. Man könnte es für so unwahrscheinlich, so unbefriedigend wie möglich erklären – ich würde in dieser Beziehung den härtesten Ausdrücken der Verwerfung zustimmen – aber konsequent durchführbar wäre es; und es scheint mir sehr wichtig, dies im Auge zu behalten. Wie geistreich *Calderon* dies Thema im „Leben als Traum" durchgeführt, ist bekannt.

Auch *Fichte* nimmt an, daß das Ich sich das Nicht-Ich, d.h. die erscheinende Welt, selbst setzt, weil es ihrer zur Entwicklung seiner Denktätigkeit bedarf. Sein Idealismus unterscheidet sich aber doch von dem eben bezeichneten dadurch, daß er die anderen menschlichen Individuen nicht als Traumbilder, sondern auf die Aussage des Sittengesetzes hin als dem eigenen Ich gleiche Wesen faßt[50]. Da aber ihre Bilder, in denen sie das Nicht-Ich vorstellen, wieder alle zusammen stimmen müssen, so faßte er die individuellen Ichs alle als Teile oder Ausflüsse des absoluten Ich. Dann war die Welt in der jene sich fanden, die Vorstellungswelt, welche der Weltgeist sich setzte, und konnte wieder den Begriff der Realität annehmen, wie es bei *Hegel* geschah.

Die *realistische Hypothese* dagegen traut der Aussage der gewöhnlichen Selbstbeobachtung, wonach die einer Handlung folgenden Veränderungen der Wahrnehmung gar keinen psychischen Zusammenhang mit dem vorausgegangenen Willensimpuls haben. Sie sieht als unabhängig von unserem Vorstellen bestehend an, was sich in täglicher Wahrnehmung so zu bewähren scheint, die materielle Welt außer uns. Unzweifelhaft ist die realistische Hypothese die einfachste, die wir bilden können, geprüft und bestätigt in außerordentlich weiten Kreisen der Anwendung, scharf definiert in allen Einzelbestimmungen und deshalb außerordentlich brauchbar und fruchtbar als Grundlage für das Handeln. Das Gesetzliche in unseren Empfindungen würden wir sogar in idealistischer Anschauungsweise kaum anders auszusprechen wissen, als indem wir sagen: „Die mit dem Charakter der Wahrnehmung auftretenden Bewußtseinsakte verlaufen so, *als ob* die von der realistischen Hypothese angenommene Welt der stofflichen Dinge wirklich bestände[51]." Aber über dieses „*als ob*" kommen wir nicht hinweg; für mehr als eine ausgezeichnet brauchbare und präzise Hypothese können wir die realistische Meinung nicht anerkennen; notwendige Wahrheit dürfen wir ihr nicht zuschreiben, da neben ihr noch andere unwiderlegbare idealistische Hypothesen möglich sind.

Es ist gut, dies immer vor Augen zu halten, um aus den Tatsachen nicht mehr folgern zu wollen, als daraus zu folgern ist. Die verschiedenen Abstufungen der idealistischen und realistischen Meinungen sind metaphysische Hypothesen, welche, so lange sie als solche anerkannt werden, ihre vollkommene wissenschaftliche Berechtigung haben, so schädlich sie auch werden mögen, wo man sie als Dogmen oder als angebliche Denknotwendigkeiten hinstellen will. Die Wissenschaft muß alle zulässigen Hypothesen erörtern, um eine vollständige Übersicht über die möglichen Erklärungsversuche zu behalten. Noch notwendiger sind die Hypothesen für das Handeln, weil man nicht immerzu warten kann, bis eine gesicherte wissenschaftliche Entscheidung erreicht ist, sondern sich, sei es nach der Wahrscheinlichkeit, sei es nach dem ästhetischen oder moralischen Gefühl entscheiden muß. In diesem Sinne wäre auch gegen die metaphysischen Hypothesen nichts einzuwenden. Unwürdig eines wissenschaftlich sein wollenden Denkers aber ist es, wenn er den hypothetischen Ursprung seiner Sätze vergißt. Der Hochmut und die Leidenschaftlichkeit, mit der solche versteckte Hypothesen verteidigt werden, sind die gewöhnlichen Folgen des unbefriedigenden Gefühls, welches ihr Verteidiger in den verborgenen Tiefen seines Gewissens hegt über die Berechtigung seiner Sache.

Was wir aber unzweideutig und als Tatsache ohne hypothetische Unterschiebung finden können, ist das Gesetzliche in der Erscheinung. Von dem ersten Schritt an, wo wir vor uns weilende Objekte im Raume verteilt wahrnehmen, ist diese Wahrnehmung das Anerkennen einer gesetzlichen Verbindung zwischen unseren Bewegungen und den dabei auftretenden Empfindungen. Schon die ersten elementaren Vorstellungen enthalten also in sich ein Denken und gehen nach den Gesetzen des Denkens vor sich. Alles, was in der Anschauung zu dem rohen Materiale der Empfindungen hinzukommt, kann in Denken aufgelöst werden, wenn wir den Begriff des Denkens so erweitert nehmen, wie es oben geschehen ist[52].

Denn wenn „begreifen" heißt: *Begriffe* bilden, und wir im Begriff einer Klasse von Objekten zusammensuchen und zusammenfassen, was sie von gleichen Merkmalen an sich tragen: so ergibt sich ganz analog, daß der Begriff einer in der Zeit wechselnden Reihe von Erscheinungen das zusammenzufassen suchen muß, was in allen ihren Stadien gleich bleibt[53]. Der Weise, wie *Schiller* es ausspricht:

„Sucht das vertraute Gesetz in des Zufalls grausenden Wundern,
Suchet den ruhenden Pol in der Erscheinungen Flucht."

Wir nennen, was ohne Abhängigkeit von anderem gleich bleibt in allem Wechsel der Zeit: die *Substanz;* wir nennen das gleichbleibende Verhältnis zwischen veränderlichen Größen: das sie verbindende *Gesetz.* Was wir direkt wahrnehmen, ist nur das letztere[54]. Der Begriff der Substanz kann nur durch erschöpfende Prüfungen gewonnen werden und bleibt immer problematisch, insofern weitere Prüfung vorbehalten wird. Früher galten Licht und Wärme als Substanzen, bis sich später herausstellte, daß sie vergängliche Bewegungsformen seien, und wir müssen immer noch auf neue Zerlegungen der jetzt bekannten chemischen Elemente gefaßt sein. Das erste Produkt des denkenden Begreifens der Erscheinung ist das *Gesetzliche.* Haben wir es so weit rein ausgeschieden, seine Bedingungen so vollständig und sicher abgegrenzt und zugleich so allgemein gefaßt, daß für alle möglicherweise eintretenden Fälle der Erfolg eindeutig bestimmt ist, und wir gleichzeitig die Überzeugung gewinnen, es habe sich bewährt und werde sich bewähren in aller Zeit und in allen Fällen: dann erkennen wir es als ein unabhängig von unserem Vorstellen Bestehendes an und nennen es die *Ursache,* d. h. das hinter dem Wechsel ursprünglich Bleibende und Bestehende; nur in diesem Sinne ist meiner Meinung nach die Anwendung des Wortes gerechtfertigt, wenn auch der gemeine Sprachgebrauch es in sehr verwaschener Weise überhaupt für Antezedens oder Veranlassung anwendet[55]. Insofern wir dann das Gesetz als ein unsere Wahrnehmung und den Ablauf der Naturprozesse Zwingendes, als eine unserem Willen gleichwertige Macht anerkennen, nennen wir es „*Kraft*"[56]. Dieser Begriff der uns entgegentretenden Macht ist unmittelbar durch die Art und Weise bedingt, wie unsere einfachsten Wahrnehmungen zustande kommen. Von Anfang an scheiden sich die Änderungen, die wir selbst durch unsere Willensakte machen, von solchen, die durch unseren Willen nicht gemacht, durch unseren Willen nicht zu beseitigen sind. Es ist namentlich der Schmerz, der uns von der Macht der Wirklichkeit die eindringlichste Lehre gibt. Der Nachdruck fällt hierbei auf die Beobachtungstatsache, daß der wahrgenommene Kreis der Präsentabilien nicht durch einen *bewußten* Akt unseres Vorstellens oder Willens gesetzt ist. Fichtes „*Nicht-Ich*" ist hier der genau zutreffende negative Ausdruck[57]. Auch dem Träumenden erscheint, was er zu sehen und zu fühlen glaubt, nicht durch seinen Willen oder durch die bewußte Verkettung seiner Vorstellungen hervorgerufen zu sein, wenn auch unbewußt das letztere in Wirklichkeit oft genug der Fall sein möchte; auch ihm ist es ein Nicht-Ich. Ebenso dem Idealisten, der es als die Vorstellungswelt des Weltgeistes ansieht.

Wir haben in unserer Sprache eine sehr glückliche Bezeichnung für dieses, was hinter dem Wechsel der Erscheinungen stehend auf uns einwirkt, nämlich: „das Wirkliche". Hierin ist nur das Wirken ausgesagt; es fehlt die Nebenbeziehung auf das Bestehen als Substanz, welche der Begriff des Reellen, d.h. des Sachlichen, einschließt. In den Begriff des Objektiven andererseits schiebt sich meist der Begriff des fertigen Bildes eines Gegenstandes ein, welcher nicht auf die ursprünglichsten Wahrnehmungen paßt. Auch bei dem folgerichtig Träumenden müßten wir diejenigen seelischen Zustände oder Motive, welche ihm die dem gegenwärtigen Stande seiner geträumten Welt gesetzmäßig entsprechende Empfindungen zur Zeit unterschieben, als wirksam und wirklich bezeichnen. Andererseits ist klar, daß eine Scheidung von Gedachtem und Wirklichem erst möglich wird, wenn wir die Scheidung dessen, was das Ich ändern und nicht ändern kann, zu vollführen wissen. Diese wird aber erst möglich, wenn wir erkennen, welche gesetzmäßigen Folgen die Willensimpulse zur Zeit haben. Das Gesetzmäßige ist daher die wesentliche Voraussetzung für den Charakter des Wirklichen.

Daß es eine *Contradictio in adjecto* sei, das Reelle oder *Kants* „Ding an sich" in positiven Bestimmungen vorstellen zu wollen, ohne es doch in die Form unseres Vorstellens aufzunehmen, brauche ich Ihnen nicht auseinanderzusetzen. Das ist oft besprochen. Was wir aber erreichen können, ist die Kenntnis der gesetzlichen Ordnung im Reiche des Wirklichen, diese freilich nur dargestellt in dem Zeichensystem unserer Sinneseindrücke.

> „Alles Vergängliche
> Ist nur ein Gleichnis."

Daß wir *Goethe* hier und weiter mit uns auf demselben Wege finden, halte ich für ein günstiges Zeichen. Wo es sich um weite Ausblicke handelt, können wir seinem hellen und unbefangenen Blick für Wahrheit wohl vertrauen. Er verlangte von der Wissenschaft, sie solle nur eine künstliche Anordnung der Tatsachen sein und keine abstrakten Begriffe darüber hinaus bilden, die ihm leere Namen zu sein schienen und die Tatsachen nur verdüsterten. In demselben Sinne etwa hat neuerdings *Gustav Kirchhoff* es als die Aufgabe der abstraktesten unter den Naturwissenschaften, der Mechanik, bezeichnet, die in der Natur vorkommenden Bewegungen *vollständig und auf die einfachst Weise zu beschreiben*[58]. Was das „Verdüstern" betrifft, so geschieht dies in der Tat, wenn wir im Reiche der abstrakten Begriffe stehen bleiben und uns nicht den tatsächlichen Sinn derselben auseinanderlegen, d. h. uns klar machen, welche beobachtbaren neuen gesetzlichen Verhältnisse zwischen den Erscheinungen daraus folgen. Jede richtig gebildete Hypothese stellt ihrem tatsächlichen Sinne nach ein allgemeineres Gesetz der Erscheinungen hin, als wir bisher unmittelbar beobachtet haben; sie ist ein Versuch, zu immer allgemeinerer und umfassender Gesetzlichkeit aufzusteigen. Was sie an Tatsachen Neues behauptet, muß durch Beobachtung und Versuch geprüft und bestätigt werden. Hypothesen, die einen solchen tatsächlichen Sinn nicht haben, oder überhaupt nicht sichere und eindeutige Bestimmungen für die unter sie fallenden Tatsachen geben, sind nur als wertlose Phrasen zu betrachten.

Jede Zurückführung der Erscheinungen auf die zugrunde liegenden Substanzen und Kräfte behauptet etwas Unveränderliches und Abschließendes gefunden zu haben. Zu einer unbedingten Behauptung dieser Art sind wir nie berechtigt; das erlaubt weder die Lückenhaftigkeit unseres Wissens noch die Natur der Induktionsschlüsse, auf denen all unsere Wahrnehmung des Wirklichen vom ersten Schritte an beruht.

Jeder Induktionsschluß stützt sich auf das Vertrauen, daß ein bisher beobachtetes gesetzliches Verhalten sich in allen noch nicht zur Beobachtung gekommenen Fällen bewähren werde. Es ist dies ein Vertrauen auf die Gesetzmäßigkeit allen Geschehens. Die Gesetzmäßigkeit aber ist die Bedingung der Begreifbarkeit. Vertrauen in die Gesetzmäßigkeit ist also zugleich Vertrauen auf die Begreifbarkeit der Naturerscheinungen. Setzen wir aber voraus, daß das Begreifen zu vollenden sein wird, daß wir ein letztes Unveränderliches als *Ursache* der beobachtbaren Veränderungen werden hinstellen können, so nennen wir das regulative Prinzip unseres Denkens, was uns dazu treibt, das *Kausalgesetz.* Wir können sagen, es spricht das Vertrauen auf die *vollkommene Begreifbarkeit* der Welt aus. Das Begreifen, in dem Sinne, wie ich es beschrieben habe, ist die Methode, mittels deren unser Denken die Welt sich unterwirft, die Tatsachen ordnet, die Zukunft voraus bestimmt. Es ist sein Recht und seine Pflicht, die Anwendung dieser Methode auf alles Vorkommende auszudehnen, und wirklich hat es auf diesem Wege schon große Ergebnisse geerntet. Für die Anwendbarkeit des Kausalgesetzes haben wir aber keine weitere Bürgschaft, als seinen Erfolg. Wir könnten in einer Welt leben, in der jedes Atom von jedem anderen verschieden wäre, und wo es nichts Ruhendes gäbe. Da würde keinerlei Regelmäßigkeit zu finden sein, und unsere Denktätigkeit müßte ruhen[59].

Das Kausalgesetz ist wirklich ein a priori gegebenes, ein transzendentales Gesetz[60]. Ein Beweis desselben aus der Erfahrung ist nicht möglich; denn die ersten Schritte der Erfahrung sind nicht möglich, wie wir gesehen haben, ohne die Anwendung von Induktionsschlüssen, d. h. ohne das

Kausalgesetz; und aus der vollendeten Erfahrung, wenn sie auch lehrte, daß alles bisher Beobachtete gesetzmäßig verlaufen ist – was zu versichern wir doch lange noch nicht berechtigt sind –, würde immer nur erst durch einen Induktionsschluß, d. h. unter Voraussetzung des Kausalgesetzes, folgen können, daß nun auch in Zukunft das Kausalgesetz gültig sein würde. Hier gilt nur ein Rat: Vertraue und handle!

> Das Unzulängliche
> Hier wird's Ereignis!

Das wäre die Antwort, die wir auf die Frage zu geben haben: was ist Wahrheit in unserem Vorstellen? In dem, was mir immer als der wesentlichste Fortschritt in *Kants* Philosophie erschienen ist, stehen wir noch auf dem Boden seines Systems. In diesem Sinne habe ich auch in meinen bisherigen Arbeiten häufig die Übereinstimmung[61] der neueren Sinnesphysiologie mit Kants Lehren betont, aber damit freilich nicht gemeint, daß ich auch in allen untergeordneten Punkten in verba magistri zu schwören hätte. Als wesentlichsten Fortschritt der neueren Zeit glaube ich die Auflösung des Begriffs der Anschauung in die elementaren Vorgänge des Denkens betrachten zu müssen, die bei Kant noch fehlt, wodurch dann auch seine Auffassung der Axiome der Geometrie als transzendentaler Sätze bedingt ist. Es sind hier namentlich die physiologischen Untersuchungen über die Sinneswahrnehmungen gewesen, welche uns an die letzten elementaren Vorgänge des Erkennens hingeführt haben, die noch nicht in Worte faßbar, der Philosophie unbekannt und unzugänglich bleiben mußten, solange diese nur die in der Sprache ihren Ausdruck findenden Erkenntnisse untersuchte.

Denjenigen Philosophen freilich, welche die Neigung zu metaphysischen Spekulationen beibehalten haben, erscheint gerade das als das Wesentlichste an Kants Philosophie, was wir als einen von der ungenügenden Entwicklung der Spezialwissenschaften seiner Zeit abhängigen Mangel betrachtet haben. In der Tat stützt sich Kants Beweis für die Möglichkeit einer Metaphysik, von welcher angeblichen Wissenschaft er selbst doch nichts weiter zu entdecken wußte, ganz allein auf die Meinung, daß die Axiome der Geometrie und die verwandten Prinzipien der Mechanik transzendentale, a priori gegebene Sätze seien. Übrigens widerspricht sein ganzes System eigentlich der Existenz der Metaphysik, und die dunklen Punkte seiner Erkenntnistheorie, über deren Interpretation so viel gestritten worden ist, stammen von dieser Wurzel ab.

Nach alledem hätte die Naturwissenschaft ihren sicheren Boden, auf dem feststehend sie die Gesetze des Wirklichen suchen kann, ein wunderbar reiches und fruchtbares Arbeitsfeld. Solange sie sich auf diese Tätigkeit beschränkt, wird sie von idealistischen Zweifeln nicht getroffen. Solche Arbeit mag bescheiden erscheinen im Vergleich zu den hochfliegenden Plänen der Metaphysiker.

> Doch mit Göttern
> Soll sich nicht messen
> Irgendein Mensch.
> Hebt er sich aufwärts
> Und berührt
> Mit dem Scheitel die Sterne,
> Nirgends haften dann
> Die unsichtbaren Sohlen,
> Und mit ihm spielen
> Wolken und Winde.
>
> Steht er mit festen
> Markigen Knochen
> Auf der wohlgegründeten
> Dauernden Erde:
> Reicht er nicht auf,
> Nur mit der Eiche
> Oder der Rebe
> Sich zu vergleichen.

Immerhin mag uns das Vorbild dessen, der dies sagte, lehren, wie ein Sterblicher, der wohl zu stehen gelernt hatte, auch wenn er mit dem Scheitel die Sterne berührte, noch das klare Auge für Wahrheit und Wirklichkeit behielt. Etwas von dem Blicke des Künstlers, von dem Blicke, der *Goethe* und auch *Leonardo da Vinci* zu großen wissenschaftlichen Gedanken leitete, muß der rechte Forscher immer haben. Beide, Künstler wie Forscher, streben, wenn auch in verschiedener Behandlungsweise, dem Ziele zu, neue Gesetzlichkeit zu entdecken. Nur muß man nicht müßiges Schwärmen und tolles Phantasieren für künstlerischen Blick ausgeben wollen. Der rechte Künstler und der rechte Forscher wissen beide recht zu arbeiten und ihrem Werke feste Form und überzeugende Wahrheitstreue zu geben.

Übrigens hat sich bisher die Wirklichkeit der treu ihren Gesetzen nachforschenden Wissenschaft immer noch viel erhabener und reicher enthüllt, als die äußersten Anstrengungen mythischer Phantasie und metaphysischer Spekulation sie auszumalen gewußt hatten. Was wollen alle die ungeheuerlichen Ausgeburten irdischer Träumerei, die Häufungen riesiger Dimensionen und Zahlen sagen gegen die Wirklichkeit des Weltgebäudes, gegen die Zeiträume, in denen Sonne und Erde sich bildeten, in denen das Leben während der geologischen Geschichte sich entwickelte, in immer vollendeteren Formen sich den beruhigteren physikalischen Zuständen unseres Planeten anpassend.

Welche Metaphysik hat Begriffe vorbereitet von Wirkungen, wie sie Magnete und bewegte Elektrizität aufeinander ausüben, um deren Zurückführung auf wohlbestimmte Elementarwirkungen die Physik im Augenblick noch ringt, ohne zu einem klaren Abschluß gelangt zu sein. Aber schon scheint auch das Licht nichts als eine andere Bewegungsweise jener beiden Agentien, und der raumfüllende Äther erhält als magnetisierbares und elektrisierbares Medium ganz neue charakteristische Eigenschaften.

Und in welches Schema scholastischer Begriffe sollen wir diesen Vorrat von wirkungsfähiger Energie einreihen, dessen Konstanz das Gesetz von der Erhaltung der Kraft aussagt, der, unzerstörbar und unvermehrbar wie eine Substanz, als Triebkraft in jeder Bewegung des leblosen, wie des lebendigen Stoffes tätig ist, ein Proteus, in immer neue Formen sich kleidend, durch den unendlichen Raum wirkend und doch nicht ohne Rest teilbar mit dem Raume, das Wirkende in jeder Wirkung, das Bewegende in jeder Bewegung, und doch nicht Geist und nicht Materie? – Hat ihn der Dichter geahnt?

> In Lebensfluten, in Tatensturm,
> Wall' ich auf und ab,
> Webe hin und her!
> Geburt und Grab,
> Ein ewiges Meer,
> Ein wechselnd Weben,
> Ein glühend Leben,
> So schaff' ich am sausenden Webstuhl der Zeit,
> Und wirke der Gottheit lebendiges Kleid.

Wir, Stäubchen auf der Fläche unseres Planeten, der selbst kaum ein Sandkorn im unendlichen Raume des Weltalls zu nennen ist, wir, das jüngste Geschlecht unter den Lebendigen der Erde, nach geologischer Zeitrechnung kaum der Wiege entstiegen, noch im Stadium des Lernens, kaum halb erzogen, mündig gesprochen nur aus gegenseitiger Rücksicht, und doch schon durch den kräftigeren Antrieb des Kausalgesetzes über alle unsere Mitgeschöpfe hinausgewachsen und sie im Kampf um das Dasein bezwingend, haben wahrlich Grund genug, stolz zu sein, daß es uns gegeben ist, „die unbegreiflich hohen Werke" in treuer Arbeit langsam verstehen zu lernen, und wir brauchen uns nicht im mindesten beschämt zu fühlen, wenn dies nicht gleich im ersten Ansturm eines Ikarusfluges gelingt.

Über die Lokalisation der Empfindungen innerer Organe

1. Beilage zu Seite 156

Es könnte hier in Frage kommen, ob nicht die physiologischen und pathologischen Empfindungen innerer Organe des Körpers mit den Seelenzuständen in dieselbe Kategorie fallen müßten, insofern viele von ihnen ebenfalls durch Bewegungen nicht, oder wenigstens nicht erheblich geändert werden[62]. Nun gibt es in der Tat solche Empfindungen zweideutigen Charakters, wie die der Niedergeschlagenheit, Melancholie, Angst, welche ebensogut aus körperlichen, wie aus psychischen Ursachen entstehen können, und bei denen auch jede Vorstellung einer besonderen Lokalisation fehlt[63]. Höchstens macht sich bei der Angst die Gegend des Herzens in unbestimmter Weise als Sitz der Empfindung geltend, wie denn überhaupt die ältere Ansicht, daß das Herz Sitz vieler psychischer Gefühle sei, sich offenbar davon herleitete, daß dieses Organ durch solche häufig in veränderte Bewegung gesetzt wird, welche Bewegung man teils direkt, teils indirekt durch die aufgelegte Hand fühlt. So entsteht also eine Art falscher körperlicher Lokalisation für wirklich psychische Zustände. In Krankheitszuständen geht das noch viel weiter. Ich entsinne mich, als junger Arzt einen melancholischen Schuhmacher gesehen zu haben, welcher zu fühlen glaubte, daß sein Gewissen sich zwischen Herz und Magen gedrängt habe.

Andererseits gibt es doch eine Reihe körperlicher Empfindungen, wie Hunger, Durst, Übersättigung, neuralgische und entzündliche Schmerzen, die wir, wenn auch unbestimmt, als körperliche lokalisieren und nicht für psychisch halten, obgleich sie durch Bewegungen des Körpers kaum verändert werden. Die meisten entzündlichen und rheumatischen Schmerzen freilich werden durch Druck auf die Teile oder durch Bewegung der Teile, in denen sie ihren Sitz haben, erheblich gesteigert. Sie sind aber auch im gegenteiligen Falle, ebenso wie die neuralgischen Schmerzen, wohl nur als höhere Intensitäten normal vorkommender Druck- und Spannungsgefühle der betreffenden Teile anzusehen. Die Art der Lokalisation gibt dabei häufig eine Hindeutung auf die Veranlassungen, bei denen wir etwas über den Ort der Empfindung erfahren haben. So werden fast alle Empfindungen der Baucheingeweide an bestimmten Stellen der vorderen Bauchwand verlegt, selbst für solche Organe, die, wie das Duodenum, Pancreas, Milz usw., der hinteren Wand des Rumpfes näher liegen. Aber Druck von außen kann alle diese Organe fast nur durch die nachgiebige vordere Bauchwand, nicht durch die dicken Muskelschichten zwischen Rippen, Wirbelsäule und Hüftbein treffen. Ferner ist sehr merkwürdig, daß bei Zahnschmerzen von Beinhautentzündung eines Zahnes die Patienten im Anfang gewöhnlich unsicher sind, ob von einem Paar übereinander stehender Zähne der obere oder der untere leidet. Man muß erst kräftig auf die beiden Zähne drücken, um zu finden, welcher die Schmerzen macht. Sollte dies nicht davon herrühren, daß Druck auf die Beinhaut der Zahnwurzel im normalen Zustande nur beim Kauen vorzukommen pflegt, und dabei immer beide Zähne jedes Paares gleichzeitig gleich starken Druck erleiden?

Gefühl der Übersättigung ist Empfindung von Fülle des Magens, welches durch Druck auf die Herzgrube deutlich gesteigert wird, während das Gefühl des Hungers durch denselben Druck sich einigermaßen vermindert. Dadurch kann deren Lokalisation in der Herzgrube veranlaßt sein. Übrigens wenn wir annehmen, daß den an denselben Stellen des Körpers endigenden Nerven die gleichen Lokalzeichen zukommen, würde die deutliche Lokalisation einer Empfindung eines solchen Organs auch für die anderen Empfindungen desselben genügen.

Dies gilt wohl auch für den Durst, insoweit derselbe Empfindung von Trockenheit des Schlundes ist. Das damit verbundene allgemeinere Gefühl von Wassermangel des Körpers, welches durch Benetzen des Mundes und Halses nicht beseitigt wird, ist dagegen nicht bestimmt lokalisiert.

Das in seiner Qualität eigentümliche Gefühl des Atmungsbedürfnisses, der sogenannte Lufthunger, wird durch Atmungsbewegungen gemindert, und danach lokalisiert. Doch scheiden sich nur unvollkommen die Empfindungen für Atmungshemmnisse der Lungen und für Zirkulationshemmnisse, falls letztere nicht mit fühlbaren Änderungen des Herzschlages verbunden sind. Vielleicht ist diese Scheidung nur deshalb so unvollkommen, weil Störungen der Atmung auch in der Regel gesteigerte Herzaktion hervorrufen, und gestörte Herzaktion die Befriedigung des Atmungsbedürfnisses erschwert.

Zu beachten ist übrigens, daß wir von der Form und den Bewegungen so außerordentlich fein empfindlicher und dabei sicher und geschickt bewegter Teile, wie es unser Gaumensegel, Kehldeckel und Kehlkopf sind, ohne anatomische und physiologische Studien gar keine Vorstellung haben, da wir sie ohne optische Werkzeuge nicht sehen und sie auch nicht leicht betasten können. Ja trotz aller wissenschaftlichen Untersuchungen wissen wir noch nicht alle ihre Bewegungen mit Sicherheit zu beschreiben, z.B. nicht die bei Hervorbringung der Fistelstimme eintretenden Bewegungen des Kehlkopfes. Hätten wir angeborene Lokalisationskenntnis für unsere mit Tastempfindung versehenen Organe, so müßten wir eine solche doch für den Kehlkopf ebensogut wie für die Hände erwarten. In der Tat aber reicht unsere Kenntnis von der Form, Größe, Bewegung unserer eigenen Organe nur gerade so weit, als wir diese sehen und betasten können[64].

Die außerordentlich mannigfaltigen und fein auszuführenden Bewegungen des Kehlkopfs lehren uns auch noch betreffs der Beziehung zwischen dem Willensakt und seiner Wirkung, daß, was wir zunächst und unmittelbar zu bewirken verstehen, nicht die Innervation eines bestimmten Nerven oder Muskels ist, auch nicht immer eine bestimmte Stellung der beweglichen Teile unseres Körpers, sondern es ist die erste beobachtbare äußere Wirkung. So weit wir durch Auge und Hand die Stellung der Körperteile ermitteln können, ist letztere die erste beobachtbare Wirkung, auf die sich die bewußte Absicht im Willensakt bezieht. Wo wir das nicht können, wie beim Kehlkopf und den hinteren Mundteilen, sind die verschiedenen Modifikationen der Stimme, des Atmens, Schlingens usw. diese nächsten Wirkungen.

Die Bewegungen des Kehlkopfs, obgleich hervorgerufen durch Innervationen, die den zur Bewegung der Glieder gebrauchten vollkommen gleichartig sind, kommen also bei der Beobachtung von Raumveränderungen nicht in Betracht. Ob aber der sehr deutliche und mannigfaltige Ausdruck von Bewegung, den die Musik hervorbringt, nicht vielleicht darauf zurückzuführen ist, daß die Änderung der Tonhöhe im Gesang durch Muskelinnervation hervorgebracht wird, also durch dieselbe Art der inneren Tätigkeit, wie die Bewegung der Glieder, wäre noch zu fragen.

Auch für die Bewegungen der Augen besteht ein ähnliches Verhältnis. Wir wissen alle sehr wohl den Blick auf eine bestimmte Stelle des Gesichtsfeldes hinzurichten, d.h. zu bewirken, daß deren Bild auf die zentrale Netzhaut fällt. Ungebildete Personen aber wissen nicht, wie sie die Augen dabei bewegen, und wissen nicht immer der Aufforderung eines Augenarztes, daß sie die Augen etwa nach rechts drehen sollen, wenn dies in dieser Form ausgesprochen wird, Folge zu leisten. Ja selbst Gebildete wissen zwar einen nahe vor die Nase gehaltenen Gegenstand anzusehen, wobei sie nach innen schielen; aber der Aufforderung nach innen zu schielen, ohne daß ein entsprechendes Objekt da wäre, wissen sie nicht Folge zu leisten.

Der Raum kann transzendental sein, ohne daß es die Axiome sind

2. Beilage zu Seite 159.

Fast von allen philosophischen Gegnern der metamathematischen Untersuchungen sind beide Behauptungen als identisch behandelt worden, was sie keineswegs sind[65]. Das hat *Benno Erdmann** schon ganz klar in der den Philosophen geläufigen Ausdrucksweise auseinandergesetzt[66]. Ich selbst habe es betont in einer gegen die Einwürfe von *Land* in Leyden gerichteten Antwort**. Obgleich der Verfasser der neuesten Gegenschrift, *Albrecht Krause***, beide Abhandlungen zitiert, sind doch auch bei ihm wieder von sieben Abschnitten die ersten fünf zur Verteidigung der transzendentalen Natur der Anschauungsformen des Raumes bestimmt, und nur zwei behandeln die Axiome[67]. Der Verfasser ist allerdings nicht bloß Kantianer, sondern Anhänger der extremsten nativistischen Theorien in der physiologischen Optik und betrachtet den ganzen Inhalt dieser Theorien als eingeschlossen in Kants System der Erkenntnistheorie, wozu doch nicht die geringste Berechtigung vorläge[68], selbst wenn Kants individuelle Meinung, dem unentwickelten Zustande der physiologischen Optik seiner Zeit entsprechend, ungefähr so gewesen sein sollte. Die Frage, ob die Anschauung mehr oder weniger weit in begriffliche Bildungen aufzulösen sei, war damals noch nicht aufgeworfen worden[69]. Übrigens schreibt Krause mir Vorstellungen über Lokalzeichen, Sinnengedächtnis, Einfluß der Netzhautgröße usw. zu, die ich nie gehabt und nie vorgetragen habe, oder die zu widerlegen ich mich ausdrücklich bemüht habe. Unter Sinnengedächtnis habe ich stets nur das Gedächtnis für unmittelbare sinnliche Eindrücke, die nicht in Wortfassung gebracht sind, bezeichnet, aber würde gegen die Behauptung, dieses Sinnengedächtnis habe seinen Sitz in den peripherischen Sinnesorganen, stets lebhaft protestiert haben. Ich habe Versuche ausgeführt und beschrieben zu dem Zwecke, um zu zeigen, daß wir selbst mit gefälschten Netzhautbildern, z. B. durch Linsen, durch kon-

---

* Die Axiome der Geometrie, Leipzig 1877. Kapitel III.
** Mind, a Quarterly Review. London und Edinburgh. Vol. III, p. 212 (April 1878)
*** „*Kant* und *Helmholtz*" von A. Krause. Lahr 1878.

vergierende, divergierende oder seitlich ablenkende Prismen sehend, schnell die Täuschung überwinden lernen und wieder richtig sehen, und dann wird mir S. 41 von *Krause* untergeschoben, ein Kind müßte alles kleiner sehen, als ein Erwachsener, weil sein Auge kleiner ist. Vielleicht überzeugt der vorstehende Vortrag den genannten Autor, daß er den Sinn meiner empiristischen Theorie der Wahrnehmung bisher gänzlich mißverstanden hat.

Was Krause in den Abschnitten über die Axiome einwendet, ist zum Teil in dem vorstehenden Vortrage bereits erledigt, z. B. die Gründe warum die anschauliche Vorstellung eines bisher noch nie beobachteten Objekts *schwer* sein könne. Dann folgt mit Bezug auf meine in dem Vortrage über die Axiome der Geometrie* zur Veranschaulichung des Verhältnisses der verschiedenen Geometrien gemachten Annahme flächenhafter Wesen, die auf einer Ebene oder Kugel leben, eine Auseinandersetzung, daß auf der Kugel zwar zwei oder viele „geradeste"** Linien zwischen zwei Punkten existieren könnten, das Axiom des *Euklid* aber von der einen „geraden" Linie spräche. Für die Flächenwesen auf der Kugel aber hat die gerade Verbindungslinie zwischen zwei Punkten der Kugelfläche, nach den gemachten Annahmen gar keine reale Existenz in ihrer Welt. Die „geradeste" Linie ihrer Welt wäre eben für sie, was für uns die „gerade" ist. Krause macht zwar den Versuch, die gerade Linie als die Linie von nur einer Richtung zu definieren. Wie soll man aber Richtung definieren; doch wieder nur durch die gerade Linie. Hier bewegen wir uns in einem Circulus vitiosus. Richtung ist sogar der speziellere Begriff, denn in jeder geraden Linie gibt es zwei entgegengesetzte Richtungen.

Dann folgt eine Auseinandersetzung, daß, wenn die Axiome Erfahrungssätze wären, wir von ihrer Richtigkeit nicht absolut überzeugt sein könnten, wie wir es doch wären. Darum dreht sich ja eben der Streit. Krause ist überzeugt, wir würden Messungen, die gegen die Richtigkeit der Axiome sprächen, nicht glauben[70]. Darin mag er wohl in bezug auf eine große Anzahl von Menschen Recht haben, die einem auf alte Autorität gestützten Satze, der mit allen ihren übrigen Kenntnissen eng verwoben ist, lieber trauen als ihrem eigenen Nachdenken. Bei einem Philosophen sollte es doch anders sein. Die Menschen haben sich auch gegen die Kugelgestalt der Erde, gegen deren Bewegung, gegen die Existenz von Meteorsteinen lange genug höchst ungläubig verhalten. Übrigens ist an seiner Behauptung richtig, daß es sich empfiehlt, in der Prüfung der Beweisgründe gegen Sätze von alter Autorität um so strenger zu sein, je länger sich die-

---

* Siehe S. 11 dieses Bandes.

** So hatte ich die kürzesten oder geodätischen Linien benannt.

selben bisher in der Erfahrung vieler Generationen als tatsächlich richtig erwiesen haben. Schließlich aber müssen doch die Tatsachen und nicht die vorgefaßten Meinungen oder *Kants* Autorität entscheiden. Ferner ist richtig, wenn die Axiome Naturgesetze sind, daß sie natürlich an der nur approximativen Erweisbarkeit aller Naturgesetze durch Induktion Teil haben. Aber der Wunsch, exakte Gesetze kennen zu wollen, ist noch kein Beweis dafür, daß es solche gibt. Sonderbar jedoch ist es, daß *A. Krause*, der die Ergebnisse wissenschaftlicher Messung wegen ihrer begrenzten Genauigkeit verwirft, für die transzendentale Anschauung sich mit den Schätzungen durch das Augenmaß beruhigt (S. 62), um zu erweisen, daß wir gar keiner Messungen bedürften, um uns von der Richtigkeit der Axiome zu überzeugen. Das heißt doch Freund und Feind mit verschiedenem Maße messen! Als ob nicht jeder Zirkel aus dem schlechtesten Reißzeuge Genaueres leistete als das beste Augenmaß, selbst abgesehen von der Frage, die sich mein Gegner gar nicht stellt, ob das letztere angeboren und a priori gegeben oder nicht auch erworben sei.

Großen Anstoß hat der Ausdruck *Krümmungsmaß* in seiner Anwendung auf den Raum von drei Dimensionen bei philosophischen Schriftstellern erregt*. Nun bezeichnet der Name eine gewisse von *Riemann* definierte Größe, welche, für Flächen berechnet, zusammenfällt mit dem, was *Gauß* Krümmungsmaß der Flächen genannt hat. Diesen Namen haben die Geometer als kurze Bezeichnung für den allgemeineren Fall von mehr als zwei Dimensionen beibehalten. Der Streit bewegt sich hier nur um den Namen, und um nichts als den Namen für einen übrigens wohl definierten Größenbegriff[71].

---

* z. B. bei A. Krause, l. c., S. 84.

Die Anwendbarkeit der Axiome auf die physische Welt[72].

3. Beilage zu Seite 163.

Ich will hier die Folgerungen entwickeln, zu denen wir gedrängt würden, wenn *Kants* Hypothese von dem transzendentalen Ursprunge der geometrischen Axiome richtig wäre und erörtern, welchen Wert alsdann diese unmittelbare Kenntnis der Axiome für unsere Beurteilung der Verhältnisse der objektiven Welt haben würde*.

§ 1.

Ich werde in diesem ersten Abschnitte zunächst in der realistischen Hypothese[73] stehen bleiben und deren Sprache reden, also annehmen, daß die Dinge, welche wir objektiv wahrnehmen, reell bestehen und auf unsere Sinne wirken. Ich tue dies zunächst nur, um die einfache und verständliche Sprache des gewöhnlichen Lebens und der Naturwissenschaft reden zu können, und dadurch den Sinn dessen, was ich meine, auch für Nichtmathematiker verständlich auszudrücken. Ich behalte mir vor, im folgenden Paragraphen die realistische Hypothese fallen zu lassen und die entsprechende Auseinandersetzung in abstrakter Sprache und ohne jede besondere Voraussetzung über die Natur des Realen zu wiederholen.

Zunächst müssen wir von derjenigen Gleichheit oder Kongruenz der Raumgrößen, wie sie nach der gemachten Annahme aus transzendentaler Anschauung fließen könnte, diejenige Gleichwertigkeit derselben unterscheiden, welche durch Messung mit physischen Hilfsmitteln zu konstatieren ist[74].

---

* Also, um neue Mißverständnisse zu verhüten, wie sie bei *A. Krause,* l. c., S. 84 vorkommen: nicht ich bin es, „der einen transzendentalen Raum mit ihm eigenen Gesetzen kennt", sondern ich suche hier die Konsequenzen aus der von mir für unerwiesen und unrichtig betrachteten Hypothese Kants zu ziehen, wonach die Axiome durch transzendentale Anschauung gegebene Sätze sein sollen, um nachzuweisen, daß eine auf solcher Anschauung beruhende Geometrie gänzlich unnütz für objektive Erkenntnis sein würde.

Physisch gleichwertig nenne ich Raumgrößen, in denen unter gleichen Bedingungen und in gleichen Zeitabschnitten die gleichen physikalischen Vorgänge bestehen und ablaufen können[75]. Der unter geeigneten Vorsichtsmaßregeln am häufigsten zur Bestimmung physisch gleichwertiger Raumgrößen gebrauchte Prozeß ist die Übertragung starrer Körper, wie der Zirkel und Maßstäbe, von einem Orte zum anderen. Übrigens ist es ein ganz allgemeines Ergebnis aller unserer Erfahrungen, daß, wenn die Gleichwertigkeit zweier Raumgrößen durch irgendwelche dazu ausreichende Methode physikalischer Messung erwiesen worden ist, dieselben sich auch allen anderen bekannten physikalischen Vorgängen gegenüber als gleichwertig erweisen[76]. Physische Gleichwertigkeit ist also eine vollkommen bestimmte eindeutige objektive Eigenschaft der Raumgrößen, und offenbar hindert uns nichts, durch Versuche und Beobachtungen zu ermitteln, wie physische Gleichwertigkeit eines bestimmten Paares von Raumgrößen abhängt von der physischen Gleichwertigkeit anderer Paare solcher Größen. Dies würde uns eine Art von Geometrie geben, die ich einmal für den Zweck unserer gegenwärtigen Untersuchung *physische Geometrie*[77] nennen will, um sie zu unterscheiden von der Geometrie, die auf die hypothetisch angenommene transzendentale Anschauung des Raumes gegründet wäre. Eine solche rein und absichtlich durchgeführte physische Geometrie würde offenbar möglich sein und vollständig den Charakter einer Naturwissenschaft haben.

Schon deren erste Schritte würden uns auf Sätze führen, welche den Axiomen entsprächen, wenn nur statt der transzendentalen Gleichheit der Raumgrößen ihre physische Gleichwertigkeit gesetzt wird.

Sobald wir nämlich eine passende Methode gefunden hätten, um zu bestimmen, ob die Entfernungen je zweier Punktpaare einander gleich (d. h. physisch gleichwertig) sind, würden wir auch den besonderen Fall unterscheiden können, wo drei Punkte, *a b, c* so liegen, daß außer *b* kein zweiter Punkt zu finden ist, der dieselben Entfernungen von *a* und *c* hätte wie *b*. Wir sagen in diesem Falle, daß die drei Punkte in gerader Linie liegen.

Wir würden dann imstande sein, drei Punkte *A, B, C* zu suchen, die alle drei gleiche Entfernung voneinander haben, also die Ecken eines gleichseitigen Dreiecks darstellen. Dann könnten wir zwei neue Punkte suchen *b* und *c*, beide gleich weit von *A* entfernt, und *b* mit *A* und *B*, *c* mit *A* und *C* in gerader Linie liegend. Alsdann entstände die Frage: Ist das neue Dreieck *Abc* auch gleichseitig, wie *ABC*; ist also *bc=Ab=Ac?* Die *euklidische* Geometrie antwortet: ja; die *sphärische* behauptet: *bc>Ab*, wenn *Ab<AB*; und die pseudosphärische: *bc<Ac* unter derselben Bedingung[78]. Schon hier kämen die Axiome zur tatsächlichen Entscheidung. Ich habe dieses einfache Beispiel gewählt, weil wir dabei nur mit der Messung von Gleichheit oder Ungleichheit der Entfernungen von Punkten, beziehlich mit der Bestimmt-

heit oder Unbestimmtheit der Lage gewisser Punkte zu tun haben, und weil gar keine zusammengesetzteren Raumgrößen, gerade Linien oder Ebenen konstruiert zu werden brauchen. Das Beispiel zeigt, daß diese physische Geometrie ihre die Stelle der Axiome einnehmenden Sätze haben würde.

So weit ich sehe, kann es auch für den Anhänger der *Kantschen* Theorie nicht zweifelhaft sein, daß es möglich wäre, in der beschriebenen Weise eine rein erfahrungsmäßige Geometrie zu gründen, wenn wir noch keine hätten. In dieser würden wir es nur mit beobachtbaren empirischen Tatsachen und deren Gesetzen zu tun haben. Die Wissenschaft, die auf solche Weise gewonnen wäre, würde nur insofern eine von der Beschaffenheit der im Raum enthaltenen physischen Körper unabhängige Raumlehre sein, als die Voraussetzung zuträfe, daß physische Gleichwertigkeit immer für alle Arten physischer Vorgänge gleichzeitig eintritt.

Aber Kants Anhänger behaupten, daß es neben einer solchen physischen auch eine *reine Geometrie* gäbe, die allein auf transzendentale Anschauung gegründet sei, und daß diese in der Tat diejenige Geometrie sei, die bisher wissenschaftlich entwickelt wurde. Bei dieser hätten wir es gar nicht mit physischen Körpern und deren Verhalten bei Bewegungen zu tun, sondern wir könnten, ohne durch Erfahrung von solchen irgend etwas zu wissen, durch innere Anschauung uns Vorstellungen bilden von absolut unveränderlichen und unbeweglichen Raumgrößen, Körpern, Flächen, Linien, die, ohne daß sie jemals durch Bewegung, die nur physischen Körpern zukommt, zur Deckung gebracht würden, doch im Verhältnis der Gleichheit und Kongruenz zueinander ständen*.

Ich erlaube mir hervorzuheben, daß diese innere Anschauung von Geradheit der Linien, Gleichheit von Entfernungen oder von Winkeln absolute Genauigkeit haben müßte; sonst würden wir durchaus nicht berechtigt sein, darüber zu entscheiden, ob zwei gerade Linien, unendlich verlängert, sich nur einmal, oder auch vielleicht wie größte Kreise auf der Kugel zweimal schneiden, noch zu behaupten, daß jede gerade Linie, welche eine von zwei Parallellinien, mit denen sie in derselben Ebene liegt, schneidet, auch die andere schneiden müsse[79]. Man muß nicht das so unvollkommene Augenmaß für die transzendentale Anschauung unterschieben wollen, welche letztere absolute Genauigkeit fordert[80].

Gesetzten Falls, wir hätten nun eine solche transzendentale Anschauung von Raumgebilden, ihrer Gleichheit und ihrer Kongruenz, und könnten uns durch wirklich genügende Gründe überzeugen, daß wir sie haben: so würde sich allerdings daraus ein System der Geometrie herleiten lassen, welches unabhängig von allen Eigenschaften der physischen Körper wäre, eine

---

* *Land* in Mind. II., p. 41. – *A. Krause,* l. c., S. 62.

reine transzendentale Geometrie. Auch diese Geometrie würde ihre Axiome haben. Es ist aber klar, auch nach *Kantschen* Prinzipien, daß die Sätze dieser hypothetischen reinen Geometrie nicht notwendig mit denen der physischen übereinzustimmen brauchten. Denn die eine redet von Gleichheit der Raumgrößen in innerer Anschauung, die andere von physischer Gleichwertigkeit. Diese letztere hängt offenbar ab von empirischen Eigenschaften der Naturkörper und nicht bloß von der Organisation unseres Geistes.

Dann wäre also zu untersuchen, ob die beiden besprochenen Arten der Gleichheit notwendig immer zusammenfallen. Durch Erfahrung ist darüber nicht zu entscheiden. Hat es einen Sinn zu fragen, ob zwei Paare Zirkelspitzen nach transzendentaler Anschauung gleiche oder ungleiche Längen umfassen? Ich weiß damit keinen Sinn zu verbinden und soweit ich die neueren Anhänger Kants verstanden habe, glaube ich annehmen zu dürfen, daß auch sie mit Nein antworten würden. Das Augenmaß dürfen wir uns, wie gesagt, hierbei nicht unterschieben lassen.

Könnte nun etwa aus Sätzen der reinen Geometrie gefolgert werden, daß die Entfernungen der beiden Zirkelspitzenpaare gleich groß seien? Dazu müßten geometrische Beziehungen zwischen diesen Entfernungen und anderen Raumgrößen bekannt sein, von welchen letzteren man direkt wissen müßte, daß sie im Sinne der transzendentalen Anschauung gleich seien. Da man dies nun direkt nie wissen kann, so kann man es auch durch geometrische Schlüsse niemals folgern.

Wenn der Satz, daß beide Arten räumlicher Gleichheit identisch sind, nicht durch Erfahrung gefunden werden kann, so müßte er ein metaphysischer Satz sein und einer Denknotwendigkeit entsprechen. Dann würde eine solche aber nicht nur die Form empirischer Erkenntnisse, sondern auch ihren Inhalt bestimmen, – wie zum Beispiel bei der oben angeführten Konstruktion zweier gleichseitiger Dreiecke[81], – eine Folgerung, welche Kants Prinzipien geradezu widersprechen würde. Dann würde das reine Anschauen und Denken mehr leisten, als Kant zuzugeben geneigt ist.

Gesetzten Falls endlich, daß die physische Geometrie eine Reihe allgemeiner Erfahrungssätze gefunden hätte, die mit den Axiomen der reinen Geometrie gleichlautend wären: so würde daraus höchstens folgen, daß die Übereinstimmung zwischen physischer Gleichwertigkeit der Raumgrößen und ihrer Gleichheit in reiner Raumanschauung eine zulässige Hypothese sei, die zu keinem Widerspruch führt. Sie würde aber nicht die einzig mögliche Hypothese sein. Der physische Raum und der Raum der Anschauung könnten sich zueinander auch verhalten, wie der wirkliche Raum zu seinem Abbild in einem Konvexspiegel*.

---

* Siehe: Über die Axiome in der Geometrie S. 15

Daß die physische Geometrie und die transzendentale nicht notwendig übereinzustimmen brauchen, geht daraus hervor, daß wir sie uns tatsächlich als nicht übereinstimmend vorstellen können.

Die Art, wie eine solche Inkongruenz zur Erscheinung kommen würde, ergibt sich schon aus dem, was ich in einem früheren Aufsatze* auseinandergesetzt habe.

Nehmen wir an, daß die physikalischen Messungen einem pseudosphärischen Raume entsprächen. Der sinnliche Eindruck von einem solchen bei Ruhe des Beobachters und der beobachteten Objekte würde derselbe sein, als wenn wir *Beltramis* kugeliges Modell im *euklidischen* Raume vor uns hätten, wobei der Beobachter sich im Mittelpunkt befände. Sowie aber der Beobachter seinen Platz wechselte, würde das Zentrum der Projektionskugel mit dem Beobachter wandern müssen und die ganze Projektion sich verschieben. Für einen Beobachter, dessen Raumanschauungen und Schätzungen von Raumgrößen entweder aus transzendentaler Anschauung oder als Resultat der bisherigen Erfahrung im Sinne der euklidischen Geometrie gebildet wären, würde also der Eindruck entstehen, daß, so wie er selbst sich bewegt, auch alle von ihm gesehenen Objekte sich in einer bestimmten Weise verschieben und nach verschiedenen Richtungen verschieden sich dehnen und zusammenziehen. In ähnlicher Weise, nur nach quantitativ abweichenden Verhältnissen, sehen wir auch in unserer objektiven Welt die perspektivische relative Lage und die scheinbare Größe der Objekte von verschiedener Entfernung wechseln, so wie der Beobachter sich bewegt. Wie wir nun tatsächlich imstande sind, aus diesen wechselnden Gesichtsbildern zu erkennen, daß die Objekte rings um uns ihre relative gegenseitige Lage und Größe nicht verändern, so lange die perspektivischen Verschiebungen genau dem in der bisherigen Erfahrung bewährten Gesetze entsprechen, welchem sie bei ruhenden Objekten unterworfen sind, wie wir dagegen bei jeder Abweichung von diesem Gesetze auf Bewegung der Objekte schließen: so würde, wie ich selbst, als Anhänger der empiristischen Theorie der Wahrnehmung, glaube voraussetzen zu dürfen, auch jemand, der aus dem euklidischen Raume in den pseudosphärischen überträte, anfangs zwar Scheinbewegungen der Objekte zu sehen glauben, aber sehr bald lernen, eine Schätzung der Raumverhältnisse den neuen Bedingungen anzupassen.

Dies letztere ist aber eine Voraussetzung, die nur nach der Analogie dessen, was wir sonst von den Sinneswahrnehmungen wissen, gebildet ist, und durch den Versuch nicht geprüft werden kann. Nehmen wir also an, die Beurteilung der Raumverhältnisse bei einem solchen Beobachter könnte

---

* Siehe: Über die Axiome der Geometrie S. 15

nicht mehr geändert werden, weil sie mit angeborenen Formen der Raumanschauung zusammenhinge: so würde derselbe doch schnell ermitteln, daß die Bewegungen, die er zu sehen glaubt, nur Scheinbewegungen sind, da sie immer wieder zurückgehen, wenn er selbst sich auf seinen ersten Standpunkt zurückbegibt; oder ein zweiter Beobachter würde konstatieren können, daß Alles in Ruhe bleibt, während der erste den Ort wechselt. Wenn also vielleicht auch nicht vor der unreflektierten Anschauung, würde doch bald vor der wissenschaftlichen Untersuchung sich herausstellen können, welches die physikalisch konstanten Raumverhältnisse sind, etwa so wie wir selbst durch wissenschaftliche Untersuchungen wissen, daß die Sonne feststeht und die Erde rotiert, trotzdem der sinnliche Schein fortbesteht, daß die Erde stillsteht und die Sonne in 24 Stunden einmal um sie herumläuft.

Dann aber würde diese ganze vorausgesetzte transzendentale Anschauung a priori in den Rang einer *Sinnestäuschung,* eines *objektiv falschen Scheines* herabgesetzt werden, von der wir uns zu befreien und die wir zu vergessen suchen müßten, wie es bei der scheinbaren Bewegung der Sonne der Fall ist. Es würde dann ein Widerspruch sein zwischen dem, was nach der angeborenen Anschauung als räumlich gleichwertig erscheint, und dem, was in den objektiven Phänomenen sich als solches erweist. Unser ganzes wissenschaftliches und praktisches Interesse würde an das letztere geknüpft sein. Die transzendentale Anschauungsform würde die physikalisch gleichwertigen Raumverhältnisse nur so darstellen, wie eine ebene Landkarte die Oberfläche der Erde, sehr kleine Stücke und Streifen richtig, größere dagegen notwendig falsch. Es würde sich dann nicht bloß um die *Erscheinungsweise* handeln, die ja notwendig eine Modifikation des darzustellenden Inhalts bedingt, sondern darum, daß die Beziehungen zwischen Erscheinung und Inhalt, die für engere Grenzen Übereinstimmung zwischen beiden herstellen, auf weitere Grenzen ausgedehnt einen *falschen Schein* geben würden[82].

Die Folgerung, welche ich aus diesen Betrachtungen ziehe, ist diese: Wenn es wirklich eine uns angeborene und unvertilgbare Anschauungsform des Raumes mit Einschluß der Axiome gäbe, so würden wir zu ihrer objektiven wissenschaftlichen Anwendung auf die Erfahrungswelt erst berechtigt sein, wenn durch Beobachtung und Versuch konstatiert wäre, daß die nach der vorausgesetzten transzendentalen Anschauung gleichwertigen Raumteile auch physisch gleichwertig seien. Diese Bedingung trifft zusammen mit *Riemanns* Forderung, daß das Krümmungsmaß des Raumes, in dem wir leben, empirisch durch Messung bestimmt werden müsse.

Die bisher ausgeführten Messungen dieser Art haben keine merkliche Abweichung des Wertes dieses Krümmungsmaßes von Null ergeben. Als tatsächlich richtig innerhalb der bis jetzt erreichten Grenzen der Genauigkeit des Messens können wir die *euklidische* Geometrie also allerdings ansehen[83].

§ 2.

Die Erörterungen des ersten Paragraphen blieben ganz im Gebiete des Objektiven und des realistischen Standpunkts des Naturforschers, wobei die begriffliche Fassung der Naturgesetze der Endzweck ist und die Kenntnis durch Anschauung nur eine erleichternde Hilfe, beziehlich ein zu beseitigender falscher Schein.

Professor *Land* glaubt nun, daß ich bei meinen Auseinandersetzungen die Begriffe des *Objektiven* und des *Realen* verwechselt hätte, daß bei meiner Behauptung, die geometrischen Sätze könnten an der Erfahrung geprüft und durch sie bestätigt werden, unbegründeter Weise vorausgesetzt sei (Mind. II., p. 46) „that empirical knowledge is acquired by simple importation or by counterfeit, and not by peculiar operations of the mind, sollicited by varied impulses from an unknown reality". Wenn Land meine Arbeiten über Sinnesempfindungen gekannt hätte, würde er gewußt haben, daß ich selbst mein Leben lang gegen eine solche Voraussetzung, wie er mir unterschiebt, gekämpft habe. Ich habe von dem Unterschiede des Objektiven und Realen in meinem Aufsatze nicht gesprochen, weil mir in der vorliegenden Untersuchung gar kein Gewicht auf diesen Unterschied zu fallen schien. Um diese meine Meinung zu begründen, wollen wir jetzt, was in der realistischen Ansicht hypothetisch ist, fallen lassen und nachweisen, daß die bisher aufgestellten Sätze und Beweise auch dann noch einen vollkommen richtigen Sinn haben, daß man auch dann noch nach der physischen Gleichwertigkeit von Raumgrößen zu fragen und darüber durch Erfahrung zu entscheiden berechtigt ist.

Die einzige Voraussetzung, welche wir festhalten, ist die des Kausalgesetzes, daß nämlich die mit dem Charakter der Wahrnehmung in uns zustande kommenden Vorstellungen nach festen Gesetzen zustande kommen, so daß, wenn verschiedene Wahrnehmungen sich uns aufdrängen, wir berechtigt sind, daraus auf Verschiedenheit der realen Bedingungen zu schließen, unter denen sie sich gebildet haben. Übrigens wissen wir über diese Bedingungen selbst, über das eigentlich Reale, was den Erscheinungen zugrunde liegt, nichts; alle Meinungen, die wir sonst darüber hegen mögen, sind nur als mehr oder minder wahrscheinliche Hypothesen zu betrachten. Die vorangestellte Voraussetzung dagegen ist das Grundgesetz unseres Denkens; wenn wir sie aufgeben wollten, so würden wir damit überhaupt darauf Verzicht leisten, diese Verhältnisse denkend begreifend zu können.

Ich hebe hervor, daß über die Natur der Bedingungen, unter denen Vorstellungen entstehen, hier gar keine Voraussetzungen gemacht werden sollen. Ebenso gut, wie die realistische Ansicht, deren Sprache wir bisher gebraucht haben, wäre zulässig die Hypothese des subjektiven Idealismus. Wir könnten annehmen, daß all unser Wahrnehmen nur ein Traum sei, wenn auch ein in sich höchst konsequenter Traum, in dem sich Vorstellung aus Vorstellung nach festen Gesetzen entwickelte. In diesem Falle würde der Grund, daß eine neue scheinbare Wahrnehmung eintritt, nur darin zu suchen sein, daß in der Seele des Träumenden Vorstellungen bestimmter anderer Wahrnehmungen und etwa auch Vorstellungen von eigenen Willensimpulsen bestimmter Art vorausgegangen sind. Was wir in der realistischen Hypothese Naturgesetze nennen, würden in der idealistischen Gesetze sein, welche die Folge der mit dem Charakter der Wahrnehmung aufeinander folgenden Vorstellungen regeln.

Nun finden wir als Tatsache des Bewußtseins, daß wir Objekte wahrzunehmen glauben, die sich an bestimmten Orten im Raume befinden. Daß ein Objekt an einem bestimmten besonderen Orte erscheint und nicht an einem anderen, wird abhängen müssen von der Art der realen Bedingungen, welche die Vorstellung hervorrufen. Wir müssen schließen, daß andere reale Bedingungen hätten vorhanden sein müssen, um zu bewirken, daß die Wahrnehmung eines anderen Orts des gleichen Objekts eintrete. Es müssen also in dem Realen irgendwelche Verhältnisse oder Komplexe von Verhältnissen bestehen, welche bestimmen, an welchem Ort im Raume uns ein Objekt erscheint. Ich will diese, um sie kurz zu bezeichnen, *topogene Momente* nennen. Von ihrer Natur wissen wir nichts, wir wissen nur, daß das Zustandekommen räumlich verschiedener Wahrnehmungen eine Verschiedenheit der topogenen Momente voraussetzt.

Daneben muß es im Gebiete des Realen andere Ursachen geben, welche bewirken, daß wir zu verschiedener Zeit am gleichen Orte verschiedene stoffliche Dinge von verschiedenen Eigenschaften wahrzunehmen glauben. Ich will mir erlauben, diese mit dem Namen der *hylogenen Momente* zu bezeichnen. Ich wähle diese neuen Namen um alle Einmischung von Nebenbedeutungen abzuschneiden, die sich an gebräuchliche Worte knüpfen könnten [84].

Wenn wir nun irgend etwas wahrnehmen und behaupten, was eine gegenseitige Abhängigkeit von Raumgrößen aussagt, so ist zweifelsohne der tatsächliche Sinn einer solchen Aussage nur der, daß zwischen gewissen topogenen Momenten, deren eigentliches Wesen uns aber unbekannt bleibt, eine gewisse gesetzmäßige Verbindung stattfindet, deren Art uns ebenfalls unbekannt ist. Eben deshalb sind *Schopenhauer* und viele Anhänger von *Kant* zu der unrichtigen Folgerung gekommen, daß in unseren

Wahrnehmungen räumlicher Verhältnisse überhaupt kein realer Inhalt sei, daß der Raum und seine Verhältnisse nur transzendentaler Schein seien, ohne daß irgend etwas Wirkliches ihnen entspreche[85]. Wir sind aber jedenfalls berechtigt, auf unsere räumlichen Wahrnehmungen dieselben Betrachtungen anzuwenden, wie auf andere sinnliche Zeichen z. B. die Farben. Blau ist nur eine Empfindungsweise; daß wir aber zu einer gewissen Zeit in einer bestimmten Richtung Blau sehen, muß einen realen Grund haben. Sehen wir zu einer Zeit dort Rot, so muß dieser reale Grund verändert sein.

Wenn wir beobachten, daß verschiedenartige physikalische Prozesse in kongruenten Räumen während gleicher Zeitperioden verlaufen können, so heißt dies, daß im Gebiete des Realen gleiche Aggregate und Folgen gewisser hylogener Momente zustande kommen und ablaufen können in Verbindung mit gewissen bestimmten Gruppen verschiedener topogener Momente, solcher nämlich, die uns die Wahrnehmung physisch gleichwertiger Raumteile geben. Und wenn uns dann die Erfahrung belehrt, daß jede Verbindung oder jede Folge hylogener Momente, die in Verbindung mit der einen Gruppen topogener Momente bestehen oder ablaufen kann, auch mit jeder physikalisch äquivalenten Gruppe anderer topogener Momente möglich ist, so ist dies jedenfalls ein Satz, der einen realen Inhalt hat, und die topogenen Momente beeinflussen also unzweifelhaft den Ablauf realer Prozesse.

In dem oben angegebenen Beispiel mit den zwei gleichseitigen Dreiecken handelt es sich nur 1) um Gleichheit oder Ungleichheit, d. h. physische Gleichwertigkeit oder Nicht-Gleichwertigkeit von Punktabständen; 2) um Bestimmtheit oder Nicht-Bestimmtheit der topogenen Momente gewisser Punkte. Diese Begriffe von Bestimmtheit und von Gleichwertigkeit in Beziehung auf gewisse Folgen können aber auch auf Objekte von übrigens ganz unbekanntem Wesen angewendet werden. Ich schließe daraus, daß die Wissenschaft, welche ich physische Geometrie genannt habe, Sätze von realem Inhalt enthält, und daß ihre Axiome bestimmt werden, nicht von bloßen Formen des Vorstellens, sondern von Verhältnissen der realen Welt[86].

Dies berechtigt uns noch nicht, die Annahme einer Geometrie, die auf transzendentale Anschauung gegründet ist, für unmöglich zu erklären. Man könnte z. B. annehmen, daß eine Anschauung von der Gleichheit zweier Raumgrößen ohne physische Messung unmittelbar durch die Einwirkung der topogenen Momente auf unser Bewußtsein hervorgebracht werde, daß also gewisse Aggregate topogener Momente auch in bezug auf eine psychische, unmittelbar wahrnehmbare Wirkung äquivalent seien. Die ganze *euklidische* Geometrie läßt sich herleiten aus der Formel, welche die Entfernung zweier Punkte als Funktion ihrer rechtwinkeligen Koordinaten gibt. Nehmen wir an, daß die Intensität jener psychischen Wirkung, deren Gleichheit als Gleichheit der Entfernung zweier Punkte im Vorstellen erscheint, in derselben Weise von irgendwelchen drei Funktionen der topogenen Momente jedes Punktes abhängt, wie die Entfernung im *euklidischen* Raume von den drei Koordinaten eines jeden, so müßte das System der reinen Geometrie eines solchen Bewußtseins die Axiome des Euklid erfüllen, wie auch übrigens die topogenen Momente der realen Welt und ihre physische Äquivalenz sich verhielten. Es ist klar, daß in diesem Falle die Übereinstimmung zwischen psychischer und physischer Gleichwertigkeit der Raumgrößen nicht allein aus der Form der Anschauung entschieden werden könnte. Und wenn sich Übereinstimmung herausstellen sollte, so wäre diese als ein Naturgesetz, oder, wie ich es in meinem populären Vortrage bezeichnet habe, als eine praestabilierte Harmonie zwischen der Vorstellungswelt und der realen Welt aufzufassen, ebensogut wie es auf Naturgesetzen beruht, daß die von einem Lichtstrahl beschriebene gerade Linie mit der von einem gespannten Faden gebildeten zusammenfällt.

Ich meine damit gezeigt zu haben, daß die Beweisführung, die ich im § 1 in der Sprache der realistischen Hypothese gegeben habe, sich auch ohne deren Voraussetzungen gültig erweist.

Wenn wir die Geometrie auf Tatsachen der Erfahrung anwenden wollen, wo es sich immer nur um physische Gleichwertigkeit handelt, können nur die Sätze derjenigen Wissenschaft angewendet werden, die ich als physische Geometrie bezeichnet habe. Wer die Axiome aus der Erfahrung herleitet, dem ist unsere bisherige Geometrie in der Tat physische Geometrie, die sich nur auf eine große Menge planlos gesammelter, statt auf ein System methodisch durchgeführter Erfahrungen stützt. Zu erwähnen ist übrigens, daß dies schon die Ansicht von *Newton* war, der in der Einleitung zu den „Principia" erklärt: „Geometrie selbst hat ihre Begründung in mechanischer Praxis und ist in der Tat nichts anderes, als derjenige Teil der gesamten Mechanik, welcher die Kunst des Messens genau feststellt und begründet*."

Dagegen ist die Annahme einer Kenntnis der Axiome aus transzendentaler Anschauung:

1) Eine *unerwiesene* Hypothese;

2) eine *unnötige* Hypothese, da sie nichts in unserer tatsächlichen Vorstellungswelt zu erklären vorgibt, was nicht auch ohne ihre Hilfe erklärt werden könnte;

3) eine für die Erklärung unserer Kenntnis der wirklichen Welt *gänzlich*

---

* Fundatur igitur Geometria in praxi Mechanica, et nihil aliud est quam Mechanicae universalis pars illa, quae artem mensurandi accurate proponit ac demonstrat.

unbrauchbare Hypothese, da die von ihr aufgestellten Sätze auf die Verhältnisse der wirklichen Welt immer erst angewendet werden dürfen, nachdem ihre objektive Gültigkeit erfahrungsmäßig geprüft und festgestellt worden ist.

Kants Lehre von den a priori gegebenen Formen der Anschauung ist ein sehr glücklicher und klarer Ausdruck des Sachverhältnisses; aber diese Formen müssen inhaltsleer und frei genug sein, um jeden Inhalt, der überhaupt in die betreffende Form der Wahrnehmung eintreten kann, aufzunehmen. Die Axiome der Geometrie aber beschränken die Anschauungsform des Raumes so, daß nicht mehr jeder denkbare Inhalt darin aufgenommen werden kann, wenn überhaupt Geometrie auf die wirkliche Welt anwendbar sein soll. Lassen wir sie fallen, so ist die Lehre von der Transzendentalität der Anschauungsform des Raumes ohne allen Anstoß[87]. Hier ist Kant in seiner Kritik nicht kritisch genug gewesen; aber freilich handelte es sich dabei um Lehrsätze aus der Mathematik, und dies Stück kritischer Arbeit mußte durch die Mathematiker erledigt werden.

Die Tatsachen in der Wahrnehmung:
Rede, gehalten zur Stiftungsfeier der
Friedrich-Wilhelm-Universität
zu Berlin 1878.

Erläuterungen

147 [1] Die bei Gelegenheit der Stiftungsfeier der Berliner Universiät im Jahre 1878 gehaltene Rektoratsrede „Die Tatsachen in der Wahrnehmung" gilt mit Recht als die gehaltvollste von *Helmholtz'* erkenntnistheoretischen Arbeiten. Wenn die Bemerkung *Koenigsbergers* (H. v. Helmholtz, II, S. 78), Helmholtz habe hier „ein in sich abgeschlossenes System der Philosophie" gegeben, auch ein wenig zu weitgreifend erscheint, so ist doch sicher, daß der Vortrag die vollkommenste, geschlossenste Darstellung seiner Erkenntnislehre enthält. Form und Inhalt stehen auf einer Höhe, daß man Koenigsberger gern beistimmen kann, wenn er die Arbeit als die „schönste und bedeutsamste" seiner Reden erklärt (a.a.O. 246). Eine wie große prinzipielle Wichtigkeit Helmholtz selbst dem Gegenstande der Rede zuschrieb, läßt sich vielleicht am besten aus den volltönenden Titeln erkennen, die er vorübergehend als Überschrift des Vortrages in Betracht zog. „Den Titel werde ich zuletzt machen", schreibt er seiner Frau, „ich weiß ihn noch nicht. Vielleicht: ‚Was ist wirklich?' oder ‚Alles Vergängliche ist nur ein Gleichnis' oder ‚Ein Gang zu den Müttern'." (a.a.O. 246).

149 [2] Das Prädikat „wahr" darf im strengen Sinne nur Urteilen (Aussagen) zugeschrieben werden. Man kann also nach der Wahrheit des *Denkens* fragen, insofern „denken" mit „urteilen" gleichbedeutend sein soll. Sprechen wir aber von Wahrheit in unserem *Anschauen*, so bezieht sich diese Redeweise nur auf Urteile *über* unser Anschauen, oder auf Urteile, die im Anschauen versteckt enthalten sind, falls es dergleichen geben sollte.

149 [3] Diese Frage läßt sich unter die vorige mit einbegreifen, denn das Verhältnis unserer Vorstellungen zur Wirklichkeit ist für Leben und Forschen eben deshalb wichtig, weil man es kennen muß, um wahre Urteile über die Wirklichkeit zu fällen.

149 [4] *Helmholtz'* Anschauungen scheinen vorauszusetzen, daß man die Philosophie irgendwie als Wissenschaft vom *Geistigen* definiert.

Eine solche Begriffsbestimmung dürfte aber kaum zweckmäßig sein, denn das Geistige, hier offenbar mit dem „Psychischen" identisch gedacht, bildet ja den Gegenstand einer Einzelwissenschaft, der Psychologie. Es ist zwar gelegentlich versucht worden, psychologisches und philosophisches Forschen einfach zu identifizieren (so hat *Theodor Lipps* die Philosophie als „Geisteswissenschaft oder Wissenschaft der inneren Erfahrung" definieren wollen), aber auf diese Weise wird man sicherlich weder der Philosophie noch der Psychologie gerecht – betrachten doch manche, und nicht ohne Berechtigung, die Psychologie als einen Zweig der Naturwissenschaft. Ohne hier auf die umstrittene und im Grunde unwesentliche Frage nach der Definition der Philosophie einzugehen, können wir sagen, daß der völlig richtige Gedanke, den Helmholtz hier im Sinne hat, besser wohl so formuliert würde: Naturwissenschaften und Geisteswissenschaften gelangen, wenn sie ihre eigenen Fragen bis zu den letzten Gründen verfolgen, schließlich notwendig in die Erkenntnistheorie und begegnen sich dort, also auf dem Gebiet der Philosophie. Auf diesem Gebiet entscheidet sich auch erst, ob oder in welchem Sinne die übliche Scheidung des Geistigen und Körperlichen aufrecht erhalten werden kann. Wenn Helmholtz hier die „Einwirkungen der Körperwelt" und die „eigene Tätigkeit des Geistes" gegenüberstellt, so schließt er sich damit in der Ausdrucksweise der populären Weltauffassung an – ob damit etwa auch sachlich bestimmte Voraussetzungen in unkritischer Weise eingeführt werden, wird sich erst im Verlauf der weiteren Betrachtungen zeigen (vgl. unten Anm. 49).

150 [5] Man muß sich sorglich davor hüten, die Bedeutung des Terminus „vor der Erfahrung" in der *Kantschen* Philosophie mißzuverstehen. Das Wörtchen „vor" ist nämlich doppeldeutig, da es zeitlich oder logisch verstanden werden kann. Bei Kant sind die apriorischen Erkenntnisse lediglich im *logischen* Sinne *vor* der Erfahrung, d. h. ihre Gültigkeit ist nicht von Erfahrungen abhängig, hat ihren logischen Grund nicht in ihnen. Kant sagt mit Entschiedenheit (Kritik der reinen Vernunft, 2. Aufl., Einleitung): „Der Zeit nach geht also keine Erkenntnis in uns vor der Erfahrung vorher, und mit dieser fängt alle an. – Wenn aber gleich alle unsere Erkenntnis *mit* der Erfahrung anhebt, so entspringt sie darum doch nicht eben alle *aus* der Erfahrung."

150 [6] Statt „transzendental" müßte es richtig „apriorisch" heißen. Daß *Helmholtz* beide Termini oft vertauscht hat, wurde schon erwähnt (Anm. I, 55). A priori ist für *Kant* alles, was unabhängig von der

Erfahrung gilt; das Wort transzendental hat eine etwas kompliziertere Bedeutung. Kants Worterklärung lautet (Kritik der reinen Vernunft, Reclam-Ausgabe S. 43f.): „Ich nenne alle Erkenntnis transzendental, die sich nicht sowohl mit Gegenständen, sondern mit unserer Erkenntnisart von Gegenständen, insofern diese a priori möglich sein soll, beschäftigt." Und an einer anderen Stelle (ebenda S. 80) sagt er ausdrücklich: „Daher ist weder der Raum, noch irgendeine geometrische Bestimmung desselben a priori eine transzendentale Vorstellung, sondern nur die Erkenntnis, daß diese Vorstellungen gar nicht empirischen Ursprungs seien, und die Möglichkeit, wie sie sich gleichwohl a priori auf Gegenstände der Erfahrung beziehen könne, kann transzendental heißen."

150 [7] Nach *Locke* (1632–1704) gibt es zwei Arten von Eigenschaften: nämlich die quantitativ faßbaren räumlichen und zeitlichen, die nach seiner Ansicht den Dingen selber zukommen und die er als „primäre" Eigenschaften bezeichnet; von ihnen unterscheiden sich die „sekundären Qualitäten" wie rot, kalt, laut usw. dadurch, daß sie nur Bestimmungen des wahrnehmenden Bewußtseins sind, in welchem sie durch Einwirkung der Körper auf die Sinnesorgane erzeugt werden. Sie sind also gar keine Eigenschaften der Dinge, sondern gehören nur dem Subjekt an und haben keine Ähnlichkeit mit den wahren Eigenschaften der äußeren Dinge. Das ist die Lehre von der „Subjektivität der Sinnesqualitäten", die bereits im Altertum von *Demokrit* ganz deutlich ausgesprochen wurde. In der neueren Zeit wurde sie schon vor Locke wohl zuerst von *Galilei* wieder vertreten.

151 [8] Das von *Joh. Müller* so benannte Gesetz der spezifischen Sinnesenergien ist von ihm freilich nicht ganz einwandfrei formuliert worden. Man kann es vielleicht vorsichtiger so aussprechen: die Modalität der Empfindung hängt unmittelbar allein davon ab, welche Region des Zentralorgans in einen entsprechenden Erregungszustand versetzt ist, unabhängig von den äußeren Ursachen, welche die Erregung bewirken. Es sind wohl noch bessere, allgemeinere Formulierungen möglich – aber der eigentliche Grundgedanke, der eben die Lehre von der Subjektivität der Sinnesqualitäten in physiologischer Fassung ausspricht, bleibt derselbe und bleibt richtig. Die *prinzipiellen* Angriffe, die z.B. *W. Wundt* in seiner Psychologie gegen das Gesetz von Joh. Müller gerichtet hat, sind daher jedenfalls unberechtigt.

152 [9] Die Tatsache, daß man Lichtschwingungen nach der (gerade auch durch *Helmholtz'* Mitwirkung zum Siege gelangten) elektroma-

gnetischen Lichttheorie heute nicht mehr als stoffliche Bewegungen auffaßt und folglich als von Schallwellen wesentlich verschieden ansieht, ist für den hier von Helmholtz vollzogenen Vergleich belanglos.

152 [10]   Nach der *Young-Helmholtzschen* Theorie gibt es in der Netzhaut des Auges drei verschiedene *Grundprozesse,* die den Empfindungen Rot, Grün, Blau entsprechen. Die Empfindungen der übrigen Farben stellen sich nach dieser Theorie ein, wenn mehrere jener Prozesse zugleich erregt werden. Jede Farbenempfindung ist aber psychologisch gesprochen zweifellos etwas Einfaches, Unzerlegbares. Man darf mithin streng genommen nur von einer Mischung der physiologischen Prozesse reden, nicht von einer Mischung der Empfindungen oder „in der Empfindung". Daß Helmholtz zwischen dem physiologischen Vorgang der Sinneserregung und dem psychologischen Vorgang der Empfindung nicht streng genug geschieden hat, wird sich uns noch mehrfach zeigen. Nebenbei sei bemerkt, daß die modernen Farbentheorien *(Hering, v. Kries, G. E. Müller),* um einen besseren Anschluß an die Erfahrungstatsachen zu erzielen, nicht unerheblich von der Young-Helmholtzschen Ansicht abgewichen sind. Doch das ist für die erkenntnistheoretischen Zusammenhänge ganz unwesentlich.

153 [11]   *Helmholtz'* Theorie der Konsonanz, auf die er sich in diesem Absatz bezieht, ist nicht unbestritten geblieben. Besonders *Stumpf* hat in seiner „Tonpsychologie" eine Ansicht entwickelt, die auf wesentlich anderen Grundlagen ruht. Aber wiederum kommt es in diesem Zusammenhange auf die Richtigkeit der psycho-physiologischen Theorie gar nicht an, da sie nur die Aufgabe eines erläuternden Beispiels zu erfüllen hat.

153 [12]   Die Formulierung dieses Satzes könnte von verschiedenen Seiten aus angegriffen werden. Hier sei nur darauf hingewiesen, daß es bedenklich ist, die Empfindungen als Wirkungen „in unseren Organen" zu bezeichnen, denn sie sind als psychische Größen offenbar nicht sowohl in den Organen als im *Bewußtsein.* Wir haben das Quidproquo vor uns, das soeben schon in Anm. 10 berührt wurde, und das nur dann unschädlich bliebe, wenn man nachweisen könnte, daß *Helmholtz* das Wort Empfindung immer nur „in physischer Beziehung", als Vorgang im Sinnesorgan, verstanden habe (vgl. *B. Erdmann,* Die philosophischen Grundlagen von Helmholtz' Wahrnehmungstheorie, S. 19). Wo er es tut, stellt er ihr das entsprechende psychische Datum als „Wahrnehmung" gegenüber; so heißt es in einer von *Königsberger* (H. v. Helmholtz, II, S. 129) mitgeteilten

frühen Aufzeichnung: „Wahrnehmung ist Bewußtwerden einer bestimmten Empfindung, d.h. eines bestimmten Zustandes unserer Organe." Aber diese Bezeichnungs- und Denkweise scheint doch nicht konsequent festgehalten zu sein.

153 [13] Da nicht nur die Äußerung der Empfindung, sondern diese selbst verschieden ist, müßte es statt „wie eine solche Wirkung sich äußert" wohl besser heißen: „was für eine Wirkung eintritt".

154 [14] Der Ausdruck „Wahrheit der Bilder" ist nach Anm. 2 als abkürzende Redeweise aufzufassen mit dem Sinn: „Wahrheit der Urteile, in denen Gleichheit der Gegenstände mit den Bildern behauptet wird." Analog erklärt *Helmholtz* an einer anderen Stelle (1. Aufl. der Physiolog. Optik, abgedruckt 3. Aufl., Bd. III, S. 18) wahre Vorstellungen als solche, die uns zu zweckmäßigem Handeln führen: Der Erfolg des Handelns ist nämlich ein Anzeichen für die Richtigkeit der zugrunde gelegten Urteile: „Ich meine daher, daß es gar keinen möglichen Sinn haben kann, von einer anderen Wahrheit unserer Vorstellungen zu sprechen, als von einer *praktischen*. Unsere Vorstellungen von den Dingen *können* gar nichts anderes sein als Symbole, natürlich gegebene Zeichen für die Dinge, welche wir zur Regelung unserer Bewegungen und Handlungen benutzen lernen. Wenn wir jene Symbole richtig lesen gelernt haben, so sind wir imstande, mit ihrer Hilfe unsere Handlungen so einzurichten, daß dieselben den gewünschten Erfolg haben, d.h. die erwarteten neuen Sinnesempfindungen eintreten. Eine andere Vergleichung zwischen den Vorstellungen und den Dingen gibt es nicht nur in der *Wirklichkeit* nicht – darüber sind alle Schulen einig – sondern eine andere Art der Vergleichung ist gar nicht *denkbar* und hat keinen Sinn."

153 [15] Daß eine solche Abbildung der Gesetzmäßigkeit des Wirklichen mit Hilfe eines Zeichensystems überhaupt das Wesen aller Erkenntnis ausmacht, daß also unser Erkennen nur auf diese Weise seine Aufgabe erfüllen kann und keiner anderen Methode dazu bedarf, wird zu zeigen versucht in *Schlick,* Allgemeine Erkenntnislehre, I. Teil.

154 [16] Die Ausdrucksweise dieses Satzes zusammen mit dem folgenden erweckt den Anschein, als habe *Kant* die Qualitäten der Empfindung für eine „Form der Anschauung" erklärt. Dies ist durchaus nicht der Fall. Nur Raum und Zeit sind nach Kant Formen, die Empfindungsqualitäten sind ihm stets *Inhalte* des Anschauens, und sie haben bei ihm eine ganz andere Bedeutung für die Erkenntnis als die Formen (nur letztere nämlich sind ihm Quellen

synthetischer Urteile a priori). *Helmholtz'* Satz soll einfach besagen, daß die Empfindungsqualitäten lediglich *subjektiv* sind.

154 [17] Dieser Satz muß nicht so gedeutet werden, als ob *Helmholtz* die von der modernen Psychologie meist geleugnete Existenz sogenannter „Innervationsempfindungen" behauptete. Er weist nur auf die natürlich unbezweifelbare Tatsache hin, daß wir bei der Ausführung einer willkürlichen Bewegung eben ein Bewußtsein davon haben, daß wir die Bewegung einleiten. Lageänderungen und Bewegungen unserer Gliedmaßen selbst werden uns übrigens durch die sog. kinästhetischen Empfindungen bewußt, die vermutlich durch besondere, in den Muskeln, Sehnen und Gelenken endigende Sinnesnerven vermittelt werden.

155 [18] Hier bestreitet *Helmholtz* offenbar dem Sinne nach die Existenz besonderer Innervationsempfindungen sogar ausdrücklich, denn er meint ja, daß das Bewußtsein der Impulse nicht durch bestimmte spezifische Empfindungsqualitäten charakterisiert wird, sondern durch die Vorstellung der mit ihnen verknüpften Bewegungen. Im übrigen sind die von Helmholtz hier etwa im einzelnen gemachten psychologischen Annahmen, wie auch *B. Erdmann* meint (a. a. O. 26), „für den wesentlichen Gehalt seiner Lehre belanglos".

155 [19] Der Satz ist wohl dem Sinne nach verständlich, die Formulierung wird aber wieder beeinträchtigt durch die Neigung, den Unterschied zwischen der Empfindung als psychisches Datum und als Erregung des Sinnesorgans zu verwischen. Die von *Helmholtz* vorgenommene Gegenüberstellung der „Wahrnehmung *psychischer* Tätigkeiten" und der „Empfindungen der äußeren Sinne" scheint nur möglich zu sein, wenn die letzteren als nichtpsychisch aufgefaßt werden; dem widersprechen aber die beiden nächsten Sätze, in welchen von Empfindungsqualitäten offensichtlich als von Bewußtseinsinhalten die Rede ist. Hätte Helmholtz den „äußeren" Sinnen die „inneren" Tätigkeiten (statt der „psychischen") gegenübergestellt, so würde dies seiner im vorigen Absatz (S. 154) aufgestellten Unterscheidung der inneren und äußeren Anschauung entsprochen haben. Aber auch diese ist aus mancherlei Gründen bedenklich (vgl. *Schlick,* Allgem. Erkenntnislehre, § 19), und die einzig rechtmäßige Art, dem von Helmholtz hier entwickelten Unterschied zwischen räumlichen und nichträumlichen Erlebnissen gerecht zu werden, besteht wohl darin, daß man zu den ersteren schlechthin *alle Sinneswahrnehmungen* rechnet, zu den letzteren aber einfach alle übrigen Bewußtseinsinhalte.

Den Satz, daß die Empfindungen „unter irgendwelcher Art der Innervation vor sich gehen", kann man sich an Beispielen erläutern: Tastwahrnehmungen erfordern im allgemeinen eine Bewegung der tastenden Hand, Gesichtswahrnehmungen eine Bewegung des blickenden Auges, des Kopfes usw. Bei den Schallwahrnehmungen, wo dies in geringerem Maße gilt (obwohl auch hier Hinneigen des Ohres, Herantreten an die Schallquelle usw. mitspielen), ist auch sofort die räumliche Bestimmtheit weniger ausgesprochen.

155 [20] Wieder ist hier wie oben der Ausdruck „Anschauungsform" in völlig anderem Sinne gebraucht als bei *Kant* (vgl. Anm. 16). *Helmholtz* hat aber ganz recht, die von ihm beschriebene Raumanschauung den Empfindungsqualitäten zu koordinieren, denn es handelt sich in beiden Fällen um subjektive, psychische Inhalte. Was er nämlich im vorhergehenden und nachfolgenden schildert, ist der *psychologische* Raum (oder eigentlich die psychologischen Räume; denn man muß die räumlichen Daten z. B. der Bewegungsempfindungen von denen der Gesichts- oder der Tastwahrnehmungen als etwas gänzlich Verschiedenes trennen, wenn sie auch alle durch enge Assoziationen verbunden sind), nicht der physisch-geometrische Raum. Der letztere ist eine qualitätslose, formale, begriffliche Konstruktion, der erstere als anschauliche Gegebenheit nach Helmholtz' Worten mit den Qualitäten der Empfindungen behaftet und ebenso rein subjektiv wie diese.

155 [21] In der Tat ist z. B. der süße Geschmack des Zuckers, obwohl rein subjektiv, nichts weniger als Schein, sondern als Empfindungsqualität von unbezweifelbarster Wirklichkeit. Ebenso die räumlichen Eigenschaften der Wahrnehmungen, mit deren Hilfe wir uns ja in der Umwelt mit größter Sicherheit orientieren. Ein Schein würde vorliegen, wenn die Wahrnehmungen uns zu verkehrtem Verhalten den Dingen gegenüber verleiteten – so etwa, wenn wir nach dem Spiegelbilde eines Gegenstandes greifen, weil wir es fälschlich für den Gegenstand selbst halten. Vgl. Anm. 31.

155 [22] Nach dieser ganz richtigen Erklärung ist das Urteil, die äußere Anschauung sei räumlich, von *notwendiger* Gültigkeit, weil es analytisch ist (vgl. Anm. I, 2), denn wir *nennen* eben das „außen", was in dem beschriebenen Sinne räumlich bestimmt ist. Dazu gehört natürlich auch unser eigener Körper, der ja gegenüber dem Selbstbewußtsein als etwas Äußeres aufgefaßt wird.

155 [23] Die Art der Apriorität des Raumes, die *Helmholtz* ihm in den Worten des Textes zuschreibt, muß als eine „psychologische" be-

zeichnet werden. Es ist nicht unwichtig festzustellen, ob oder wie weit seine Auffassung sich mit *Kants* Lehre deckt, auf die sich Helmholtz ausdrücklich bezieht, und an die er anknüpft. Nun stehen sich zwei verschiedene Interpretationen des Kantschen Apriorismus gegenüber: Erstens die von Helmholtz selbst hauptsächlich berücksichtigte (z. B. auch von *Schopenhauer* vertretene) psychologische Auffassung, die als wesentlichsten Zug der apriorischen Erkenntnisse ihre Bedingtheit durch die psychische Organisation des erkennenden Bewußtseins betrachtet. Zweitens die transzendental-logische Auslegung, nach welcher das Wesen des Apriori darin besteht, daß es die letzten Grundsätze umfaßt, durch die alle strenge Erkenntnis allein begründet, in ihrer Gültigkeit verbürgt wird. Unbefangene Lektüre der Schriften Kants scheint zu lehren, daß der zweite Gesichtspunkt für sein System der wichtigere ist, aber doch in enger, nicht ganz zu lösender Verflechtung mit dem ersten Gesichtspunkt auftritt. Es wird also weder die einseitig psychologische Auffassung dem Kantschen Gedanken gerecht, noch auch die logische Interpretation durch die sog. „neukantischen" Schulen, die alles Psychologische von jeder Verbindung mit dem Apriori streng fernhalten wollen. In Helmholtz' Ausführungen wird, wie gesagt, die Apriorität der Raumanschauung nur im psychologischen Sinne anerkannt, seine Erkenntnistheorie weicht also von der Kantschen durchaus ab, wie er auch selbst deutlich eingesehen hat. Auch *B. Erdmann* urteilt in seiner letzten Schrift (Die philosophischen Grundlagen von Helmholtz' Wahrnehmungstheorie, S. 27), daß nach Helmholtz der Raum eine subjektive Anschauungsform sei „in einem Kants Lehre vom Raum durchweg fremden Sinne", und er meint mit Recht, daß hier „die rationalistischen Gedanken Kants in ihr empiristisches Gegenstück umgebogen" seien.

155 [24] Ein beträchtlicher Teil der Rede über die „Tatsachen der Wahrnehmung" ist von *Helmholtz* in den § 26 der zweiten Auflage der „Physiologischen Optik" wörtlich aufgenommen worden. Dort (S. 588) folgen auf die vorliegende Textstelle einige (aus der ersten Auflage der Optik übernommene) Ausführungen, die wegen ihres erkenntnistheoretischen Interesses hier Platz finden mögen:
„Was zunächst die *Eigenschaften* der Objekte der Außenwelt betrifft, so zeigt eine leichte Überlegung, daß alle Eigenschaften, die wir ihnen zuschreiben, nur *Wirkungen* bezeichnen, welche sie entweder auf unsere Sinne oder auf andere Naturobjekte ausüben. Farbe, Klang, Geschmack, Geruch, Temperatur, Glätte, Festigkeit

gehören der ersteren Klasse an, sie bezeichnen Wirkungen auf unsere Sinnesorgane. Glätte und Festigkeit bezeichnen den Grad des Widerstandes, den die berührten Körper entweder der gleitenden Berührung oder dem Drucke der Hand darbieten. Statt der Hand können aber auch andere Naturkörper eintreten, ebenso für die Prüfung anderer mechanischer Eigenschaften, der Elastizität und Schwere. Die chemischen Eigenschaften beziehen sich ebenfalls auf Reaktionen, d.h. Wirkungen, welche der betrachtete Naturkörper auf andere ausübt. Ebenso ist es mit den anderen physikalischen Eigenschaften der Körper, den optischen, elektrischen, magnetischen. Überall haben wir es mit Wechselbeziehungen verschiedener Körper aufeinander zu tun, mit Wirkungen aufeinander, welche von den Kräften abhängen, die verschiedene Körper aufeinander ausüben. Denn alle Naturkräfte sind Kräfte, welche ein Körper auf den anderen ausübt. Wenn wir uns die bloße Materie ohne Kräfte denken, so ist sie auch ohne Eigenschaften, abgesehen von ihrer verschiedenen Verteilung im Raume und ihrer Bewegung. Alle Eigenschaften der Naturkörper kommen deshalb auch erst zutage, wenn wir sie in die entsprechende Wechselwirkung mit anderen Naturkörpern oder mit unseren Sinnesorganen setzen. Da aber solche Wechselwirkung in jedem Augenblicke eintreten kann, beziehlich auch durch unseren Willen in einem jeden Augenblicke herbeigeführt werden kann, und wir dann immer die eigentümliche Art der Wechselwirkung eintreten sehen, so schreiben wir den Objekten eine dauernde und stets zur Wirksamkeit bereite Fähigkeit zu solchen Wirkungen zu. Diese dauernde Fähigkeit nennen wir *Eigenschaft*.

Daraus geht nun hervor, daß in Wahrheit die *Eigenschaften* der Naturobjekte trotz dieses Namens gar nichts dem einzelnen Objekte an und für sich eigenes bezeichnen, sondern immer eine Beziehung zu einem zweiten Objekte (einschließlich unserer Sinnesorgane) bezeichnen. Die Art der Wirkung muß natürlich immer von den Eigentümlichkeiten sowohl des wirkenden Körpers abhängen, als von denen des Körpers, auf welchen gewirkt wird. Darüber sind wir auch keinen Augenblick in Zweifel, wenn wir von solchen Eigenschaften der Körper reden, welche sich zeigen, wenn der eine auf einen anderen, ebenfalls der Außenwelt angehörigen Körper wirkt, z.B. bei den chemischen Reaktionen. Bei den Eigenschaften dagegen, welche auf Wechselbeziehungen der Dinge zu unseren Sinnesorganen beruhen, sind die Menschen von jeher geneigt gewesen, es zu vergessen, daß wir es auch hier mit der Reaktion gegen ein besonderes Reagens, nämlich unserem Nervenapparat zu tun haben, und daß auch Farbe, Geruch und Geschmack, Gefühl der Wärme und Kälte Wirkungen sind, die ganz wesentlich von der Art des Organs, auf welches gewirkt wird, abhängen. Allerdings sind die Reaktionen der Naturobjekte auf unsere Sinne die am häufigsten und am allgemeinsten wahrgenommen, sie haben für unser Wohlsein und für unsere Behaglichkeit die überwiegendste Wichtigkeit; das Reagens, an welchem wir sie zu erproben haben, ist uns von Natur mitgegeben, aber dadurch wird das Verhältnis nicht anders.

Die Frage zu stellen, ob der Zinnober wirklich rot sei, wie wir ihn sehen, oder ob dies nur eine sinnliche Täuschung sei, ist deshalb sinnlos. Die Empfindung von Rot ist die normale Reaktion normal gebildeter Augen für das von Zinnober reflektierte Licht. Ein Rotblinder wird den Zinnober schwarz oder dunkelgraugelb sehen; auch dies ist die richtige Reaktion für sein besonders geartetes Auge. Er muß nur wissen, daß sein Auge eben anders geartet ist als das anderer Menschen. An sich ist die eine Empfindung nicht richtiger und nicht falscher als die andere, wenn auch die Rotsehenden eine große Majorität für sich haben. Überhaupt existiert die rote Farbe des Zinnobers nur, insofern es Augen gibt, die denen der Majorität der Menschen ähnlich beschaffen sind. Genau mit demselben Rechte ist es eine Eigenschaft des Zinnobers, schwarz zu sein, nämlich für die Rotblinden. Überhaupt ist das vom Zinnober zurückgeworfene Licht an sich durchaus nicht rot zu nennen, es ist nur für bestimmte Arten von Augen rot. Wenn wir von Eigenschaften der Körper sprechen, die sie in bezug auf andere Körper der Außenwelt haben, vergessen wir nicht in der Sprache auch den Körper zu bezeichnen, in bezug auf welchen die Eigenschaft vorhanden ist. Wir sagen: ‚Blei ist löslich in Salpetersäure, es ist nicht löslich in Schwefelsäure‘. Wenn wir bloß sagen wollten: ‚Blei ist löslich‘, so würden wir sogleich bemerken, daß dies eine unvollständige Behauptung ist, und würden sogleich fragen müssen, worin es löslich sei. Wenn wir aber sagen, ‚Zinnober ist rot‘, so versteht es sich implizite von selbst, daß er für unsere Augen rot ist, und für die Augen anderer Menschen, welche wir als gleich beschaffen voraussetzen. Wir glauben, das nicht erwähnen zu brauchen, und deshalb vergessen wir es auch wohl und können verleitet werden, zu glauben, die Röte sei eine dem Zinnober oder dem von ihm reflektierten Lichte ganz unabhängig von unseren Sinnesorganen zukommende Eigenschaft. Etwas anderes ist es, wenn wir behaupten, daß die Wellenlänge des von Zinnober zurückgeworfenen Lichtes eine gewisse Länge haben. Das ist eine Aussage, die wir unabhängig von der besonderen Natur unseres Auges machen können, bei der es sich aber auch nur um Beziehungen zwischen der Substanz und den verschiedenen Ätherwellensystemen handelt."

156 [25] Auf ganz ähnliche Weise macht *H. Poincaré* (Der Wert der Wissenschaft, 2. Aufl., S. 61f.) das Eigentümliche räumlicher Veränderungen (Bewegungen) gegenüber qualitativem Wechsel (z.B. Farbänderung eines Körpers) in der Umwelt klar.

157 [26] Siehe z.B. *Fichte,* Grundlage der gesamten Wissenschaftslehre, § 2, Nr. 9.

157 [27] *Helmholtz* spricht, wie es üblich ist, einfach von „der" Raumanschauung, obwohl, wie schon bemerkt (Anm. 20), eigentlich so viele Raumanschauungen unterschieden werden müßten, als es Sinne gibt; dem Blinden z.B. *fehlt* eben der anschauliche Gesichtsraum. Es tritt aber zwischen den Raumvorstellungen eine sehr enge assoziative Verknüpfung ein, und man kann fragen, ob ein bestimmtes Sinnesgebiet dabei eine ausgezeichnete Rolle spielt, so daß es gleichsam die Assoziationskerne liefert, um welche die übrigen räumlichen Vorstellungen sich gruppieren. Die Frage ist wohl zu bejahen, und es sind, wie auch aus Helmholtz' eigenen Ausführungen S. 154f. einleuchtet, in erster Linie die Daten der Bewegungsempfindungen, denen jener zentrale Platz angewiesen werden muß. In diesem Sinne dürfen wir auch *Poincaré* verstehen, wenn er sagt (Der Wert der Wissenschaft, S. 71): „Der wirkliche Raum ist der Bewegungsraum." In zweiter Linie ist, wie Helmholtz hervorhebt, allerdings hauptsächlich auf den Tastsinn Rücksicht zu nehmen, dessen Vorstellungen übrigens mit denen des Bewegungssinnes am engsten verknüpft sind.

158 [28] Ein Kontinuum von n-Dimensionen ist dadurch charakterisiert, daß es durch ein (n−1) dimensionales Kontinuum vollständig zerlegt werden kann. Auch *Poincaré* (Wissenschaft und Hypothese, S. 33f., Wert der Wissenschaft, S. 73) benutzt dies Merkmal als Kennzeichen des n-dimensionalen Kontinuums.

158 [29] Der Relativsatz zeigt, wie sehr die aus *Kants* Philosophie übernommenen Termini bei *Helmholtz* ihren Sinn geändert haben. Nach Kant sind natürlich alle empirischen Gegenstände durchaus „an die Form des menschlichen Vorstellungsvermögens gebunden", da sie ja gerade erst durch diese Form Gegenständlichkeit erlangen. Helmholtz will hier offenbar andeuten, daß den räumlichen Eigenschaften der Körper doch über das „Vorstellungsvermögen" hinaus

eine gewisse objektive Bedeutung zukomme. Dies würde vielleicht der Meinung Kants insofern entsprechen, als auch er der Ansicht war, zu jeder räumlichen Bestimmung müsse „im Objekte, das an sich unbekannt ist, auch ein Grund sein" (Metaphys. Anfangsgründe der Naturwissenschaft, Dynamik, 4. Lehrsatz, Anm. 2. Vgl. auch *A. Riehl,* Der philosophische Kritizismus I, S. 470).

159 [30] Die Formulierung des Textes ist wörtlich verstanden sehr anfechtbar und müßte aus schon mehrfach berührten Gründen (vgl. Anm. 12) zu Mißverständnissen und Wirrungen führen, wenn sie nicht durch den folgenden Satz (siehe nächste Anm.) gemildert würde. Die *Empfindungsqualitäten* gehören als solche sicherlich allein dem Bewußtsein an, durchaus nicht dem Nervensystem. Wenn ich einen bitteren Geschmack empfinde oder einen lauten Ton höre, so sind nicht meine Nerven bitter oder laut. *Helmholtz* drückt sich so aus, als befinde sich das Bewußtsein mit seinen Empfindungen im Nervensystem und – da ja das Nervensystem ein Gegenstand im Raume ist – folglich auch im Raume. Man käme so zu einer „Projektionstheorie" der Wahrnehmung, nach welcher die Empfindungsqualitäten zuerst im Körper (Nervensystem) selbst empfunden würden, um darauf in den Raum „hinausprojiziert" zu werden. (Mit dieser unmöglichen philosophischen Projektionslehre darf nicht eine gewisse rein physiologische Theorie des räumlichen Sehens verwechselt werden, die – freilich wohl unzweckmäßiger Weise – gleichfalls mit dem Namen Projektionstheorie bezeichnet worden ist. Vgl. darüber z. B. *von Kries* in Band III der 3. Auflage von Helmholtz' Physiolog. Optik, S. 466). Da das Räumliche (auch nach Helmholtz selbst) eine Anschauungsform des Bewußtseins ist, so geht es nicht an, das Bewußtsein nun wieder irgendwo im anschaulichen Raum zu lokalisieren. Versucht man dies dennoch, so verwickelt man sich in unlösbare Widersprüche und begeht den Fehler, den *R. Avenarius* als „Introjektion" bezeichnete, und den er in seinen Schriften „Kritik der reinen Erfahrung" und „Der menschliche Weltbegriff" mit großem Scharfsinn beleuchtet und als vermeidlich erwiesen hat. Vgl. dazu *Schlick,* Idealität des Raumes, Introjektion und psychophysisches Problem. Vierteljahrsschr. f. wiss. Philosophie, Bd. XL.

159 [31] Dieser Satz, wenn er auch vielleicht nicht jedes Mißverständnis ganz ausschließt, hebt doch mit dankenswerter Deutlichkeit hervor, daß das, was *Helmholtz* soeben als Schein bezeichnet hat – nämlich das Behaftetsein der im Raum vorhandenen Gegenstände mit den Empfindungsqualitäten – daß dies in der Tat „die ursprüngliche

Wahrheit" ist, weil eben jene Qualitäten sich wirklich im anschaulichen Raum darbieten und nirgendwo anders Existenz haben. Versteht man unter „Körpern" die im Anschauungsraum wahrgenommenen Objekte, so müssen wir mit *Kant* bedenken, daß sie „nicht etwas außer uns, sondern bloß Vorstellungen in uns sind, mithin daß nicht die Bewegung der Materie in uns Vorstellungen wirke, sondern daß sie selbst bloße Vorstellung sei" (Kritik der reinen Vernunft, Ausg. Kehrbach, S. 326). Und in demselben Sinne sagt *E. Mach* (Analyse der Empfindungen⁵, S. 23): „Nicht die Körper erzeugen Empfindungen, sondern Empfindungskomplexe bilden die Körper." Die „äußeren Ursachen", als deren Wirkungen Helmholtz auf S. 153 die Empfindungen betrachtete, sind also jedenfalls nicht diese Körper, sondern es könnten nur transzendente Dinge darunter verstanden werden (auf die freilich nach Kant der Ursachenbegriff wieder nicht anwendbar wäre); daß diesen Dingen die Sinnesqualitäten nicht zukommen, hat Helmholtz offenbar durch den vorhergehenden Satz ausdrücken wollen. Es bleibt etwas unbefriedigend, daß Helmholtz nicht scharf hervorhebt, daß in *keiner* Weise ein „Schein" vorliegt, wenn wir die sinnlichen Qualitäten im Anschauungsraum lokalisiert wahrnehmen.

159 ³² Wenn wir auf die letzten Seiten der *Helmholtzschen* Entwicklungen zurückschauend uns fragen, worin diese „wesentlichsten Züge" der Raumanschauung bestehen, so sehen wir uns wohl auf die Aussage geführt, daß der Raum eine dreidimensionale kontinuierliche Mannigfaltigkeit darstellt, in dem Verschiedenes gleichzeitig nebeneinander besteht, und in dem Größenvergleichungen möglich sind.

159 ³³ *Helmholtz* führt hier die für seine Lehre höchst wichtige Unterscheidung der „allgemeinen Form der Raumanschauung" und ihrer „näheren Bestimmungen" ein, welche letzteren durch die Axiome der Geometrie ausgesprochen würden. Die „allgemeine" Form ist für ihn das „inhaltsleere Schema", das er S. 16 als die wahre Anschauungsform erklärt hat, inbezug auf welche *Kants* Aprioritätslehre aufrecht zu erhalten sei. Man muß fragen: welches sind denn die jenen „näheren" gegenüberstehenden *weiteren* Bestimmungen, durch die nun die „allgemeine Form" charakterisiert sein soll, denn irgendwelche Merkmale müssen ihr doch auch zukommen, da man sonst von ihr gar nicht als von etwas Bestimmtem reden könnte? Auf diese Frage scheinen zwei Antworten möglich zu sein. Erstens könnten die gesuchten Merkmale in gewissen nicht weiter beschreibbaren, sondern nur im Erleben aufweisbaren

Eigentümlichkeiten der Sinneswahrnehmungen bestehen, die ihnen eben den Charakter der Räumlichkeit verleihen – etwa die „Ausgedehntheit" einer Gesichtswahrnehmung, oder die davon ganz verschiedene „Ausgedehntheit" einer Tastwahrnehmung. Zweitens aber könnten die fraglichen Bestimmungen der „allgemeinen" Form der Raumanschauung eben in jenen „wesentlichsten Zügen" zu suchen sein, von denen Helmholtz vorher gesprochen hat, und die in der vorigen Anm. zusammengestellt wurden. Im zweiten Fall erhebt sich aber die Frage, ob jene allgemeinen Züge nicht ebenso gut wie die „näheren Bestimmungen" in bestimmten geometrischen Axiomen formuliert werden können und müssen. Die moderne Geometrie ist geneigt, diese Frage zu bejahen, und dann würde sich die Unterscheidung zwischen allgemeinen und besonderen Bestimmungen der Raumanschauung nicht in dem geforderten Sinne aufrecht erhalten lassen. Damit dies möglich sei, wird man also unter der „allgemeinen Form" jenes unbeschreibbare psychologische Moment der Räumlichkeit verstehen müssen, welches den Sinneswahrnehmungen anhaftet. *Poincaré* wirft (Der Wert der Wissenschaft, S. 48) die Frage auf, ob nicht vielleicht der Raum insofern „eine unserem Bewußtsein aufgenötigte Form" sei, als seine rein *qualitativen* Bestimmungen in Betracht kommen. Die Eigenschaften dieser „allgemeinen Form" oder dieses „inhaltsleeren Schemas" würden dann durch die Sätze der Analysis situs (siehe oben, Anm. I, 21) auszusprechen sein. Poincaré kommt aber zu dem Resultat, daß auch diese Sätze vermutlich auf Erfahrungen beruhen.
Einige Neukantianer (wie *P. Natorp, E. Cassirer*) haben versucht, die Apriorität der Raumanschauung im echten Kantschen Sinne (also nicht in Helmholtz' psychologischer Interpretation) so aufzufassen, daß sie nicht die Festlegung auf irgendeine bestimmte euklidische oder nichteuklidische Geometrie umfaßt. Sie scheinen aber daran zu scheitern, daß es ihnen nicht gelingt, die nach ihrer Meinung dann noch übrigbleibenden apriorischen Gesetze der Raumanschauung wirklich namhaft zu machen. Vgl. *Schlick,* Kritizistische oder empiristische Deutung der neuen Physik? Kantstudien XXVI.

159 [34] Die folgenden Grundsätze bilden aber noch kein lückenloses System von Axiomen, auf welchen sich die gesamte Geometrie ohne Zuhilfenahme weiterer Sätze aufbauen ließe. Siehe Anm. I, 6. Zu den folgenden Ausführungen des Textes vgl. den Vortrag über „Die Axiome der Geometrie".

159 [35] Hier und im folgenden wäre wieder statt transzendental richtiger „apriorisch" zu setzen.

160 [36] Da *Helmholtz* hier von der Anschauungsform des *Auges* spricht, so folgt, daß auch er der Meinung ist, im Grunde komme jedem einzelnen Sinne seine besondere Anschauungsform zu in der Bedeutung, in welcher er das Wort verwendet. Hier ist mit Rücksicht auf die Ausführungen in Anm. 33 von Interesse, daß *von Kries* (in der 3. Auflage von Helmholtz' Physiologischer Optik, Bd. III, S. 499) die Ansicht entwickelt hat, die Raumanschauung des Auges beruhe in allen ihren *quantitativen* Bestimmungen auf Erfahrung, dagegen seien die *qualitativen* Lageeigenschaften (also die von der Analysis situs zu behandelnden Daten) durch physiologische Bildungsgesetze von vornherein fest gegeben: „Das, was wir uns als bildungsgesetzlich festgelegt denken können, würde also die Anordnung im Gesichtsfelde noch in ähnlicher Weise veränderlich lassen, wie ein auf eine Gummiplatte gemaltes Bild durch die örtlich verschiedenen Dehnungen des Gummis umgestaltet werden kann."

160 [37] Der Absatz erklärt noch einmal die Unterscheidung zwischen dem, was der Raum als Anschauungsform ist, und dem, was die Axiome von ihm aussagen. Wiederum scheinen uns *Helmholtz'* Ausführungen die in Anm. 33 gegebene Deutung zu fordern. Wenn wir von der Raumvorstellung alles wegnehmen, was sich begrifflich, d. h. letzten Endes durch geometrische Axiome, ausdrücken läßt, so bleibt eben nur jenes qualitative Element der Räumlichkeit (Ausgedehntheit), das wir als ein letztes nicht mehr zu zergliederndes Datum erleben. Helmholtz hat dies nicht selbst ausgesprochen, und es scheint, daß er sich den Begriff der Anschauungsform doch mit reicherem Inhalt ausgestattet gedacht hat; da er aber diesen Inhalt nirgends explizite angab, so ist es Aufgabe der Interpretation, ihn so zu bestimmen, wie es mit den psychologischen und geometrischen Tatsachen vereinbar erscheint.

Die vollständigste Angabe dessen, was Helmholtz sich als Inhalt der reinen Raumanschauung gedacht hat, findet sich – freilich auch nur in Form eines Vergleiches – an folgender Stelle (Wissenschaftl. Abhandl. II, 641f.), die dem gegen *Land* gerichteten Aufsatz entnommen ist (siehe unten Anm. 72).

„Um an ein ganz ähnliches Verhältnis zu erinnern, so liegt es unzweifelhaft in der Organisation unseres Sehapparates, daß alles, was gesehen wird, nur als eine räumliche Verteilung von Farben gesehen werden kann. Das ist die uns angeborene Form der Gesichtswahrnehmungen. Aber durch diese Form ist in keiner Weise präjudiziert, wie die Farben, welche wir sehen, sich räumlich nebeneinander ordnen oder zeitlich aufeinander folgen sollen. In demselben Sinne, meine ich, könnte das Vorstellen aller äußeren Objekte in Raumverhältnissen die einzig mögliche und a priori gegebene Form sein, in der wir Objekte überhaupt vorstellen können, ohne daß dadurch irgendeine Nötigung gesetzt zu sein braucht, daß nach oder neben gewissen bestimmten Raumwahrnehmungen eine andere bestimmte eintreten müsse, daß also z. B. jedes geradlinige gleichseitige Dreieck Winkel von 60° habe, wie groß auch die Seiten sein mögen. Bei *Kant* allerdings ist der Beweis, daß der Raum eine a priori gegebene Form der Anschauung sei, wesentlich gestützt auf die Meinung, die Axiome seien synthetische Sätze, gegeben a priori. Wenn man aber auch diesen Satz und den darauf gegründeten Beweis fallen läßt, so könnte immerhin doch noch die Form der Raumvorstellung als die notwendige Form der Anschauung des Nebeneinanderstehens von Verschiedenem, a priori gegeben sein. Es würde dabei kein wesentlicher Zug des Kantschen Systems verloren gehen, im Gegenteil würde dieses System an Konsequenz und Verständlichkeit gewinnen, weil damit auch der wesentlich auf die überzeugende Kraft der geometrischen Axiome gebaute Beweis für die Möglichkeit einer Metaphysik fortfiele, von welcher Wissenschaft Kant selbst doch weiter nichts zu entdecken wußte, als die geometrischen und naturwissenschaftlichen Axiome. Was die letzteren betrifft, so sind sie teils von bestrittener Richtigkeit, teils einfache Folgerungen aus dem Prinzip der Kausalität, das heißt aus dem Triebe unseres Verstandes, alles Geschehende als gesetzmäßig, d. h. als begreiflich zu betrachten. Da nun Kants Kritik sonst überall gegen die Zulässigkeit metaphysischer Folgerungen gerichtet ist, so scheint mir sein System von einer Inkonsequenz befreit und ein klarer Begriff von dem Wesen der Anschauung gewonnen zu werden, wenn man den apriorischen Ursprung der Axiome aufgibt, und die Geometrie als die erste und vollendetste der Naturwissenschaften ansieht.“

160 [38] Diese Schilderung wird der *Kantschen* Anschauungslehre nicht ganz gerecht, denn es wird keine Rücksicht genommen auf die „reine“ Anschauung, welche nach Kant in der empirischen als deren Form und Gesetzmäßigkeit aufweisbar und selber kein „psychischer Vorgang“ ist. Sie war auch für Kant insofern noch weiter auflösbar, als sie sich ja in die einzelnen geometrischen Axiome auseinanderlegt. Wenn *Helmholtz* also Kant vorwirft, er habe die

Anschauung nicht weiter aufzulösen versucht, so muß er etwas anderes gemeint haben. Er hat offenbar sagen wollen, Kant habe versäumt, die Frage zu stellen, *warum* die Raumanschauung gerade die tatsächlich geltenden Axiome und keine anderen in sich enthalte. In diesem Sinne muß man auch die Stelle im Anhang auslegen, wo Helmholtz sagt: „Die Frage, ob die Anschauung mehr oder weniger weit in begriffliche Bildungen aufzulösen sei, war damals noch nicht aufgeworfen worden" (siehe 179).

160 [39] Vgl. den Vortrag „Über Ursprung und Bedeutung der geometrischen Axiome", S. 15.

160 [40] Zu diesem Nachsatz gibt es keine Parallelstelle in dem Vortrag über die Axiome; er schneidet eine bedeutsame Frage an. Wir zeigen an anderer Stelle (Anm. I, 38), daß in dem Falle der nichteuklidischen Geometrie eine Ausschließung „jeder anderen Deutung" streng genommen niemals mit logischem Zwange geschehen kann, sondern allein durch die Ökonomie der Erkenntnis, da außer der geometrischen Interpretation rein theoretisch die physikalische stets möglich bleibt. Der Punkt findet seine ausführliche Besprechung in der von *Helmholtz* gegen *Land* gerichteten Antikritik, die in diesem Bande abgedruckt ist.

161 [41] Über den Ausdruck „metamathematisch" sagt *Helmholtz* an anderer Stelle (Wiss. Abhandl. II, 640): „Der Name ist allerdings in ironischem Sinne von Gegnern gegeben, nachgebildet der Metaphysik. Da aber die Bearbeiter der nichteuklidischen Geometrie deren objektive Wahrheit nie behauptet haben, so können wir den Namen sehr wohl akzeptieren."

161 [42] *Helmholtz* ist durchaus im Recht, wenn er für den vorliegenden Zweck den Begriff der Anschaubarkeit gerade so faßt, wie es hier geschieht; denn er unterscheidet sich von dem, was Helmholtz im nächsten Absatz den „älteren Begriff der Anschauung" nennt, nur dem Grade nach, nicht prinzipiell. Bei diesen philosophischen Betrachtungen handelt es sich natürlich ganz und gar um eine *prinzipielle* Festlegung des Anschauungsbegriffs. Als der Anschauung zugänglich muß eine Sache gelten, wenn sich Methoden angeben lassen, mit deren Hilfe uns die Sache sinnlich vorstellbar gemacht werden könnte. Ein augenlos Geborener vermag auf keine Weise zu lernen, was ein Sehender empfindet, der ein Gelb wahrnimmt: für ihn gibt es also keine solche Methode. Oder wenn uns berichtet würde, daß irgendwelche Lebewesen ein uns unbekanntes Sinnesorgan – etwa für magnetische Störungen – besäßen, so könnten wir uns auf keinerlei Weise ein Erlebnis der zugehörigen

Empfindungen verschaffen: dies sind Beispiele von Fällen, die jenseits aller Anschaubarkeit liegen. Helmholtz' folgende Ausführungen erläutern, daß die Vorstellbarkeit nichteuklidischer Räume nicht zu derartigen Fällen gehört, sondern daß dazu nur die Ausmalung einer Abfolge von Wahrnehmungen erfordert wird, die sich aus lauter alltäglich vorkommenden Empfindungen zusammensetzen.

163 [43] Die Verhältnisse mögen durch ein von *Helmholtz* an anderen Stellen oft gebrauchtes Beispiel illustriert werden. Man kann folgenden Schluß bilden:

Major (oder „Obersatz"): Licht, welches ich mit dem rechten Auge in der Nähe der Nase sehe, rührt von einer links befindlichen Lichtquelle her.

Minor (oder „Untersatz"): Bei bestimmtem Druck auf den rechten Augapfel sehe ich einen Lichtfleck auf der Nasenseite.

Conclusio (oder Schlußsatz): Die Quelle der Lichtempfindung (der Druck) liegt links.

Der Schluß (man nennt einen Schluß von dieser Form bekanntlich einen „Syllogismus") ist falsch, denn bekanntlich muß das Auge rechts gedrückt werden, damit der entstehende Lichtschein links lokalisiert erscheint. Der Fehler entsteht dadurch, daß der „aus einer Reihe von Erfahrungen gebildete" Obersatz fälschlich als allgemein gültig betrachtet und auf einen Fall angewandt wird, in dem er nicht zutrifft. In der Physiolog. Optik, 2. Aufl., S. 582 sagt Helmholtz: „Wenn wir Erregung in denjenigen Nervenapparaten gefühlt haben, deren peripherische Enden an der rechten Seite beider Netzhäute liegen, so haben wir in millionenfach wiederholten Erfahrungen unseres ganzen Lebens gefunden, daß ein leuchtender Gegenstand nach unserer linken Seite hin vor uns lag. Wir mußten die Hand nach links erheben, um das Licht zu verdecken, oder das leuchtende Objekt zu ergreifen, oder uns nach links hin bewegen, um uns ihm zu nähern. Wenn also in diesen Fällen kein eigentlicher bewußter Schluß vorliegt, so ist doch die wesentliche und ursprüngliche Arbeit eines solchen vollzogen und das Resultat desselben erreicht, aber freilich nur durch die unbewußten Vorgänge der Assoziation von Vorstellungen, die im dunklen Hintergrunde unseres Gedächtnisses vor sich geht und deren Resultate sich daher auch unserem Bewußtsein aufdrängen, als gewonnen durch eine uns zwingende, gleichsam äußere Macht, über die unser Wille keine Gewalt hat. Es fehlt an diesen Induktionsschlüssen, die zur Bildung unserer Sinneswahrnehmungen

führen, allerdings die reinigende und prüfende Arbeit des bewußten Denkens; dessen ungeachtet glaube ich, sie doch ihrem eigentlichen Wesen nach als *Schlüsse,* unbewußt vollführte Induktionsschlüsse, bezeichnen zu dürfen."

164 [44] Zu der berühmten Lehre von den „unbewußten Schlüssen", über
die der vorhergehende Absatz in wenigen Worten einen Überblick
gibt, sei nur kurz folgendes bemerkt. Die moderne Psychologie
lehnt den Begriff des unbewußten Schließens mit aller Energie ab,
weil sie das Denken, den logischen Prozeß, mit Recht ausschließlich als Funktion des *Bewußtseins* betrachtet. Es fragt sich, ob bei
Helmholtz lediglich die Verwendung einer unzweckmäßigen Bezeichnung vorliegt, oder ob die ungeeignete Bezeichnung zugleich
der Ausdruck von Gedanken ist, die einer strengen erkenntnistheoretischen Kritik nicht standhalten. Wir glauben, daß die
Helmholtzsche Darstellung innerhalb weiter Grenzen die erstere,
günstige Interpretation zuläßt und daher billigerweise erfordert.
Im vorliegenden Absatz gibt Helmholtz den Terminus „unbewußte Schlüsse" preis, freilich nur, um Verwechslungen mit den „gänzlich unklaren" *Schopenhauerschen* Gedanken zu vermeiden. Daß er
sonst kein sachliches Bedenken fand, den Ausdruck beizubehalten,
geht daraus hervor, daß er die in der vorigen Anm. mitgeteilte Stelle aus der ersten Auflage der Physiologischen Optik unverändert in
die zweite Auflage des Buches (1894) aufnahm und ebenda (S.
602) ausdrücklich hinzufügte, er „finde den Namen auch jetzt
noch bis zu einer gewissen Grenze zulässig und bezeichnend". Er
spricht aber deutlich aus, daß der Prozeß in Wirklichkeit in „Vorgängen der Assoziation" bestehe, und äußert sich auch an anderen
Stellen ähnlich, z. B. S. 601 der 2. Aufl. der Physiologischen Optik,
wo es heißt: „So sehen wir, daß dieser Prozeß, der in seinen wesentlichen Teilen, soweit wir erkennen können, nur durch unwillkürli-
che und unbewußte Aktion unseres Gedächtnisses vollzogen wird,
dennoch imstande ist, Vorstellungsverbindungen in uns hervorzubringen, deren Ergebnisse in allen wesentlichen Zügen mit denen
des bewußten Denkens übereinstimmen." Helmholtz rechtfertigt
die Übertragung des logischen Terminus auf jene psychischen Vorgänge durch die Bemerkung, daß diese Prozesse zu dem gleichen
Resultat führen, also dieselben Dienste leisten wie richtige Schlüsse
es tun würden. Gewiß leiten uns Assoziationen und Instinkte im
allgemeinen sogar noch sicherer in unserem Verhalten zur Umwelt
als der Verstand; ein Schluß von der Gleichheit der Leistung auf
Gleichheit des Wesens wäre natürlich deshalb noch nicht zulässig.

Hiernach darf man wohl sagen, daß in den hier berührten Fragen, wo es sich um die Ordnung unserer Wahrnehmungen handelt, Helmholtz' Lehre von den „unbewußten Schlüssen" nur in ihrer Formulierung, nicht in ihrem eigentlichen Kern angefochten werden muß.

Es soll hier nicht untersucht werden, ob dies auch dort gilt, wo Helmholtz nicht bloß für die Ordnung der Wahrnehmungen, sondern auch für die Annahme der Existenz von Körpern als Ursachen der Empfindungen ein unbewußtes Schließen verantwortlich machen will. Er tut es z.B., in dem 1855 in Königsberg zum besten des Kantdenkmals gehaltenen Vortrage „Über das Sehen des Menschen", wo er sagt (Vorträge und Reden I, 112): „Wenn aber das Bewußtsein nicht unmittelbar am Orte der Körper selbst diese wahrnimmt, so kann es nur durch einen Schluß zu ihrer Kenntnis kommen." (Ähnlich Schopenhauer, Welt als Wille und Vorstellung, § 4: „Die erste, einfache, stets vorhandene Äußerung des Verstandes ist die Anschauung der wirklichen Welt: diese ist durchaus Erkenntnis der Ursache aus der Wirkung …") Da aber Helmholtz sich später (siehe gegen Ende der Rede über die Tatsachen in der Wahrnehmung) über diesen Punkt vorsichtiger ausgesprochen hat, und da es uns nicht auf die historische Entwicklung von Helmholtz' Ansichten, sondern auf ihre sachliche und bleibende Bedeutung ankommt, kann jene frühere Formulierung außer Betracht gelassen werden. Näheres über Helmholtz' Lehre von den unbewußten Schlüssen in der mehrfach zitierten Akademieabhandlung von *B. Erdmann* und bei *F. Conrat,* H. v. Helmholtz' Psychologische Anschauungen, Halle 1904, Kap. 8.

164 [45] Als solche Lokalzeichen kommen bei *Lotze* die Augenbewegungen (Bewegungsempfindungen) in Betracht, die nötig sind, um den betr. Ort der Netzhaut auf die Stelle des deutlichsten Sehens zu bringen. Nach *W. Wundt* (Physiologische Psychologie II, S. 668ff.) könnten außerdem z.B. Unterschiede der Farbe die Rolle von Lokalzeichen spielen. Daß die peripheren Teile der Netzhaut z.B. eine ganz andere Farbempfindlichkeit haben als die zentralen, ist ja wohlbekannt.

165 [46] Diesen Einwand erhob z.B. *du Bois-Reymond* nach der Lektüre der Vorträge, die *Helmholtz* über „Die neueren Fortschritte in der Theorie des Sehens" gehalten hatte (zuerst abgedruckt in den Preußischen Jahrbüchern, dann in den Vortägen und Reden I, S. 265ff.). Er schrieb 1868 (siehe *Koenigsberger,* H. v. Helmholtz, II, S. 84) an Helmholtz: „Gegen die streng empiristische Anschauung

scheint mir immer zu sprechen, daß sie eben durchaus konsequent müßte durchführbar sein, was, wie Du selbst zugibst, der Fall nicht ist; denn wenn dem Kälbchen angeboren ist, dem Euter des Geruchs halber nachzugehen, was kann ihm dann nicht noch alles angeboren sein? Mir scheint immer noch so viel Nativismus übrig zu bleiben, den man nicht los werden kann, daß es auf eine Hand voll mehr oder weniger nicht ankommt …"

166[47] Die vorhergehenden Absätze enthalten eine Schilderung der von *Helmholtz* vertretenen und benannten empiristischen Theorie der Gesichtswahrnehmungen, in welcher er ihre Grundgedanken der nativistischen Lehre klar und trefflich gegenüberstellt, so daß gelegentlich von dieser berühmten Stelle gesagt werden durfte (von *Fr. Hillebrand* in seiner Schrift über *Ewald Hering,* Berlin 1918, S. 102), sie könne „als die vollendetste Darstellung der empiristischen Theorie gelten". Hier ist nicht der Ort, auf den Widerstreit zwischen nativistischer und empiristischer Ansicht einzugehen, der auch in der Gegenwart nicht erloschen ist. Denn es handelt sich dabei um rein einzelwissenschaftliche Fragen, die gegenüber der erkenntnistheoretischen Problemstellung indifferent sind. Helmholtz sagt zwar (Physiolog. Optik, S. 796 der ersten, S. 945 der zweiten Auflage): „Bei der Wahl zwischen den verschiedenen theoretischen Ansichten scheint mir … mehr eine Neigung zu gewissen metaphysischen Betrachtungsweisen, als der Zwang der Tatsachen, ihren Einfluß auf die verschiedenen Forscher ausgeübt zu haben", und wirklich läßt sich zuweilen eine Einwirkung des philosophischen auf den physiologischen Gesichtspunkt feststellen, aber notwendig und gerechtfertigt ist er nicht. Die empiristische Auffassung der Raumwahrnehmung ist ganz unabhängig vom erkenntnistheoretischen Empirismus, wie man schon daraus schließen kann, daß sich z. B. bei *E. Mach* ein weitgehender Nativismus mit einer streng empiristischen, ja sensualistischen Erkenntnistheorie vereint. In der Tat ist nicht einzusehen, warum die nativistische Annahme, daß die Empfindungen von vornherein gewisse räumliche Eigenschaften besitzen, mit dem erkenntnistheoretischen Empirismus nicht ebenso gut vereinbar sein sollte, wie die selbstverständlich auch von dem letzteren zugegebene Tatsache, daß den Empfindungen eine ursprüngliche nicht weiter ableitbare Qualität und Modalität anhaftet. Es muß auch nachdrücklich betont werden, daß es ein Irrtum ist, den Nativismus, wie es noch manchmal geschieht, als eine Form des *Kantschen* Apriorismus anzusehen. Kants Lehre hat den Sinn, die apodiktische Geltung der geometrischen Axiome zu erklären (vgl. Anm. I, 3), der Nativismus aber ist eine Theorie der *Sinneswahrnehmung;* sein Ziel kann mithin nicht sein, eine *strenge* mathematische Gesetzmäßigkeit des Raumes zu begründen, da alle Wahrnehmung als solche nur approximative Daten liefert. So sagt z.B. *v. Kries* ganz richtig (in der 3. Aufl. von Helmholtz' Physiol. Optik, Bd. III, S. 524), daß der Nativismus Herings „mit den Anschauungen Kants gar nichts mehr gemein hat".

Übrigens ist wohl auch innerhalb der Psychophysiologie der Gegensatz der nativistischen und empiristischen Anschauung nicht so prinzipiell und unversöhnlich, wie manchmal angenommen wird. Eine nativistische Theorie, die bei der Frage der Lokalisation nicht auch der Erfahrung eine beträchtliche Rolle zuerkennt, scheint ebensowenig durchführbar zu sein wie eine empiristische, die es unternehmen wollte, die Raumvorstellung aus schlechthin unräumlichen Empfindungselementen zu konstruieren. Wir glauben auch, daß Helmholtz' Lehre nicht als ein Versuch dieser letzteren Art aufzufassen ist; er hat ja im Gegenteil das Räumliche als eine ursprüngliche Anschauungsform (in seinem psychologischen Sinne) betrachtet, und wir hatten (Anm. 33 und 37) dies so interpretieren müssen, daß jeder Elementarempfindung ein nicht erst durch Erfahrung nachträglich entstandenes Moment der Ausgedehntheit (bei Gesichtsempfindungen etwa der „Flächenhaftigkeit") zukommt. Helmholtz' Satz (S. 160): „Unser Auge sieht alles, was es sieht, als ein Aggregat farbiger Flächen im Gesichtsfelde; *das ist seine Anschauungsform",* scheint in dieser Hinsicht völlig schlagend zu sein (vergl. auch das in Anm. 37 angeführte Zitat). Ob es sich an irgendeinem Punkte als nötig erweisen möchte, sich nativistischen Anschauungen noch weiter zu nähern, ist, wie gesagt, für das rein erkenntnistheoretische Problem der Wahrnehmung ganz gleichgültig.

166 [48] Den Glauben an die Existenz der Außenwelt auf *Willenserfahrungen* zu gründen, hat in etwas anderer Weise besonders *W. Dilthey* unternommen (Beiträge zur Lösung der Frage vom Ursprung unseres Glaubens an die Realität der Außenwelt und seinem Recht. Sitzungsberichte der Berliner Akademie, 1890).

167 [49] Der extremste subjektive Idealismus, welcher die Existenz einer vom Subjekt verschiedenen Außenwelt leugnet, heißt bekanntlich Solipsismus. Die theoretische Möglichkeit dieses Standpunktes ist von der Mehrzahl der Philosophen zugegeben worden, wenn er auch natürlich keine ernsthaften Vertreter gefunden hat. Die Stelle

deutet darauf hin, daß die realistische Ausdrucksweise, in die *Helmholtz* seine Wahrnehmungslehre gekleidet hat, nicht Ausfluß einer unkritischen Denkweise, sondern nur als nächstliegende Formulierung gewählt ist, deren realistische oder idealistische Interpretation dem Metaphysiker überlassen bleiben kann.

167 [50] Vgl. z. B. *Fichte,* Bestimmung des Menschen, III. Buch, I.

168 [51] In diesem Falle wäre die Existenz der Außenwelt als eine *Fiktion* zu bezeichnen – ein Gedanke, den *H. Vaihinger* in seiner „Philosophie des Als Ob" an mehreren Stellen weiter ausführt. Die vorliegende Stelle bei *Helmholtz* scheint ihm entgangen zu sein, da er in seinem Werke nicht darauf bezug nimmt. Für Helmholtz selbst ist natürlich die realistische Weltansicht nicht Fiktion, sondern eben Hypothese.

168 [52] In dieser (wohl nicht sehr zweckmäßigen) Erweiterung umfaßt der Terminus „Denken" alle geistigen Prozesse, die irgendwie zum zweckmäßigen Verhalten gegenüber der Außenwelt führen, vor allem die Assoziations- und Reproduktionstätigkeiten.

169 [53] Der hier von *Helmholtz* ausgesprochene Gedanke ist eine fundamentale Einsicht aller Erkenntnistheorie. Er liegt schon der *Platonischen* Ideenlehre zugrunde – denn Platos Ideen sind die unveränderlichen Urbilder der ewig wechselnden Einzeldinge – und ebenso der modernen Theorie der Wissenschaft. Die „Principles of Science" von *Stanley Jevons* beginnnen mit dem Satz: „Wissenschaft entspringt aus der Aufdeckung von Gleichheit in der Verschiedenheit."

169 [54] Der Satz darf nicht wörtlich verstanden werden, denn natürlich kann ein *Gesetz* überhaupt nicht Gegenstand einer Wahrnehmung sein. Die Aufstellung einer Gesetzmäßigkeit bildet vielmehr immer erst den Abschluß eines Prozesses von Beobachtung, Ordnung und Deutung. *Helmholtz* will nur sagen, daß die Auffindung von Gesetzen etwas Unmittelbareres ist als die Ermittlung von Substanzen, und dieser Gedanke ist es, der in den beiden nächsten Sätzen näher ausgeführt wird. Verfolgt man ihn weiter, so gelangt man leicht zu der in der modernen Naturwissenschaft immer deutlicher sich offenbarenden Einsicht, daß der Substanzbegriff überhaupt gänzlich auf den Gesetzesbegriff reduziert werden kann, daß also der erstere auf der höchsten Stufe der Naturerkenntnis als Grundbegriff entbehrlich wird.

169 [55] Die überraschende Festlegung des Ursachenbegriffs, die *Helmholtz* hier vollziehen möchte, indem er Ursache und Gesetz identifiziert, wäre wohl recht unzweckmäßig. Denn es fehlt offenbar das Recht,

das Wort Ursache beizubehalten, wenn man damit nicht einen Begriff bezeichnet, der wenigstens in seinen Hauptmerkmalen mit dem übereinstimmt, was man sonst darunter zu verstehen pflegte. Wenn die Ursachen das ewig Gleichbleibende sein sollen, während die Wirkungen, die Geschehnisse in der Welt unablässig wechseln, so wäre die gegenseitige Entsprechung beider, die sonst zu ihrem Begriff gehörte, gänzlich zerstört; eine Wirkung könnte nicht mehr selbst als Ursache weiterer Wirkungen aufgefaßt werden. Es ist nicht einzusehen, warum man für den Begriff des *Gesetzes* auch noch das Wort Ursache einführen sollte, dem sonst ein anderer Sinn zukam, und warum es unzweckmäßig sein soll, die Worte Ursache und Wirkung allein auf Vorgänge, auf Naturprozesse anzuwenden, auf die ihre Bedeutung bei sorgfältigem Gebrauch in der Wissenschaft sonst beschränkt war. Es ist richtig, daß der Terminus Ursache oft in „sehr verwaschener Weise" benutzt wurde; das kann aber vermieden werden, ohne daß eine Verwechslung mit den Begriffen des Antecedens oder der Veranlassung eintreten müßte. Vgl. *Schlick,* Naturphilosophische Betrachtungen über das Kausalprinzip, „Die Naturwissenschaften", VIII, S. 461 ff.

169[56] Diesem Ausspruch, der ohne nähere Interpretation leicht mißverstanden werden könnte, liegt wohl zunächst der Gedanke zugrunde, daß der Begriff der Ursache (den *Helmholtz* ja soeben mit dem des Gesetzes identifiziert hat), wenn wir sie durch eine Art von Anthropomorphismus als etwas „den Ablauf der Naturprozesse *Zwingendes,* als eine unserem *Willen* gleichwertige Macht" auffassen, in der Tat in den der Kraft umschlägt. Zu fernerer Charakterisierung des Helmholtzschen Standpunktes können wir einige Ausführungen aus dem § 5 und § 6 seiner „Einleitung zu den Vorlesungen über theoretische Physik" heranziehen. Er erklärt dort, wie etwa das Attraktionsgesetz zunächst nur laute: „Zwei schwere Körper, die sich in endlicher Entfernung voneinander im Raume befinden, erleiden eine Beschleunigung und zwar jeder einzelne von ihnen in der Richtung gegen den anderen hin", wie wir es dann aber, „indem wir Abstrakta bilden und statt der Verba Substantive einsetzen ... in der Form aussprechen, daß zwischen je zwei schweren Körpern ... fortdauernd eine Anziehungskraft von bestimmter Größe besteht. Wir haben damit statt der einfachen Beschreibung des Phänomens der Bewegung ein Abstraktum, die Anziehungskraft, eingeführt. Wir bezeichnen damit in der Tat weiter nichts, wenigstens nichts, was noch einen faktischen Sinn hat, als was auch in der Beschreibung des bloßen Phänomens enthalten ist. Wir versichern nur durch die Aufstellung des Gesetzes in dieser Form, welches den Begriff der Kraft benutzt, auch daß dieses Phänomen der gegenseitigen Annäherung der beiden Körper, sobald die Bedingungen dazu gegeben sind, in jedem Zeitmoment eintritt."

169 [57] Es muß auffallen, daß *Fichte* von *Helmholtz* relativ häufig und immer zustimmend angeführt wird, obwohl doch das rationalistische System dieses Denkers mit seinen Ansichten kaum irgendwelche Berührungspunkte aufweist, und obwohl die Form, in der Fichte seine theoretischen Ideen vortrug, ihm gewiß nicht zusagen konnte. Die Erklärung kann nur darin gefunden werden, daß Helmholtz sich in der Wertschätzung Fichtes von Gefühlen der Pietät leiten ließ. Seine Sympathie für den Philosophen geht zweifellos auf Eindrücke zurück, die er nach eigener Schilderung (Vorträge und Reden, I, S. 17) bereits als Knabe im Hause seines Vaters empfing, der ein begeisterter Verehrer Fichtes war.

170 [58] Diese berühmten Worte *Kirchhoffs*, die gleichsam zu einem Programm der erkenntnistheoretisch orientierten Physik geworden sind, werden von ihm selber (in der Vorrede zu den Vorlesungen über Mechanik) so erläutert: „Ich will damit sagen, daß es sich nur darum handeln soll, anzugeben, *welches* die Erscheinungen sind, die stattfinden, nicht aber darum, ihre *Ursachen* zu ermitteln." Er sah sich zu dieser Stellungnahme gedrängt, weil die bis dahin übliche Definition der Mechanik nicht befriedigte: „Man pflegt die Mechanik als die Wissenschaft von den Kräften zu definieren, und die Kräfte als *Ursachen,* welche Bewegungen hervorbringen oder hervorzubringen *streben*", und dieser Definition „haftet die Unklarheit an, von der die Begriffe der Ursache und des Strebens sich nicht befreien lassen". Kirchhoffs Motiv war also die Abwendung von dem Anthropomorphismus, von dem oben (Anm. 56) die Rede war.

171 [59] Wir wollen uns kurz vergegenwärtigen, was *Helmholtz* in dem vorliegenden Absatz über Inhalt und Geltung des Kausalprinzips lehrt. *Inhaltlich* spricht es nach seiner (zweifellos zutreffenden) Meinung das Vertrauen auf die vollkommene Begreifbarkeit der Welt aus, und da dies mit dem Vertrauen auf die durchgängige Gesetzmäßigkeit identisch ist, so ist „das Prinzip der Kausalität in der Tat nichts anderes als die Voraussetzung der Gesetzlichkeit aller Naturerscheinungen" (so formuliert es Helmholtz in einem 1881 geschriebenen Zusatz zu seiner Abhandlung über Die Erhaltung der Kraft). Seiner *Geltung* nach ist es ein *regulatives* Prinzip, das uns also als Richtschnur des Forschens dient, für das wir aber keine weitere Bürgschaft haben als seinen Erfolg. Die Gültigkeit ist also

eine tatsächliche, auf die wir vertrauen müssen, die wir aber nicht beweisen können.

Ganz anders *Kant*. Ihm ist das Kausalgesetz ein *konstitutives* Prinzip, es ist am Aufbau unserer Erfahrung beteiligt und macht sie erst möglich; es muß daher notwendig von allen Erfahrungen gelten. Wir vertrauen nicht nur auf seine Gültigkeit, sondern sind nach Kant ihrer sicher.

171 [60] Wiederum gebraucht *Helmholtz* die Worte a priori und transzendental in einem ganz anderen Sinne als *Kant*. Nach dem Philosophen heißt ein Satz a priori, wenn seine *Geltung* unabhängig von der Erfahrung besteht und eingesehen werden kann, und gerade dies trifft nach Helmholtz' vorangehenden und folgenden Erklärungen für das Kausalprinzip nicht zu. Helmholtz will durch das Wort a priori nur ausdrücken, daß der Kausalsatz nicht aus der Erfahrung durch Induktion entnommen werden kann, sondern bei der Deutung der Erfahrungen immer schon vorausgesetzt werden muß. Eine derartige Voraussetzung, deren Geltung nicht von vornherein feststeht, trägt aber den Charakter einer *Hypothese*. Helmholtz ist sich darüber auch klar geworden, denn in einer nachgelassenen Aufzeichnung (*Königsberger*, H. v. Helmholtz, I, S. 247f.) sagt er: „Das Kausalgesetz (die vorausgesetzte Gesetzmäßigkeit der Natur) ist nur eine Hypothese und nicht anders erweisbar als eine solche. Keine bisherige Gesetzmäßigkeit kann künftige Gesetzmäßigkeit erweisen. Den übrigen Hypothesen, welche besondere Naturgesetze aussagen, gegenüber hat das Kausalgesetz nur folgende Ausnahmestellung: 1. Es ist die Voraussetzung der Gültigkeit aller anderen. 2. Es gibt die einzige Möglichkeit für uns überhaupt, etwas nicht Beobachtetes zu wissen. 3. Es ist die notwendige Grundlage für absichtliches Handeln. 4. Wir werden darauf hingetrieben durch die natürliche Mechanik unserer Vorstellungsverbindungen. Wir sind also durch die stärksten Triebfedern getrieben, es richtig zu *wünschen;* es ist die Grundlage alles Denkens und Handelns. Ehe wir es nicht haben, können wir es auch nicht prüfen; wir können also nur daran *glauben,* danach *handeln* …" Auf das Handeln, auf den *praktischen* Beweis des Kausalprinzips verweist Helmholtz auch in den unmittelbar anschließenden Ausführungen des Textes. Nicht der Kantsche Standpunkt also ist es, den er in der Frage des Kausalgesetzes vertritt, sondern er wandelt auf den Pfaden *David Humes*. Es mag erlaubt sein hinzuzufügen, daß auch uns Humes Standpunkt der einzige zu sein scheint, der allen Angriffen der Kritik widerstehen kann.

172 [61] Entgegen dieser Versicherung hat sich in unseren kritischen Anmerkungen gezeigt – was auch sonst schon öfters betont worden ist – daß sich nur geringe Spuren einer philosophischen Übereinstimmung zwischen *Kant* und *Helmholtz* feststellen lassen. Die Lehre von der Subjektivität der Raumanschauung und aller Sinnesqualitäten, auf die Helmholtz allerdings das Hauptgewicht legte, ist eigentlich der einzige Punkt, in dem Helmholtz sich mit Recht und ohne Einschränkung auf Kant berufen konnte. Daß Helmholtz selbst an eine größere Übereinstimmung glaubte als tatsächlich bestand, ist teils dadurch zu erklären, daß er Kants Lehre nicht immer richtig auffaßte, sondern zu sehr im psychologischen Sinne auslegte; teils dadurch, daß die hohe Verehrung, die er dem Denker zollte, ihm die Gemeinsamkeiten wichtiger, die Abweichungen aber unwesentlicher erscheinen ließ.

177 [62] Im Text hat *Helmholtz* die Meinung vertreten, daß nur diejenigen Daten des Bewußtseins räumlich gedeutet werden, die sich bei Ausführung von Körperbewegungen ändern. Hier macht er sich selbst den Einwand, daß viele aus dem Inneren des Leibes stammenden Empfindungen durch Bewegungen nicht merklich beeinflußt würden, daß wir sie aber dennoch nicht als unräumliche Seelenzustände (wie Erinnerungen oder Wünsche) auffassen, sondern sie vielmehr an bestimmten Stellen unseres Körpers mehr oder weniger deutlich lokalisieren. Die Argumente, die er im folgenden dem Einwande entgegenstellt, sind durchaus geeignet, ihn zu entkräften oder ihm wenigstens seine Schärfe zu nehmen, und Helmholtz hat dabei auch die moderne Psychologie im wesentlichen auf seiner Seite. Freilich kann die nativistische Ansicht, daß innere Empfindungen von vornherein, also ohne Mitwirkung von Bewegungen, in bestimmter Weise lokalisiert würden, wohl auch nicht als gänzlich widerlegt und unmöglich angesehen werden.

177 [63] Es ist bemerkenswert, daß *Helmholtz* Zustände wie Niedergeschlagenheit und Melancholie zu den Empfindungen rechnet, während sie doch sonst als Gefühlszustände von jenen unterschieden werden. Er scheint damit den Hauptgedanken der geistvollen Gefühlstheorie von *W. James* (1884) und *K. Lange* (1887) vorwegzunehmen, wonach die Gefühle in nichts anderem bestehen sollen als in Empfindungen innerer Organe. Allerdings wird die James-Langesche Theorie von den meisten neueren Psychologen abgelehnt.

177 [64] Die Unbestimmtheit in der Lokalisation der Empfindungen innerer Organe wird auch von *E. Meumann* (Archiv f. d. gesamte Psychologie, Bd. IX, S. 57. 1907) in erster Linie darauf zurückgeführt,

daß wir die Organe nicht *sehen,* also ihre Bewegungen nicht verfolgen können.

181 [65] In Anm. I, 33 und 37 hat sich schon deutlich ergeben, in welchem Sinne wir *Helmholtz'* Worte verstehen müssen, damit die Behauptung der Überschrift als richtig gelten kann. Wir waren zu folgendem Resultat gekommen. Wenn „transzendental" gemäß dem Helmholtzschen Sprachgebrauch so viel heißt wie apriorisch, und wenn dies Wort in der Kantschen Bedeutung verstanden wird, so ist die Apriorität der Axiome mit derjenigen des Raumes einerlei. Bei *Kant* hat ja die Behauptung der letzteren nur den Zweck, die aprodiktische Gültigkeit der Axiome zu erklären. Aber das Helmholtzsche Apriori ist eben nicht das Kantische, sondern hat nur die Bedeutung, daß die Räumlichkeit der Wahrnehmungen in demselben Sinne etwas rein Subjektives sei wie die Qualität der Empfindungen (vgl. Anm. 16). Unter dieser Voraussetzung braucht allerdings die „transzendentale" Natur der Raumanschauung keinen Grund für die Geltung irgendwelcher synthetisch-apriorischer Axiome über den Raum abzugeben.

181 [66] In der Tat erklärt *Erdmann* dort (S. 97) die Raumvorstellung insofern für apriori, als sie nicht in uns entstehen könnte, „wenn nicht eine besondere Disposition unserer seelischen Tätigkeiten vorhanden wäre, bestimmte Gruppen äußerer Reize gerade räumlich zusammenzufassen". Sie müsse aber „in anderer Hinsicht mit demselben Recht" empirisch genannt werden, nämlich offenbar insofern, als ihr Inhalt sich in geometrischen Grundsätzen ausdrücken läßt. Diese beruhen auf Erfahrung, denn „sowohl für die Ausdehnung unseres Raumes nach drei Dimensionen und seine Unbegrenztheit als auch für seine Stetigkeit, sowie endlich für den besonderen Wert seines Krümmungsmaßes müssen besondere Anlässe in den Erregungen liegen, welche die psychische Entwicklung der Raumvorstellung hervorrufen". In diesen Erklärungen wird offenbar die Apriorität (bzw. „Transzendentalität") der Raumanschauung in derselben Bedeutung genommen wie bei *Helmholtz* selbst.

181 [67] Da *Krause* sich auf den Standpunkt *Kants* stellte (womit nicht gesagt sein soll, daß er die Lehre des Philosophen durchgehends richtig interpretierte), so durfte er die beiden Fragen, ob der Raum eine apriorische Anschauungsform darstelle, und ob die geometrischen Axiome synthetische Urteile a priori seien, als gleichbedeutend behandeln. Sein Fehler war eben, daß er sich mit allen seinen Voraussetzungen schon auf Kantischen Boden begab und von da

aus *Helmholtz* zu kritisieren unternahm. Da die Einsicht in die neue Raumlehre gerade nur unter Befreiung von diesen Voraussetzungen möglich ist, so steht er dem wahren Inhalt der *Riemann-Helmholtzschen* Theorie ganz verständnislos gegenüber. Es lohnt an dieser Stelle nicht, auf Krauses Argumente näher einzugehen als es Helmholtz im Text selbst tut.

181 [68] Vgl. Anm. 47.

181 [69] Vgl. Anm. 38.

182 [70] Darüber, daß dieser Glaube stets *möglich* bleibt, aber nicht gerechtfertigt ist, siehe oben Anm. I, 38; I, 49.

183 [71] Hierauf hatten wir schon früher (Anm. I, 25) hingewiesen. Das von *Helmholtz* gerügte Mißverständnis des Namens ist auch heute noch nicht ausgerottet, denn immer wieder und wieder findet man in populären gegen die Relativitätstheorie gerichteten Artikeln noch die Behauptung, es sei verfehlt, von „gekrümmten“ Räumen zu sprechen.

183 [72] Die hier von *Helmholtz* als III. Beilage angefügten Betrachtungen wurden zuerst (in englischer Übersetzung) in der englischen Zeitschrift „Mind“, April 1878, Nr. X, veröffentlicht als Antwort auf eine Kritik, die *Land* a.a.O. V, an Helmholtz' Abhandlung „Über den Ursprung und die Bedeutung der geometrischen Axiome“ geübt hatte. In dem *Mind*-Aufsatz (abgedruckt in den Wissenschaftlichen Abhandlungen, Bd. II, S. 640–660 unter der Überschrift „Über den Ursprung und Sinn der geometrischen Sätze. Antwort gegen Prof. Land“) gehen einige Absätze vorher, die Helmholtz hier fortließ, da ihr sachlicher Inhalt bereits in anderer Form in den „Tatsachen der Wahrnehmung“ enthalten ist. Aus dem gleichen Grunde durften sie in dieser Ausgabe fortbleiben. Ein kurzer Abschnitt daraus ist oben (Anm. 37) bereits wiedergegeben. Der Inhalt dieser Beilage ist für den Helmholtzschen Gedankengang höchst wichtig, denn er füllt eine empfindliche Lücke aus, die in der Beweisführung des Textes stehen geblieben war. Vg. Anm. I, 49.

185 [73] Vgl. den Text S. 167, Zeile 12 v. u.

185 [74] Diese beiden Arten von Gleichheit stellt *Helmholtz* an einer anderen Stelle (Wiss. Abh. II, S. 641) auch so gegenüber, daß er die erste als „*subjektive* Gleichheit in der hypothetischen transzendentalen Anschauung“ bezeichnet, und die zweite als „*objektive* Gleichwertigkeit der reellen Substrate solcher Raumgrößen, welche sich im Ablauf physischer Verhältnisse und Vorgänge bewährt“.

186 [75] *Helmholtz* führt in dieser Definition die „*physische Gleichwertig-*

keit" von Raumgrößen auf Gleichheit von physischen Bedingungen und Gleichheit von Zeitabschnitten und Vorgängen zurück. Man muß fragen, ob darin nicht eine Zirkeldefinition liegt; denn wie will man die Gleichheit der erwähnten Umstände, z. B. der Zeitgrößen, anders feststellen als mit Hilfe räumlicher Gleichheit, da doch alle physikalischen Meßmethoden (Instrumentenablesungen) schließlich auf diese letztere zurückführen? Die Formulierung kann also nicht befriedigen; erst die beiden im Text folgenden Sätze lassen den richtigen und brauchbaren Sinn des Helmholtzschen Gedankens hervortreten.

186 [76] Hier gründet *Helmholtz* den Begriff der physischen Gleichwertigkeit auf bestimmte Erfahrungstatsachen und ergänzt auf diesem Wege seine obige Definition. Bei genauerem Zusehen findet man, daß die Erfahrungen, um die es sich hier handelt, in letzter Linie stets auf die Beobachtung von Koinzidenzen materieller Punkte hinauslaufen. Vgl. Anm. I, 39.

186 [77] Vgl. Anm. I, 54. Wir hatten früher die physische Geometrie von der rein begrifflichen unterschieden. Die dritte Art von Geometrie, die zunächst möglich erscheinen könnte, die apriorische Geometrie der reinen Anschauung, wird eben durch die folgenden Betrachtungen von *Helmholtz* abgelehnt.

186 [78] Die beiden Dreiecke ABC und Abc würden in einer nichteuklidischen Geometrie einander nicht ähnlich sein. Daß es nur in der *euklidischen* Geometrie ähnliche Figuren gibt, wurde schon oben (Anm. I, 17) bemerkt.

187 [79] Vg. den früher (Anm. I, 49) zitierten Vortrag von *F. Klein*.

187 [80] In der Tat ist die „reine Anschauung" nach *Kant* der Inbegriff einer völlig strengen Gesetzmäßigkeit; soll sie doch den Grund der unverbrüchlichen Geltung der Axiome abgeben. Das Augenmaß dagegen würde nach Kantscher Terminologie wohl irgendwie zur „empirischen" Anschauung zu rechnen sein. Wie die reine Anschauung sich eigentlich zur empirischen verhalte, darüber vermögen wir bei Kant keine ganz befriedigenden Erklärungen zu finden; jedenfalls kommt die reine Anschauung nach seiner Meinung in der empirischen zum Ausdruck, indem sie ihre Gesetzlichkeit, ihre „Form" auf irgendeine Weise bestimmt. Die Möglichkeit einer Verwechslung beider scheint nicht mit genügender Sicherheit ausgeschlossen zu sein, um zu verhindern, daß in den Argumenten der Kantianer Aussagen emprischer Anschauung, also der Erfahrung, sich als Aussagen der „reinen" einschleichen.

188 [81] In diesem Falle würde der Satz von der Identität beider Arten von Gleichheit behaupten, daß auch im zweiten Dreieck die Seiten sich bei der Ausmessung mit einem Zirkel als gleich herausstellen *müßten*. Aber nur die Erfahrung kann lehren (auch nach *Kant*, wie *Helmholtz* richtig hervorhebt), ob bei der angegebenen Konstruktion eine bestimmte Zirkelspitze mit einem bestimmten Punkt unserer Zeichnung zusammenfällt. Stimmte das Resultat der Messung nicht mit unserer euklidischen Erwartung überein, so könnte der Grund entweder in einer Deformation der verglichenen Objekte oder in der Unbrauchbarkeit der euklidischen Geometrie liegen. Der Kantianer lehnt die letztere Möglichkeit von vornherein ab, aber, wie Helmholtz nachweist, ohne zureichenden Grund.

190 [82] Es mag zweckmäßig sein, die Argumentation der drei letzten Absätze kurz zusammenzufassen. *Helmholtz* schließt folgendermaßen: Gesetzt, es wäre wirklich so, wie die Kantianer meinen, d. h. eine reine Anschauung zwänge uns, von den beiden prinzipiell möglichen Interpretationen (siehe Anm. I, 81, ferner Anm. I, 49) immer die physikalische Deutung zu wählen, welche die *euklidische* Geometrie unangetastet ließe: Dann würden wir ein Verhalten der Körper, wie es Helmholtz als Verhalten in einer nichteuklidischen Welt beschreibt, zwar auffassen müssen als eine eigentümliche unter sonderbaren Verzerrungen im euklidischen Raum stattfindende Bewegung der Gegenstände, aber wir könnten durch begrifflich-analytische Methoden feststellen, daß alle Naturprozesse so vor sich gehen, *als ob* die Welt nichteuklidisch konstituiert wäre, daß sie sich also mit Hilfe nichteuklidischer Maßbestimmungen am einfachsten und durchsichtigsten beschreiben ließe; und wir müßten den Zwang der Anschauung, der uns gerade diese Art der Darstellung verbieten möchte, als ein lästiges Hindernis empfinden, das uns den Weg zur logisch bequemsten Auffassung versperrte und ihren einfachen Kern durch eine komplizierte Hülle verbärge. Wir könnten, durch das Ökonomieprinzip geleitet, in der Tat zu der Behauptung gelangen, die „wirkliche" Konstitution der Welt sei nichteuklidisch, und die sinnliche Auffassung, der sich unter den gemachen Voraussetzungen natürlich auch der wissende Forscher nicht würde entschlagen können, dürfte von ihm nicht mit Unrecht als eine Art „falschen Scheines" bezeichnet werden.

191 [83] Bekanntlich ist die moderne Physik in der allgemeinen Relativitätstheorie zu der Annahme nichteuklidischer Maßbestimmungen übergegangen; sie schreibt dem Raum ein von Ort zu Ort

wechselndes Krümmungmaß zu. Dadurch ist die in der vorigen Anmerkung geschilderte Situation wirklich eingetreten: Unsere *euklidische* Vorstellungsweise liegt im Kampf mit der begrifflichen Analyse, welche erkennt, daß die euklidische Anschauung der Wirklichkeit nicht ganz adäquat ist. Aber sie hält uns in ihren Banden: So nennen wir z. B. die an der Sonne vorbeilaufenden Lichtstrahlen *krumm* und stellen sie in Zeichnungen so dar, obgleich es doch die geradesten Linien unseres Raumes sind. Nur insofern entspricht die tatsächliche Lage nicht den Annahmen der vorigen Anmerkung, als die Abweichungen von der *Euklidizität* so klein sind, daß sie sich der alltäglichen Sinneswahrnehmung nicht offenbaren. Täten sie dies aber, so sind wir mit *Helmholtz* davon überzeugt, daß dann unser anschauliches Vorstellungsvermögen den nichteuklidischen Maßbestimmungen vollkommen angepaßt wäre, weil es sich eben unter dem Einfluß nichteuklidischer Erfahrungen entwickelt hätte; dann würde also zwischen anschaulicher Vorstellung und begrifflicher Darstellung der Natur gar kein Widerspruch bestehen. Für die tatsächlich vorliegenden Verhältnisse dürfen wir also schließen: Die Schwierigkeit, welche die Vorstellung der Einsteinschen Welt den meisten Menschen bereitet, ist nicht zurückzuführen auf eine unentrinnbare apriorische Anschauungsform des menschlichen Bewußtseins, sondern auf die Tatsache, daß alle unsere alltäglichen Erfahrungen zu einer physischen Geometrie führen, die innerhalb der Wahrnehmungsgenauigkeit unserer Sinne euklidisch ist.

192 [84] Für den Idealisten würden also die topogenen und hylogenen Momente in irgendwelchen Eigenschaften unserer Wahrnehmungen oder sonstigen Bewußtseinsdaten gesucht werden müssen, da er ja eine Realität außerhalb dieser nicht anerkennt. Es wird über jene Momente gar nichts vorausgesetzt, also auch nicht etwa, daß die beiden Arten ganz unabhängig voneinander sind. Ob dies der Fall ist, kann nur die Erfahrung lehren. Nach der allgemeinen Relativitätstheorie sind „stoffliche" und räumliche Bestimmungen bekanntlich voneinander trennbar.

193 [85] Die Ansicht, die *Helmholtz* hier als Meinung vieler Kantianer kritisiert, ist *Kant* selbst nicht zur Last zu legen. Vgl. die in Anm. IV, 29 zitierte Kantstelle.

193 [86] Der Ausdruck „reale Welt" muß hier in dem Sinne genommen werden, in welchem er auch für den subjektiven Idealisten Sinn hat. Auch in seiner Welt existieren ja die topogenen und hylogenen Momente, auch für ihn kann es eine „Form" des Vorstellens geben,

die als solche daran kenntlich wäre, daß ihre Daten einer Prüfung durch die Erfahrung nicht zugänglich sind, weil jede Erfahrung sie schon voraussetzen würde.

195 [87] Vgl. hierzu Anm. IV, 23, 32, 36.

7. Juli 1894, Physikalisches Institut der Universität Berlin

Unter den vielen und verschiedenen poetischen und künstlerischen Untersuchungen,
auf die sich die natürlichen Talente des Menschen beziehen, verdienen vor allem die die
größte liebevolle Aufmerksamkeit, die sich mit der Schönheit befassen.

Nikolaus Kopernikus, de revolutionibus cœlestis

Genauigkeit wird gemacht – Exactitude is a Fake

Die preisgekrönten Salonmaler und als Genies gefeierten Bohemiens des
19. Jahrhunderts sind uns heute weitgehend unbekannt. Ihre künstleri-
schen Ansätze und formalen Lösungen erscheinen veraltet und überholt –
reif für das Depot. Demgegenüber sind es die Wissenschaftler jener Zeit,
die unsere Wahrnehmung im 20. Jahrhundert mit ihren Forschungen,
Erfindungen und Erkenntnissen geprägt haben. Ihre Bestrebungen zur
Standardisierung und Kalibrierung: Vereinheitlichungen von Maß und
Meßbarkeiten. Präzision als Wert und die Idee eines Systems physikalischer
Einheiten. Neue mathematische Formeln in einer neuen Mathematik zur
Beschreibung von Naturgesetzen. Empirische Physiologie als neue Wissenschaft vom Menschen, die auch die Sinne und ihre Funktionen beschreibt.
So wird z.B. die logarithmische Progression der *Reizschwelle* von *Fechner*
erkannt und mathematisch bis heute gültig gedeutet. *Helmholtz* bestimmt
annähernd die Übertragungsgeschwindigkeit der Nervensignale und kann
nahezu gleichzeitig um 1850 mittels eines kleinen trickreichen Gerätes als
erster Mensch die Retina betrachten:

„Zunächst war der Prototyp des Augenspiegels nur mühsam zu gebrauchen. Ohne die gesicherte theoretische Überzeugung, daß es gehen müßte,
hätte ich vielleicht nicht ausgeharrt. Aber nach etwa acht Tagen hatte ich
die große Freude, der erste zu sein, der eine lebende menschliche Retina
klar vor sich liegen sah."

Und wiederum ist es Helmholtz, der sich zwanzig Jahre später erkenntnistheoretisch mit den *Tatsachen in der Wahrnehmung* auseinandersetzt.

„Wie ein Physiker das Fernrohr und Galvanometer untersuchen muß,
mit dem er arbeiten will, sich klar machen, was er damit erreichen, wo es
ihn täuschen kann, so schien es mir geboten, auch die Leistungsfähigkeit
unseres Denkvermögens zu untersuchen."

Thomas Young, Purkinje, Fechner, *Maxwell* und Helmholtz haben sich
eingehend mit der Physiologie des Auges, mit der Theorie des stereoskopi-
schen Sehens und einer zutreffenden Theorie des Farbensehens befaßt. Es
sind die gleichen Wissenschaftler gewesen, die sich nicht nur um mögliche

Erweiterungen des Erkenntnishorizonts bemüht haben sondern auch diesen Erkenntnishorizont als Konstrukt und Modell erkannten und analysierten. Eine Leistung, die bis heute den meisten Künstlern fremd ist. Diese Wissenschaftler waren Erkenntnistheoretiker und Wissen schaffende Pioniere in einem. Ihre Überlegungen betrafen gleichermaßen die Grundlagen der Erkenntnis, wie sie sich um neue Erkenntnisse selbst bemüht haben. Das alte *was-kann-ich-wissen* ist diesen Wissenschaftlern ein Leitmotiv gewesen. Mit dem Vermessen der Sinne wird zugleich die Frage nach der Erkennbarkeit der Welt und einer *eindeutigen* Wirklichkeit gestellt. *Helmholtz* entscheidet sich: die Sinne übermitteln lediglich *Zeichen* an eine zentrale Verarbeitungseinheit, wo sie entwickelt werden.

„Mein wesentliches Ergebnis war, daß die Sinnesempfindungen nur Zeichen für die Beschaffenheit der Außenwelt sind, deren Deutung durch Erfahrung gelernt werden muß."

Das Ausdehnen der Meßbarkeiten, die Ansprüche einer weitreichenden Mensurierung, das Ausloten des Meßbaren, führt zwangsläufig in eine Dimensionendiskussion. Seit zweitausend Jahren gelten hier unverändert die Untersuchungen und geometrischen Axiome des *Euklid.* Aber jetzt wird das Potential einer nichteuklidischen Geometrie erkannt und erforscht. Das ganze 19. Jahrhundert steht damit auch im Zeichen einer 4. Dimension und der Diskussion einer Faßbarkeit n-dimensionaler Raumverhältnisse: Es beginnt mit *Hamilton, Gauß, Lobatschewskij, Bolyai,* es folgen *Riemann, Maxwell,* Helmholtz, *Lorentz, Hilbert* schließlich Poincaré, *Minkowski, Einstein.*

Es sind Fragen dieser Art, die zu Problemstellungen eines jungen französichen Künstlers werden, der sich mit Geduld, Gespür und Ausdauer den Wissenschaftsdiskussionen und -diskursen seiner unmittelbaren Gegenwart am Anfang des Jahrhunderts aussetzt: *Marcel Duchamp.* Auf der Suche nach einem archimedischen Punkt außerhalb der Kunst hat *Duchamp* schließlich, erfolgreich die Erkenntnisse über n-dimensionale Räume, Fragen des Kontinuums und Darstellbarkeit der 4. Dimension für seine aktuellen Bedürfnisse adaptiert. Es bleibt anzumerken: Duchamp holt hier für die Kunst etwas ein und nach, das durch *intellectual giants* des 19. Jahrhunderts wie Helmholtz oder *Poincaré* vorgedacht und vorgebildet worden ist. Sein Vorgehen generiert dennoch die einflußreichste künstlerische Einzelleistung unseres Jahrhunderts.

Auch Dada ist nicht allein der ausgeflippte Protest gegen eine etablierte, bürgerliche Kunstauffassung: Manche Dada-Manifestationen lassen sich als eine Adaption des zeitgenössischen wissenschaftlichen Erkenntnishorizonts betrachten. Die bestehende Freiheit in den Wissenschaften – ebenfalls nicht ohne ideologischen Ballast und weitreichende gesellschaftliche

Folgen – wurde erst zu Beginn dieses Jahrhunderts von einer neuen Künst-
lergeneration auch für die Kunst eingefordert.

Die Neuausgabe dieses Buches in der *Kleinen Bibliothek für das 21. Jahrhundert* zum 175. Geburtstag von *Hermann von Helmholtz* soll Hinweise
auf die Entwicklung der Kunst im 20. Jahrhundert liefern, die unverständ-
lich bleiben muß, blickt man immer nur auf eine kunstimmanente Dynamik. Helmholtz zeigt uns in den hier zusammengefaßten Schriften, daß
die Geometrie, das Metrische als Prinzip, daß das Zählen und Messen und
schließlich die Wahrnehmung selbst als Modellfälle und Konstrukte angesehen und einer erkenntnistheoretischen Untersuchung unterzogen werden müssen.

Die umfangreichen Kommentare von *Moritz Schlick* und *Paul Hertz* in
der Erstausgabe des Buches 1921 beleuchten noch einmal die Situation
der Wissenschaft zu Beginn dieses Jahrhunderts. In der erkenntnistheoretischen Tradition von *Ernst Mach* und *Ludwig Boltzmann* wird hier eine
Position gegenüber den revolutionären Veränderungen der Physik – seit
Planck und *Einstein* – gefunden. Nicht nur Philosophie, Physik und Kunst
befinden sich um 1920 in einem dynamischen Wandel. Aber eine Zusam-
menschau von Werken wie dem *Grand Verre* von *Marcel Duchamp*, der
Allgemeinen Relativitätstheorie, *Wittgensteins Tractatus*, *Joyce' Ulysses*, *Freuds
Unbehagen in der Kultur*, *Mondrians Le Neo-Plasticisme*, *Prousts Recherche*,
Schönbergs Bagatellen für Orchester und *Josef Matthias Hauers Opus 1* läßt
die Ausmaße der Krise erahnen.

Wenige Jahre später werden *de Broglie, Bohr, Schrödinger, Heisenberg,
Pauli, Dirac* und *Gödel* mit den Resultaten ihrer Forschungen völlig neuar-
tige erkenntnistheoretische Fragen und Probleme schaffen und damit auch
der Kunst neue Aufgaben stellen, die allerdings bis heute kaum erfolgreich
bearbeitet wurden: wahrscheinlich braucht es auch hierfür eine Generation, die in den 80er Jahren des 20. Jahrhunderts geboren wurde: man darf
gespannt sein auf Werke, die 2012 entstehen.

Literaturverzeichnis

Helmholtz, Hermann von: (1847)
Über die Erhaltung der Kraft: eine
physikalische Abhandlung, Vortrag,
23. Juli, in: Monatsberichte der
physikalischen Gesellschaft, Berlin

- Helmholtz (1851a)
Über die Fortpflanzungsgeschwindigkeit
der Nervenreizung, in: Monatsberichte
der physikalischen Gesellschaft,
21. Januar, Berlin

- Helmholtz (1851b)
Beschreibung eines Augenspiegels zur
Untersuchung der Netzhaut im lebenden
Auge, Berlin

- Helmholtz (1855)
Über das Sehen des Menschen, Vortrag,
27. Februar, Königsberg

- Helmholtz (1856, 1860, 1867)
Handbuch der physiologischen Optik,
3 Bde., Heidelberg,
2. Auflage, in 8 Teilen, Hamburg
1885–1894

- Helmholtz (1857)
Das Telestereoscop, in:
Poggendorffer Annalen

- Helmholtz (1863a)
Die Lehre von den Tonempfindungen, als
physiologische Grundlage für die Theorie
der Musik, Braunschweig

- Helmholtz (1863b)
Über die normalen Bewegungen des
menschlichen Auges, in:
Gräfes Archiv für Ophthalmologie

- Helmholtz (1864)
Bemerkungen über die Form des
Horopters, in: Poggendorffer Annalen der
Physik und Chemie, Leipzig

- Helmholtz (1873)
Über ein Theorem, geometrisch ähnliche
Bewegungen flüssiger Körper betreffend,
nebst Anwendung auf das Problem,
Luftballons zu lenken, in: Monatsberichte
der königl. preuss. Akademie der
Wissenschaften, Berlin

- Helmholtz (1874)
Über das Streben nach Popularisierung
der Wissenschaft, Vorwort zu
Tyndall (1874)

- Helmholtz (1876)
The Origin and Meaning of Geometrical
Axioms, in: Mind, a Quarterly Review,
Nr. I and II, London und Edinburgh

- Helmholtz (1878a)
Über den Ursprung und Sinn der
geometrischen Sätze, Antwort gegen
Herrn Professor Land, in: Mind,
a Quarterly Review, April 1878, Nr. III,
London und Edinburgh

- Helmholtz (1878b)
Telephon und Klangfarbe,
Berliner Akademie, 11. Juli, in:
Wiedemanns Annalen, Bd.5

- Helmholtz (1878c)
Principes scientifiques des beaux-arts,
Suivis de l'Optique et la Peinture, Paris

- Helmholtz (1881)
Eine elektrodynamische Waage, in:
Wiedemanns Annalen, Bd.14

- Helmholtz (1886)
Über die physikalische Bedeutung des
Princips der kleinsten Action, in:
Crellesches Journal, Bd.100, Berlin

- Helmholtz (1887a)
Weitere Untersuchungen die Elektrolyse
des Wassers betreffend, in:
Wiedemanns Annalen, Bd.24

- Helmholtz (1887b)
Zu dem Bericht über die Untersuchung
einer mit der Flüssigkeit Pictet
arbeitenden Eismaschine, erstattet von
Max Corsepius, in: Verhandlungen der
Physikalischen Gesellschaft am
14. Oktober und 11. November

- Helmholtz (1887c)
Zählen und Messen,
erkenntnistheoretisch betrachtet, in:
Philosophische Aufsätze, Eduard Zeller
zum 50. Doktorjubiläum gewidmet,
Leipzig

- Helmholtz (1888)
Über das Eigenlicht der Netzhaut, in:
Verhandlungen der physikalischen
Gesellschaft, 2. November, Berlin

- Helmholtz (1891)
Versuch einer erweiterten Anwendung des
Fechnerschen Gesetzes im Farbensystem,
in: Zeitschrift für Psychologie und
Physiologie der Sinnesorgane, Bd.3

- Helmholtz (1892a)
Goethes Vorahnungen kommender
naturwissenschaftlicher Ideen. Rede,
gehalten in der Generalversammlung der
Goethe-Gesellschaft, 11. Juni 1892,
Weimar

- Helmholtz (1892b)
Autobiographisches, Rede, 2. November
1891 aus Anlass des 70. Geburtstags,
Berlin

- Helmholtz (1894)
Vorwort zu: Heinrich Hertz, Principien
der Mechanik, Berlin

Gesammelte Werke

- Helmholtz (1884)
Vorträge und Reden, 2 Bde.,
Braunschweig 1884,
Band I
    - (1853)
    Über Goethes naturwissenschaftliche
    Arbeiten, Vortrag, 18. Januar, Deutsche
    Gesellschaft, Königsberg

    - (1854)
    Über die Wechselwirkung der
    Naturkräfte und die darauf bezüglichen
    neuesten Ermittlungen der Physik,
    Vortrag, 7. Februar, Königsberg

    - (1857)
    Über die physiologischen Ursachen der
    musikalischen Harmonie, Vortrag,
    September, Bonn

    - (1862)
    Über das Verhältnis der
    Naturwissenschaften zur Gesammtheit
    der Wissenschaften. Akademische
    Festrede, 22. November, Heidelberg

    - (1865)
    Über die Eigenschaften des Eises,
    Vortrag, Naturhistorisch-medizinischer
    Verein, 24. Februar, Heidelberg

- (1868)
Die neueren Fortschritte in
der Theorie des Sehens

- (1869)
Über das Ziel und die Fortschritte der
Naturwissenschaft, Vortrag,
Naturforscherversammlung, Innsbruck

Band 2
- (1870)
Über den Ursprung und die Bedeutung
der geometrischen Axiome, Vortrag im
Docentenverein, Heidelberg

- (1871)
Zum Gedächtnis an Gustav Magnus,
Rede in der Leibniz-Sitzung der
Akademie der Wissenschaften, Berlin

- (1871)
Über die Entstehung des
Planetensystems

- (1871–1873)
Optisches über Malerei, Vorträge in
Köln, Düsseldorf, Berlin

- (1875)
Wirbelstürme und Gewitter,
Vortrag, Hamburg

- (1877a)
Das Denken in der Medicin, Rede zur
Feier der militärärztlichen
Bildungsanstalten, 2. August, Berlin

- (1877b)
Über die akademische Freiheit der
deutschen Universitäten,
Rektoratsrede, 15. Oktober, Berlin

- (1878)
Die Tatsachen in der Wahrnehmung,
Rede, Stiftungsfeier der Berliner
Universität, 3. August, Berlin

- (1881a)
On the modern development of
Faraday's conception of electricity –
Die neuere Entwicklung von Faradays
Ideen über Elektricität,
Chemical Society, April, London

- (1881b)
Über die Beratungen des Pariser
Congresses, betreffend die elektrischen
Maßeinheiten, Vortrag,
Elektrotechnischer Verein, Berlin

- (1886)
Rede, gehalten beim Empfang der
Graefe-Medaille. 9 August 1886,
Heidelberg

- (1887)
Josef Fraunhofer. Ansprache, gehalten
bei der Gedenkfeier zum hunderten
Geburtstages. 6 März 1887, Berlin

- Helmholtz (1882–1895)
Wissenschaftliche Abhandlungen,
3 Bde., Leipzig,

- Helmholtz (1897–1903)
Vorlesungen über Theoretische Physik,
herausgegeben von Arthur König, Carl
Runge, Otto Krigar-Menzel, und Franz
Richarz, 6 Bde., Leipzig
Band 1
    Abt. 1: Einleitung zu den Vorlesungen
    über theoretische Physik (1903)
    Abt. 2: Die Dynamik diskreter
    Massenpunkte (1911)
Band 2 (1902)
    Dynamik kontinuierlich verbreiteter
    Massen
Band 3 (1898)
    Mathematische Principien der Akustik
Band 4 (1907)
    Elektrodynamik und Theorie des
    Magnetismus
Band 5 (1897)
    Elektromagnetische Theorie des
    Lichtes
Band 6 (1903)
    Theorie der Wärme

Avenarius, Richard: (1876)
Philosophie als Denken der Welt gemäß
dem Prinzip des kleinsten Kraftmaßes,
Leipzig

- Avenarius (1888–90)
Kritik der reinen Erfahrung, Leipzig

- Avenarius (1891)
Der menschliche Weltbegriff, Leipzig

Beltrami, Eugenio: (1848a)
Saggio di Interpretazione della Geometria
Non-Euclidea, Napoli

- Beltrami (1848b)
Teoria fondamentale degli Spazii di
Curvatura costante. Annali di
Matematica. Ser. II, Tom. II, Fasc. III,
S. 232–255, Napoli

du Bois-Reymond, Paul: (1882)
Allgemeine Funktionentheorie, Tübingen

Bolzano, Bernhard: (1837)
Wissenschaftslehre, 4 Bde., Sulzbach

- Bolzano (1851)
Paradoxien des Unendlichen

Bonola, Roberto und
Liebmann, H.: (1908)
Die Nichteuclidische Geometrie,
Leipzig, Berlin

Calderon, Pedro: (1636)
Das Leben ein Traum

Carnap, Rudolf: (1918)
Logische Grundlagen der
Wahrscheinlichkeit, Berlin

Clifford, William K.: (1882a)
Mathematische Schriften, London

- Clifford (1882b)
Common Sense of the exact sciences
London

Conrat, Friedrich: (1904)
Hermann v. Helmholtz' psychologische
Anschauungen, Abhandlungen der
Philosophie und ihrer Geschichte,
Heft 18, S. 278 ff, Halle

Couturat, Louis: (1908)
Les principes des mathématiques,
Paris 1905
Philosophische Prinzipien der
Mathematik, Leipzig

Dedekind, Richard: (1911)
Was sind und was sollen die Zahlen,
Braunschweig

Delboeuf, J.: (1860)
Prolégomènes philosophiques de la
géométrie, Paris

Deutsch, R.: (1908)
Philosophische Prinzipien der
Mathematik, Leipzig

Dilthey, Wilhelm: (1890)
Beiträge zur Lösung der Frage vom
Ursprung unseres Glaubens an die
Realität der Außenwelt und seinem Recht,
Sitzungsberichte der Berliner Akademie,
Berlin

Dufour, Guillaume Henri: (1876)
Bulletin de la Société médicale de la Suisse
Romande

Ehrenfest-Afanasjewa, T.: (1905)
Physikalische Größen, Math.-Naturw.
Blätter 8; Math. Ann. 77, 1916,
S. 259–276

- Ehrenfest-Afanasjewa (1916)
Der Dimensionsbegriff und der
analytische Bau physikalischer
Gleichungen, Math. Ann. 77, 1916,
S. 259–276

Einstein, Albert: (1921)
Geometrie und Erfahrung, Berlin

Elsas, A.: (1886)
Über die Psychophysik, Marburg

Erdmann, Benno: (1877)
Die Axiome der Geometrie, Leipzig

- Erdmann: (1891)
Die philosophischen Grundlagen von
Helmholtz' Wahrnehmungstheorie,
kritisch erläutert, Abhandlungen der
preuss. Akad. d. Wissenschaften,
phil.-hist. Klasse, Berlin

- Fichte, Johann Gottlieb: (1794)
Grundlage der gesamten
Wissenschaftslehre

Frege, Gottlob: (1884)
Die Grundlagen der Arithmetik, Breslau

- Frege (1893)
Grundgesetz der Arithmetik, Jena

Gauß, Carl Friedrich: (1828)
Disquisitiones, Werke Bd. 4,
Göttingen 1863–71

Grassmann Hermann: (1844)
Die Ausdehnungslehre, 1. Aufl., Leipzig

Grassmann, Robert: (1872)
Die Formenlehre oder Mathematik,
Stettin

Helmholtz
Verzeichnis der Schriften S. 242

Hertz, Heinrich: (1894)
Principien der Mechanik, Vorwort von
Hermann von Helmholtz, Berlin

Hilbert, David: (1909)
Grundlagen der Geometrie,
3. Auflage, Leipzig, Berlin

- Hilbert (1913)
Grundlagen der Geometrie,
4. Auflage, Leipzig

Hillebrand, Franz: (1918)
Ewald Hering: Ein Gedenkwort der
Psychophysik, Berlin

Hume, David: (1739)
A Treatise of Human Nature, London

Jevons, William Stanley: (1874)
The Principles of Science, London

Kant, Immanuel: (1781)
Kritik der reinen Vernunft, Einleitung V,
2. Aufl., S. 16

- Kant (1783)
Prolegomena

- Kant (1786)
Die metaphysische Anfangsgründe der
Naturwissenschaft

Killing, N.: (1893)
Grundlagen der Geometrie, Paderborn

Kirchhoff, Gustav: (1883)
Vorlesungen über Mathematische Physik,
Teil I: Mechanik, Leipzig

Klein, Felix: (1893)
Gesammelte Abhandlungen,
Elliptische Geometrie, Bd. 1

- Klein (1905)
Vortrag, 14. Oktober 1905,
Philosophische Gesellschaft der
Universität Wien

Königsberger, Leo: (1896)
Hermann von Helmholtz'
Untersuchungen über die Grundlage der
Mathematik und Mechanik,
Braunschweig

- Königsberger (1903)
Hermann von Helmholtz, 3 Bde.,
Braunschweig

Krause, Albrecht: (1878)
Kant und Helmholtz über den Urpsrung
und die Bedeutung der Raumanschauung
und der geometrischen Axiome, Lahr

Kronecker, Hugo: (1894)
Hermann von Helmholtz, Bern

Land, J.P.: (1877)
Kant's space and modern mathematics, in:
Mind, a Quarterly Review. London und
Edinburgh. Vol. II, S. 38–46

Leibniz, Wilhelm (1840)
Non inelegans specimen demonstrandi in
abstractis, in: Opera, Herausgegeben von
J. E. Erdmann, Berlin

Lie, Marius Sophus: (1888–93)
Theorie der Transformationsgruppen,
3 Bde., Leipzig

Lipps, Theodor: (1893)
Grundzüge der Logik

Lipschitz, Rudolf: (1869)
Untersuchungen über die ganzen
homogenen Funktionen von n
Differentialen.
Borchardts Journal für Mathematik,
Bd. LXX und Bd. LXXII

- Lipschitz (1873)
Untersuchung eines Problems der
Variationsrechnung, Borchardts Journal
für Mathematik, Bd. LXXIV

- Lipschitz (1877–80)
Lehrbuch der Analysis, 2 Bde.

Lobatschewskij, Nikolaj Iwanowitch:
(1829–30)
Principien der Geometrie. Kasan

- Lobatschewskij (1856)
Pangeometrie

Locke, John: (1689)
An Essay Concerning Human
Understanding, London

Lotze, Rudolf Hermann: (1856)
Mikrokosmos. Ideen zur Naturgeschichte
und Geschichte der Menschheit, Versuch
einer Anthropologie, Leipzig

Mach Ernst: (1866)
Einleitung in die Helmholtzsche
Musiktheorie, Graz

- Mach (1872)
Die Geschichte und die Wurzel des Satzes
von der Erhaltung der Arbeit, Prag

- Mach (1883)
Die Mechanik, Leipzig

- Mach (1886)
Beiträge zur Analyse der Empfindungen,
Jena

Maxwell, James Clerk: (1877)
Helmholtz, in: Nature, 15, S. 389–391,
London

Meumann, E.: (1907)
Frage der Sensibilität der inneren Organe,
in: Archiv f. d. gesamte Psychologie, 9

Michelson, Albert Abraham: (1894)
Détermination expérimental de la valeur
du métre en longueurs d'ondes
lumineuses, in: Traveaux et mém. du
bureau des poids et mesures, tom. 11, Paris

Mill, John Stuart: (1843)
A System of Logic being connected
View of the Principle of Evidence and the
Methods of scientific Investigation,
London

Mongré, Paul (= Felix Hausdorff): (1898)
Das Chaos in kosmischer Auslese, Leipzig

Müller, Johannes: (1843)
Physiologie der Sinne, Leipzig

Newton, Isaac: (1687)
Principia Mathematica, London

- Newton (1730)
Optics, 4. Ausgabe, London

Pasch, Moritz: (1882a)
Einleitung in die Differential- und
Integralrechnung, Leipzig

- Pasch (1882b)
Vorlesungen über neuere Geometrie,
Berlin

Peano, Giuseppe: (1894)
Notations de logique mathématique,
Turin

Poincaré, Henri: (1906)
Wissenschaft und Hypothese,
Berlin und Leipzig

- Poincaré (1908)
Science et méthode, Paris

- Poincaré (1910)
Der Wert der Wissenschaft, Berlin

- Poincaré (1913)
Dernières pensées, Paris

Reichenbach, Hans: (1920)
Relativitätstheorie und Erkenntnis
a priori, Berlin

Riehl, Alois: (1904)
Hermann v. Helmholtz in seinem
Verhältnis zu Kant, Kant-Studien 9,
Berlin

Reinecke, Wilhelm: (1903)
Die Grundlagen der Geometrie, Newton,
Kant, Gauß, Helmholtz, in:
Kant-Studien 8, Berlin

- Riehl (1908)
Der philosophische Kritizismus und seine
Bedeutung für die positive Wissenschaft,
Leipzig

Riemann, Bernhard: (1854)
Über die Hypothesen, welche der
Geometrie zu Grunde liegen,
Habilitationsvortrag vom 10. Juni 1854.
Veröffentlicht in Bd. XIII bis Bd. XV der
Abhandlungen der Königl. Gesellschaft zu
Göttingen, in: Riemann (1892) und
Werke, kommentiert von H. Weyl,
Berlin 1919

- Riemann (1892)
Gesammelte mathematische Werke,
Wissenschaftlicher Nachlass,
Herausgegeben von Richard Dedekind
und Heinrich Weber, Leipzig

- Riemann (1912)
Partielle Differentialgleichungen und
deren Anwendung auf physikalische
Fragen, 5. Auflage, Braunschweig

Russell, Bertrand: (1903)
Principles of mathematics, Cambridge

Whitehead, Alfred North und
Russell, Bertrand: (1910–1912)
Principia mathematica, Cambridge

Schlick, Moritz: (1916)
Idealität des Raumes, Introjektion und
psychophysisches Problem, in:
Vierteljahrsschr. f. wiss. Philosophie,
Bd. XL.

- Schlick (1918)
Allgemeine Erkenntnislehre, Berlin

- Schlick (1919)
Raum und Zeit in der gegenwärtigen
Physik, Berlin

- Schlick (1920)
Naturphilosophische Betrachtungen über
das Kausalprinzip, in:
Die Naturwissenschaften, Bd. VIII

- Schlick (1924)
Kritizistische oder empiristische Deutung
der neuen Physik, Kant-Studien 26

Schopenhauer, Arthur: (1813)
Über die vierfache Wurzel des Satzes vom
Zureichenden Grunde, Berlin

- Schopenhauer (1818)
Die Welt als Wille und Vorstellung, Berlin

Schröder, E.: (1873)
Lehrbuch der Arithmetik und Algebra,
Leipzig

Schrödinger, Erwin: (1920)
Grundlagen einer Theorie der
Farbenmetrik im Tagessehen, in: Annalen
der Physik 63, S. 397, 427, 481

Schwertschlager, Joseph: (1883)
Kant und Helmholtz
erkenntnistheoretisch vergleichen,
Freiburg

Sommerfeld, Arnold: (1921)
Atombau und Spektrallinien,
Braunschweig

Stumpf, Carl: (1883–90)
Tonpsychologie, 2 Bde., Leipzig

Tobias, Wilhelm: (1875)
Über die Grenzen der Philosophie
constatirt gegen Riemann und Helmholtz,
vertheidigt gegen von Hartmann
und Lasker, Berlin

Tyndall, John: (1871)
Die Wärme betrachtet als eine Art der
Bewegung, herausgegeben von Helmholtz
und Wiedemann, Berlin

- Tyndall (1874)
Fragments of Science, London

Vaihinger, H.: (1911)
Philosophie des Als Ob, Berlin

Weyl, Hermann: (1921)
Raum, Zeit, Materie, 4. Aufl., Berlin

Wundt, Wilhelm: (1902–03)
Grundzüge der Physiologischen
Psychologie, Bd. II

Zermelo, E.: (1908)
Über die Grundlagen der Arithmetik, in:
Atti del IV Congresso Internazionale dei
Matematici, Rom

Kleine Auswahl aktueller Literatur

Cohen, Robert S. und
Elkana, Yehuda (ed.): (1977)
Hermann von Helmholtz,
Epistomological Writings, The Moritz
Schlick and Paul Hertz centenary edition
of 1921, with notes and commentary by
the editiors, with an introduction and
bibliography by R. S. Cohen and Y.
Elkana, Boston
(Engl. Ausgabe dieses Buches)

Gehlhaar, Sabine S. und
Junghans, T. (Hrsg.): (1987)
Hermann von Helmholtz, Abhandlungen
zur Philosophie und Geometrie

Goetz, Dorothea (Hrsg.): (1966)
Hermann von Helmholtz über sich selbst,
Rede zu seinem 70. Geburtstag, 1891,
Leipzig

Hörz, Herbert: (1994)
Physiologie und Kultur in der zweiten
Hälfte des 19. Jahrhunderts, Briefe an
Hermann von Helmholtz

Hörz, Herbert und
Wollgast, Siegfried (Hrsg.): (1971)
Hermann von Helmholtz, Philosophische
Vorträge und Aufsätze, Berlin

Lemmerich, Jost: (1987)
Maß und Messen, Ausstellung aus Anlass
der Gründung des Physikalisch-
Technischen Reichsanstalt, 28. März
1887, Berlin

Rechenberg, Helmut: (1994)
Hermann von Helmholtz – Bilder seines
Lebens und Wirkens,

Siemens-Helmholtz, Ellen von: (1929)
Anna von Helmholtz: Ein Lebensbild in
Briefen, 2 Bde., Berlin

Werner, Franz: (1997)
Hermann Helmholtz' Heidelberger Jahre
(1858–1871), Berlin

Namensregister

SpringerKulturwissenschaft

Kleine Bibliothek für das 21. Jahrhundert

Herausgegeben von Ecke Bonk

Die Kleine Bibliothek für das 21. Jahrhundert soll eine Sammlung von Themen und Modellvorstellungen werden, die entweder bisher kaum zugänglich oder in Erinnerung zu rufen sind. Es soll durch die Wiederveröffentlichungen in der Kleinen Bibliothek für das 21. Jahrhundert versucht werden, einige „Pathosformeln" (Warburg) unserer konzeptionellen, spekulativen Betrachtung der Welt zusammenzutragen.

Band 1

Gustav Theodor Fechner
Über die physikalische und philosophische Atomenlehre

1995. XV, 282 Seiten.
Broschiert DM 63,–, öS 438,–
ISBN 3-211-82708-0

Die Frage „Gibt es Atome oder nicht?" bildet in der Mitte des 19. Jahrhunderts eine scharfe Trennlinie zwischen den empirischen Naturwissenschaften und der (noch mächtigen) Philosophie. In dieser Wendezeit, kurz bevor die moderne Atomphysik sich durchsetzt, begibt sich Gustav Theodor Fechner (1801–1887) auf eine gefährliche Gratwan-derung. Überzeugt von der Zukunftsperspektive atomistischer Ansätze sammelt und ordnet er Begründungszusammenhänge für eine moderne Physik, jedoch ohne dabei die Philosophie auszugrenzen. Im Gegenteil, die philosophische Arbeit ist unerläßlich für den begrifflichen Abschluß der physikalischen Untersuchungen.
Fechners Werk markiert in der Wissenschaftsgeschichte den ersten und letzten Versuch, eine fruchtbare Synthese zwischen quantitativen und qualitativen Erkenntnismethoden zu schaffen, ohne die beiden Ansätze zu vermischen. Erst 150 Jahre später, am Ende des 20. Jahrhunderts, nachdem die empirischen Naturwissenschaften bereits an Grenzen gestoßen sind, werden Fechners „zu frühe" ganzheitlichen Überlegungen wieder aktuell.

SpringerWienNewYork

A-1201 Wien, P.O.Box 89, Fax +43-1-330 24 26, e-mail: order@springer.at, Internet: http://www.springer.at
D-14197 Berlin, Heidelberger Platz 3 • New York, NY 10010, 175 Fifth Avenue • Tokyo 113, 3-13, Hongo 3-chome, Bunkyo-ku

SpringerWienNewYork
und die Umwelt

Als internationaler natur- und
kulturwissenschaftlicher Verlag sind
wir uns unserer besonderen
Verpflichtung der Umwelt gegenüber
bewußt und beziehen umwelt-
orientierte Grundsätze in
Unternehmensentscheidungen
mit ein.

Von unseren Geschäftspartnern
(Druckereien, Papierfabriken,
Verpackungsherstellern usw.)
verlangen wir, daß sie sowohl beim
Herstellungsprozeß selbst als auch
bei Einsatz der zur Verwendung
kommenden Materialien ökologische
Gesichtspunkte berücksichtigen.

Das für dieses Buch verwendete
Papier ist aus chlorfrei hergestelltem
Zellstoff gefertigt und im pH-Wert
neutral.